汉语和维语的修辞倾向的对比研究

国家社会科学基金西部项目（08XYY022）

李 芸◎著

中国社会科学出版社

图书在版编目（CIP）数据

汉语和维语的修辞倾向的对比研究／李芸等著．—北京：中国社会科学出版社，2016.1

ISBN 978-7-5161-7879-9

Ⅰ．①汉…　Ⅱ．①李…　Ⅲ．①比较修辞学-汉语、维吾尔语（中国少数民族语言）　Ⅳ．①H15②H215.5

中国版本图书馆 CIP 数据核字（2016）第 059413 号

出 版 人	赵剑英
责任编辑	任　明
责任校对	朱妍洁
责任印制	何　艳

出　　版	中国社会科学出版社
社　　址	北京鼓楼西大街甲 158 号
邮　　编	100720
网　　址	http://www.csspw.cn
发 行 部	010-84083685
门 市 部	010-84029450
经　　销	新华书店及其他书店

印刷装订	北京市兴怀印刷厂
版　　次	2016 年 1 月第 1 版
印　　次	2016 年 1 月第 1 次印刷

开　　本	710×1000　1/16
印　　张	12
插　　页	2
字　　数	222 千字
定　　价	55.00 元

前　言

　　目前在全国从汉维语修辞倾向角度进行对比研究的专著尚不多见，本项目以此为切入点收集了大量的汉维语料，对语料进行了归类、整合、分析，打破了以往两种语言只在修辞格之间进行对比的局限，在对比语言学、认知语言学、文化语言学、修辞学、美学、逻辑学、民俗学等多维视角下探讨了汉维两种语言在语音、词汇、语法、辞格、文化在修辞倾向方面存在的异同。该项目组通过在南疆各地的调研考察，注重维吾尔语修辞的理论性和修辞理论对语言应用的解释性，让修辞理论回归到言语运用的体系之中，为维吾尔语修辞学研究的建构奠定了一定的基础。同时，还为汉维双语教材的编写、日常教学、语言翻译提供依据与指导。本书研究的宗旨一是初步构建汉维语修辞对比研究框架，让双语学习者掌握现代汉维语修辞学的一般体系和研究范式以及修辞的构成基础，掌握对比修辞学与其他相关学科的关系，即学科间理论的相互借鉴融合及其共同发展的趋势；二是汉维语中各种修辞格的形成、运作和发展，受制于各自的文化，汉维语修辞对比研究正是为了找出两者之间在语言、文化及思维方式方面表现出来的种种差异。探寻同一种修辞手段在汉维两种不同语言运用中的内在规律，并揭示汉维语之间的共性与各自的特性，领略汉维语修辞与文化之间的关系；三是探寻修辞方法在不同语言中的翻译问题。研究成果的具体内容如下：

　　第一章介绍对比修辞学概况。主要介绍了该课题相关概念、研究范围、研究角度和研究目的，对国内外修辞学、对比修辞学的发展作了简要介绍。同时介绍了修辞对比的研究基础、研究方法及语料来源。

　　第二章从汉维语语音修辞的角度进行了对比。本章剔除语境与临时因素，从静态语音修辞的固定因素的角度对比汉维语语音整体面貌的共性与特性，在汉维语语音修辞中具有代表性的是汉语的双声叠韵词与维吾尔语的对偶词，通过大量例证对比分析，得出其相异性与共性。汉维语拟声词非常丰富而且应用非常普遍，不但常用于书面语，而且也常用于口头语。汉维拟声词修辞功能的共同点：第一，喻指某些抽象事物。第二，沟通艺术通感。第三，听觉形象，感受迥异。汉维拟声词修辞功能的差异表现在谐音双关以声寓情；汉语拟声词个人感觉的随意性强，语音符号（文字）不够固定；维语拟声词使用拼音文字作为语音符号简单、方便，可以比较准确地将想要模拟的声音表现出来。而汉语的拟声词是用汉字记录的，表记比较复杂，一些汉字笔画多，不易书写。汉语的五言诗节奏单位是顿、行，边界标志是停延与大停延；七言诗节奏单位是顿、逗、行，边界标志是停延、较大停延、大停延；新诗的节奏单位是顿、四字顿、逗、行，边界标志是停延、较大停延、大停延。维语的节奏是以行及重音为单位的，有长篇叙事双行诗、四行诗（柔巴依，具有教育意义与哲理意味的诗）、五行诗（思维跳跃式的梦幻诗或叫朦胧诗）、八行诗（半自由体式的散文诗）、自由诗（新诗）。往往诗歌的内容或者说是意义决定了维语诗所采用的形式，即诗歌的形式服从于内容。根据汉语的特点，汉语是元音占优势的语言，而又有声调的区别，特别富于音乐性，汉语严格用韵的典型是对偶以及律诗中的黏和对。维吾尔语诗歌的韵律是接受阿拉伯、波斯诗歌的阿鲁兹韵律，又根据本民族语言的特点加以改变形成的。在选韵方面，汉维语语音修辞都注意情与韵的关系。追求语音美是内在驱动力，因此汉维语都受到普遍规律的支配。汉语通过平仄来实现，维语通过行的手段来实现节奏与押韵，而其间的差异则源于普遍原则实现中参数的不同。

第三章是关于汉维语词语修辞倾向的对比研究。汉维语词汇因素构成的修辞策略纷繁复杂，本章从汉维语词类与修辞、词语的变异运用策略两个方面进行了论述。第一类词是名词，名词具有较高的修辞价值，有时比一般的词类具有更丰富的修辞信息，人名属于名词中专有名词的特殊组成部分，借用对比语言学、修辞学、文化语言学的研究方法，在汉语和维语比较的基础上，揭示了汉维语人名的社会文化构成基因、语用意义形成的认知机制和语用内涵状况。第二类词是代词，代词具有高度的概括性和抽象性，只有在上下文和言语环境中，其意义才能具体化、确切化。代词丰富多彩的修辞作用正是由这一本质特征所决定的。汉维语人称代词在追求表达效果时，都运用了代词的模糊性来达到某种幽默与含蓄的美学效应。第三类是数词，对于汉维两个不同民族而言，数词习语具有特别的民族文化根源与深厚的民族文化底蕴，准确运用数词习语，既能增强语言表达能力，又能表现其文化内涵，使语言生辉添色。汉维语中夸张、借代、对照等修辞手段是互通的。数词的修辞功能常常起到强调作用或是增强文字节奏感的作用。人类思维方式不同，对数字的感知取向也不同，只是汉维两个民族文化心理存在差异，数词修辞方式各有特色。第四类是动词，汉维语中动词是语言中最活跃、最敏感的要素，动词在使用过程中，会有常规的搭配方法，但为了适应修辞需要，使用动词会打破常规，这是一种艺术语言的非普通意义的表达，能取得不同凡响的修辞效果，具有很强的艺术感染力和很高的审美价值；而差异性则体现在汉维语动词重叠对动量的影响不同，汉维语动词重叠的量变维度不同。委婉语在人们的日常交流中起着重要的作用。它像一种润滑剂使人们能够表达出那些不能直言的事情并确保交流成功。含蓄、迂回、模糊的含义以及修辞手法在汉维语中所体现出的社会功能是一致的，但从语用和修辞对比后发现，它们又存在差异。本章节突破了传统的词的选用、加工、调整等方法手段及效果的研究层面，从词汇学与语义学、语用学、修辞学、心理学、文学、美学、文化学、社会学等学科的交叉融合研究。

　　第四章是关于汉维语语法修辞倾向的对比研究。本章将着眼于语法与修辞的关系，在汉维语修辞构词、汉维语语序两方面展开论述，进一步探析汉维语在语法修辞中的共性与特性。修辞造词主要是通过比喻、借代、仿词、夸张等修辞手法来完成。修辞造词所产生的词词义丰富，富于形象性，在语言运用中，在其概念义以外，它所具有的丰富的色彩义，能够使语言的描写更为生动与形象，从而给人留下更深刻的印象。汉维语中都有用词序这一语法手段来表现几种事物或情理的相互关系的修辞方法。汉维语在追求均衡美与回环美在本质上旗鼓相当，不谋而合，但在形式上有细微的差别。

　　第五章是关于汉维语辞格对比研究。辞格有认识价值，启迪思维、促进发明创造的价值，辞格有提高语言的表达效果的价值；辞格有帮助准确解码的价值，提高阅读听话能力的作用；辞格有组织篇章结构、谋篇布局、艺术构思的价值；辞格有创造新词语、新句式推动语言发展的价值；辞格有审美价值；辞格有校勘古籍的价值；辞格有游戏娱乐的价值。本章从语言学、文化学、美学的角度来对比汉维两个民族使用辞格的一些问题。

　　第六章是关于文化观照下的汉维语修辞倾向的对比研究。文化是修辞产生和运用的基础。汉维两个文化上的广泛接触和历史互动，促成了汉维语修辞现象共性的形成。修辞现象适应社会需要而产生，也随着社会的发展变化而变化，新的修辞现象是社会生活新变而引起的。时段因素对语言时代风格的形成发挥着至关重要的作用。在新疆汉民族与各少数民族在社会生活方方面面不断地沟通、频繁地接触的过程中，维语修辞也随着社会的发展而染上时代的色彩。这些美的形式都是在运用两种语言的两个民族人民特定的审美心理结构和文化模式下形成的。这种对美的不懈追求是两个民族修辞倾向的共同点，对美的追求是汉维语修辞的内驱力，每个民族都有其特定的文化传统，每个民族也都钟情于自己特定的文化传统。吸收传统文化精华运用于修辞实践，是对比修辞学应该关注的，而谚语直接反映的是人们的生产、生活经验，不仅能说明事物或事理，还能表达说话者对该事物或事理的主观评价、态度和情感色彩。当汉维民族在人类历史上作为一种在语言、居住地域、经济生活、心理状态上稳定的共同体出现时，汉维语两种语言就打上了民族的烙印，成为汉维民族文化最典型的表征，而两种语言通过修辞体现了民族文化的特征，它积淀了汉维民族文化的精神。它像一面色彩斑斓的镜子，摄下了汉维两个民族经济、文化、心理素质各方面的特点。

　　本书是集体智慧的结晶，探讨了汉维语语音修辞理论，通过大量实例概括对比分析了汉维语中影响表达效果的语音修辞要素。对语法修辞结合问题进行了厘清。在修辞造词手段这个层面分析归纳了语法和修辞相互依存、相互转化，通过交叉融合研究产生了较强的解释力。较为具体地对比研究了交际语体中的自由谈话体、传播语体中的广告体、文艺体在语音、词汇、辞格、话语结构中的特点。强调了汉维语修辞的产生与文化的关系。汉维语修辞手段的使用和解读都与自身的物质、制度、行为、心态等文化要求相结合；同时，物质文化形态、制度文化形态、行为文化形态、心态文化形态都对汉维语修辞的产生有着重要的影响。该课题在研究的过程中，由于各章所讨论的内容具有相对的独立性，个别内容在讨论时不可避免地会有重复，尤其是辞格分析，但本课题尽量避免雷同现象，同样的内容在不同的章节中会强化与其所阐述内容的紧密结合，突出其特点，以此形成不同侧面的互补而构成该论题的一个多棱体。研究过程中语料收集的难度特别大，虽然多渠道、多种类地购买收集与课题相关的资料，但整个课题要突出地域性及民族特色，维语语料仍然显得有些单薄与有限。全书由李芸制定编写大纲，组织撰写并进行统稿工作。全书的编撰分工如下：第一章康健；第二、三、四章李芸；第五章海友尔·阿布都卡迪尔；第六章徐显龙、张迎治、胡开兰、穆合塔尔。在撰写的过程中，课题组成员参考了诸多专家学者们的观点，吸收了大量的理论和方法，这为建构和完善本课题的系统奠定了坚实的基础，也为本课题的系统创新提供了必要的条件。

　　拙著终于完稿了。此时此刻，百感交集。本书的出版，是喀什大学科研处、喀什大学中国语学院以及自治区规划办重点支持和鼎力资助的结果。我与课题组全体成员谨表示真诚和衷心的感谢；在此，新疆有名的翻译家陈毓贵先生、修辞学大家阿尔斯兰·阿布都拉、双语专家廖泽余老师和马德元老师以及我的导师海友尔·阿布都卡迪尔等老一辈学者严谨的治学态度、丰富的治学经验、卓越的语言理论造诣和学术修养深深地影响了我，给了我很大的帮助和指点，使我有毅力和恒心去面对所有的困难，让我无怨无悔地在汉维语修辞领域里探索研究。与此同时，还要感谢中国社会科学出版社和编辑任明先生，他们不仅帮助我为该课题的研究画上了一个句号，而且让我信心百倍地开始了新的征程。

由于我们学养不深，教学工作负担也较重，课题中出现一些缺陷、疏漏、错误等，恳请专家和读者不吝赐教，以便于今后的修改和校正。

李　芸

2015 年 7 月 15 日于喀什大学

目　录

第一章 绪论

第一节 对比修辞学及其研究的历史沿革

最早提出"对比修辞学"思想的是瑞士语言学家巴依（CharleBally，1865—1944，国内也译为"巴利"）。这位被誉为"现代修辞学奠基人"的著名学者在其划时代的著作《法语修辞学》（Trait，1909）中写道："修辞学可以扩大自己的活动范围，从本族语出发去研究其他现代语言。修辞学可以比较它们，以便弄清它们之间的相近之处，然后再找出它们之间的差异。"[①]巴依本人在其著作中做了法德两种语言修辞对比的某些尝试，首开了对比修辞学先河。只是到了 20 世纪 50 年代，随着翻译理论与语言对比研究的发展，对比修辞学才逐渐引起了人们的注意与兴趣。"对比修辞学的对象是翻译艺术的规律。翻译理论的任务在于揭示两种语言功能上雷同方面的内有资源。揭示这种资源的科学应该称为'对比修辞学'"。[②]在法国学者马尔布兰（Malblanc A.）的观念中，对比修辞学与翻译理论几乎等同起来。[③]"对比修辞"（contrastive rhetoric，CR）这一术语，是美国应用语言学家 Robert Kaplan 于 1966 年首次提出的。CR 主要探讨人们的第一语言与文化对其运用第二语言进行写作时所产生的问题。Kaplan 率先对母语的语篇结构和修辞方式在第二语言中的表现进行研究，22 年后，Kaplan 本人将CR 诠释为"跨语言、跨文化的对比"。受 Sapir-Whorf 语言相对论及 Aristotle 修辞逻辑理论的影响，Kaplan 认为，每一种语言和文化都具有其独特的修辞传统。在 Kaplan 的研究基础上，许多国内外学者对英汉语篇修辞进行了对比，但是研究者们在对英汉语篇结构之间是否存在根本差别这一问题上并没有达成统一的结论。到了 20 世纪 90 年代，比较有代表性的是 Raimes（1991）、Leki（1991）和 Kachru（1995）等人的研究，他们的研究使对比

---

① 张会森：《俄汉语对比研究》，上海外语教育出版社 2004 年版，第 275 页。

② 张会森：《修辞学通论》，上海外语教育出版社 2002 年版，第 251 页。

③ 转引自张会森《对比修辞学问题》，《外语与外语教学研究》1994 年第 6 期。

修辞研究经历了一场研究范式的整体转向。随后对比修辞除了把原有的语言分析框架纳入其中之外，还涉及认知和社会文化因素，并由重视写作成果的研究转变到重视写作过程的研究，这是与传统对比修辞的不同之处。至今，对比修辞已走过了 60 年的历程，发展成为一门跨学科、综合性的研究领域。

第二节　对比修辞研究的理论与现实意义

就已有的研究成果来看，汉语和维语对比修辞的研究在这一领域还不够深入，也不够全面。据资料可查，修辞学的对比研究主要以英汉修辞对比为重，其他语言之间的对比修辞研究成果很少，而对汉维双语间的对比修辞理论研究尚无人问津，目前在国内外仍然是个空白。修辞是运用语言的艺术，艺术讲究美，美学观点是有民族性的，修辞也必然具有民族性，不同的民族有着不同的文化传统，不同的居住地，不同的风俗习惯，不同的心理状态，因而对同一客观事物也就可能产生不同的主观感受，表现出同一概念的不同修辞色彩。加之不同民族使用自己的母语时，总是从本民族的思维方式、语言习惯出发运用不同的修辞方式对语言进行加工、润色和调整。也就是说，不同语言中的修辞倾向存在着很大差异。汉语（现代汉语）和维吾尔语（现代维吾尔语，简称维语）两种语言所属语系不同，但由于两个民族在历史发展过程中相互交融、相互影响，特别是现代社会汉族和维吾尔族同属一国、互为兄弟，政治、经济、文化等各项事业密不可分的背景下，尽管两个民族在历史文化上存在某些差异，语言表达和思维方式上仍有很大不同，但在两种语言的词汇、句法、篇章等各个层面上所体现的修辞倾向，可谓同中有异，异中有同。本文基于对汉维两种语言在修辞倾向方面的观察，总结两种语言修辞倾向的差异规律，研究这些差异产生的原因，将汉维修辞倾向的差异与汉族和维吾尔族的文化背景、思维方式、语言特点、以汉语为第二语言的写作和汉维互译等实践活动联系起来，揭示汉维两种语言在修辞方面内在的、本质的联系，从而有效地指导汉维双语写作、汉维双语学习及汉维互译等实践活动。汉维语修辞对比的实用价值具体表现在以下几个方面：

第一，促进汉维双语教学。汉维语言修辞对比的首要问题是找出汉维语言之间的异同，让第二语言学习者了解语言学习中的难点，提高学习效率。由于维语和汉语属于两个不同谱系，维语是黏着语，汉语是音、形、义三位一体的孤立语，表征方式迥异。汉维双语学习者一旦了解了两种语言的相同之处，就可以在学习过程中加强语言的正迁移；一旦掌握了两种语言的不同之点，就可以有效降低负迁移，少走弯路，事半功倍。由于维语与汉语属于不同的语言体系，存在着很大的文化差异，汉维双语学习者在学习中会出现很多偏误。有些偏误是由于没有掌握汉语的语言结构规则而造成的。如："我饭吃了"（学生是按维语的语序主—宾—谓造句），"我们要发挥雷锋精神"（维语表示"把内在的性能、作用、力量尽量表现出来"的意义的词只有一个 dʒari qilduruʃ，而汉语有"发挥、发扬、弘扬"几个词，且与之搭配的词也不同。此偏误属搭配不当），"他飞快的跑出了教室"（把表状态的结构助词"地"误用作了表修饰、限制作用的结构助词"的"）。

　　母语的语言和修辞习惯或规则会干扰第二语言的写作，即对比修辞的一个主要观点就是母语的负迁移会影响第二语言的写作。第二语言教学与第一语言教学的最大区别在于第二语言教学是双语、双文化教学。同样，对于专业是维语的汉族学生来说，在学习维语的过程中，也会遇到许多问题。通过比较汉语普通话和维语在音素、语音结构和韵律格式方面的差异，教师可以针对双语学习中的各种语音修辞偏误开展双语语音教学。学生在词类习得方面，容易受到母语的负迁移的影响而对维语动词所要求的格位不易掌握。维语中"学习"一词格位要求从格 kimdin，而汉语常用表达是"向……学习"，初学维语的汉族学生会误用成向格 kimgɛ。再比如，汉族学生在使用"大"这个形容词进行词语搭配时，使用频率最高的是ʧoŋ，而维语中表达"大"除了用ʧoŋ之外，还可以用 joɣan katta zor kɛŋ jirik uluɣ byjyk egiz 等。也就是说，我们在分析汉维语学习者在习得汉维语的过程中所使用的不符合汉维语语法结构及表达习惯的现象或对中介语产生的影响时，都需要建立在两种语言的修辞对比基础上。第二语言教学的最终目的，是为了实现不同民族语言间的跨文化交流。在跨文化交流中，不同语言的修辞差异在语言表达中起着至关重要的作用。对学习第二语言的少数民族学生来说，如果没有形成有关的汉语句子构造形式——修辞方面的文化观念，缺乏与此相关的修辞知识、表达技能和语感，就难以掌握句子的加工修饰，从而某些词不达意，甚至令人啼笑皆非的句子。多年的教学实践使我们认识到，汉维双语学习者第二语言水平的提高，对方文化的掌握程度是一个瓶颈。而修辞差异难以识别、修辞手法运用贫乏，是普遍存在的问题，也正是对对方文化了解不深的具体表现。很多高年级的学生，叙事只能平铺直叙，说起话来没盐没味，干巴巴的，缺少应有的韵味或感情色彩。描写人就是"大眼睛""黑头发""很漂亮""高个子"，描写风景就是"很好看"，表达感情就是"我喜欢""我高兴"等。

　　句子是语言表达的基本单位。一种语言的句子构造的形式，从客观因素方面说，是由一个民族所选择的词的构造形式的特点决定的。"言之无文，行而不远"的文化观念，对汉语表达的影响作用是很明显的。在汉语口语里，人们会自觉或不自觉地协调句子的词语形式和声音的节奏形式，使句子的构造形式能给人以听觉上的美感，使信息的传递达到最佳效果。如：汉语构词造句都讲究对称美，一般是单音节词配单音节词，双音节词配双音节词。如"儿"和"儿童"，意思一样，"时"和"时候"意思相同，但我们一般说"儿时""儿童的时候"，而不说"儿的时候""儿童的时"。同理，"母"作语素时，一般都同单音节语素结合构成双音节词，如：母爱、母语、母带、母本、母机、母乳、母体、母系、母校、母性等。当表达比喻义、表示庄重的语气时，才能用整词"母亲"。如：母亲节、母亲河、地球母亲等。

　　维语与汉语在思维方法上存在某些差异，在遣词造句、组织结构上也有某些不同。维吾尔语词句的构成是以词根为中心，词根词或词根加附加成分构成新词，故而形成了以词为单位组词造句的心理定式。如，ana（母亲）一词，在"我母亲""母校""母语""母亲河""母亲地球"等词或词组中，它的书写形式都一样，都是 ana。由于第二语言学习者缺乏对汉语构词特点与修辞方面的了解与掌握，在语言表达时常常出现偏误。如：

　　（1）我们要保护我们的母地球。

　　（2）维吾尔语是我们的母亲语。

　　（3）这件毛衣既是优质量的，又是便宜的。

　　（4）这幅画既丑，又太大，还不是真的。

　　（5）我不喜欢那件毛衣的式，更何况那种颜色。

　　（6）她这哪里是在请客人，这明明是在当别人的客人。

　　以上各例都是第二语言学习者在表达时出现的偏误句。具体地说，（1）、（2）、（3）、（4）不符合母语是汉语的人构词和表达时讲究对称美的文化心理。汉语一般使用"母"跟"语"，"母亲"跟"地球"，"质优"跟"便宜"，"式样"或"款式"跟"颜色"，"请客"跟"做客"构成对称形式，用"既难看"跟"又太大"构成并举的形式。还比如，汉族学生学了维吾尔谚语，有时使用不恰当也会影响交流，在维语民间故事中常用 aj desεn aj εmεs，kyn desεn kyn εmεs 来形容女主人公"貌若天仙"，在日常生活中与民族同学交流时使用该表达，就显得不合时宜。

　　第二，促进翻译理论实践的建设与机器翻译的应用。翻译是语际间的信息传递和民族间的文化交流的重要手段，翻译在世界文明进程中发挥了重要的作用。翻译理论研究是建立在两种不同语言相互对比基础之上的一门学科，离开了科学的分析与对比就谈不上翻译理论。由于汉维语用词习惯的不同，表达方式的差异，这给两种语言的对译造成不少困难。在某些时候，维语用肯定语气表达的东西，汉语不得不用否定语气来表达，反之亦然。比如，"我未必无意之中，不吃了我妹子的几片肉……"（鲁迅《狂人日记》），译成维语则是：mɛn siŋlimniŋ bir qanʧɛ toɣram gøʃni, bilmɛstin jɛp salɣan bolsam kerɛk。"这次夏收，我们班上没有一个人没参加。"译成维语时，最好用肯定形式： bu qetimqi omiɣa sinipizdiki sawaqdaʃlarniŋ hɛmmisi toluq qatnaʃti。维语用肯定形式有增强语气之感。有时双重否定格式与单纯肯定格式比较，都含某种修辞色彩，具体语境中可表委婉、申辩、概括、强调、讽刺等语气，翻译时既要保持原文的修辞色彩，还要结合具体的语言表达。翻译可以说是跨文化交流中的桥梁。但一些修辞方法难以或不可能翻译。我们知道，不同语言的修辞有共性。维吾尔语中最重要的修辞手段，如比喻、借代、夸张、比拟、反语、排比、对比、设问、呼告、省略等，在汉语里也常用。然而，修辞具有民族性和历史性。不同语言中，由于文字的特征，一些修辞方法（修辞格）无法互相转换。例如，汉语里由语音、构词、语法、文字特点而形成的一些积极性的修辞格难以或无法译成维语。如：

> 朱毛会师在井冈，
>
> 红军力量坚又强。
>
> 不费红军三分力，
>
> 打垮江西两只羊。

这里用了双关，"羊"实际上指的是国民党姓"杨"的两个师长。

第一，由语音特点形成的一些修辞格难以翻译。由于汉语的词单音节和双音节的占绝大多数，汉语又是有声调的语言，因而便于构成对偶这种修辞格。对偶在诗词中称为对仗，是律诗格律的重要支柱。对联在明代开始流行，是对偶的独特运用。律诗名句中不少出自对偶。对联雅俗共赏，整齐对称而又抑扬和谐，给人以语言文字美的享受。这方面汉语与维语有很大的区别。许多优秀的汉语佳句的音乐美是很难翻译成维语的。如《红楼梦》第五回中双关语"空对着，山中高士晶莹雪"（"雪"字为谐音双关，指"薛宝钗"的"薛"）。这种利用语音的修辞格，译成维语也难以保留其修辞特点。

第二，由构词特点形成的一些修辞格也难以翻译。由于汉语的词重叠形式比较发达，而构成了复叠修辞格，像形容词、动词、名词、副词、量词都有重叠形式。如，李清照的《声声慢》："寻寻觅觅，冷冷清清，凄凄惨惨戚戚。乍暖还寒时候，最难将息。"这种修辞格所加强的描绘色彩，在翻译成维文时是无法表达的。而在维语中模拟词与对偶词是相当有修辞特点的，在一则哈密民谣中使用了一个对偶词 pij-pij（炽热），增强了语言的表达效果，使读者与作者心灵相通：

jyrikim　pij-pij　qiladur,

jaɣdiki　geʃtin　bitɛr.

sɛn　tola　awarɛ　qilma,

ʃunʧɛ　kjginim　jetɛr.

翻译成汉语是"炽热的情火把我的心儿燃烧，就像肉在油里煎熬，你别再折磨我了，我已经受得足够了。"翻译后的"炽热"无法表达维语中烈日炎炎下嗞嗞作响的灼烧的感觉。

第三，由句法特点形成的一些修辞格难以翻译。在汉语句法中，由于词序是重要的语法手段，便于构成"回文""顶针"等修辞格。如王融《春游回文诗》"池莲照晓月，幔锦拂朝风"，回文读为"风朝拂锦幔，月晓照莲池"。这类回文诗在维文中是不同的。维吾尔语以词或以分句为单位构成回文体时，前、后两项中的某些词语或动词的"式"因形态变化的缘故，常常发生更易，既不能像汉语那样首尾一定衔接，也不能像汉语那样前后保持一致的字形。维吾尔语里只要能体现出后句是前句的倒文，意念上表达出回环往复的特点就行。如，ot　bar　jɛrniŋ　syji　joq, syji　bar　jɛrniŋ　oti　joq（有火的地方没有水，有水的地方没有火。——水火不相容。）"顶针"是用上一句末尾的词作为下一句的开头，使句子递接紧凑，气势连贯而下。如，李白的《白云歌送刘十六归山》："楚山秦山皆白云，白云处处长随君。长随君：君入楚山里，云亦随君渡湘水。湘水上，女罗衣，白云堪卧君早归。"这种修辞效果也很难在维文中表达出来。再如，由于汉字特点形成的一些修辞格难以翻译。例如。《红楼梦》第五回中的"子系中山狼，得志便猖狂"，"子""系"合在一起为繁体字的"孙"，指的是孙绍祖。这类文字拆合以及"藏词"的手法，都几乎无法翻译。孔子曰："言以足志，文以足言，不言谁知其志？言之无文，行而不远。"（《左传·襄公二十五年》）孔子所说的"言"指言语——说话，"文"指对语言形式进行加工，文饰。清代学者阮元在《文言说》中解释说："言之无文，行而不远。"对语言进行加工、文饰的文化观念由来已久。不经加工文饰的粗糙的言语，传播的效果不能久远，也不能使说话人的意思得到充分表达。这在一定程度上可以说明修辞的重要性，以及句子的形成构造与民族文化观念之间的关系。

第四，促进《汉维双语词典》的编纂工作。汉维双语词典在汉维双语教学和翻译中起着十分重要的作用。随着汉语学习的蓬勃发展，汉维双语词典的编纂也红红火火，成绩斐然，如《实用汉维词典》《汉维成语词典》《汉维谚语词典》等。要提高汉维双语词典的编纂质量，必须加强汉维语言对比研究。比如，汉语有《汉语新词词典》，而维语新词这方面的研究虽有

一些，但却没有词典问世。汉语语用方面有《委婉语词典》，但维语虽有《禁
忌与维吾尔传统文化》一书，但缺少委婉语词典。所以，社会需求的旺盛
以及今后汉维语对比研究依然会保持一种发展强势，而汉维语修辞方面的
研究将会发挥重要作用。

　　第五，汉维语的修辞比较研究将有助于汉维辞格和其他修辞现象、手
法的揭示，促进修辞学的发展。如，利用汉字造字法的特点形成的一种修
辞方式——析字，在维吾尔语中就不存在，也没有办法对比分析，如"子系
中山狼，得志便猖狂"。虽然汉维语都有"比喻"的修辞方式，但由于汉族
和维吾尔族在文化背景、民族心理等方面有诸多不同，对同一事物或性质
的比喻，常会使用不同的喻体。如，比喻漂亮的眼睛，汉语说是"丹凤眼"
"杏核眼"，维吾尔语则说 ahu køz（瞪羚眼），qoj køz（羊眼），bota køz
（驼羔眼）；同是比喻胆小，汉语说"胆小如鼠"，维吾尔语却说 toχu yrεk
（鸡胆子）；比喻人小气，汉语说"铁公鸡"，维吾尔语说 pit paŋza（胖虱
子）。这种喻体的不同，是否有规律可循，值得我们思考。再如维语的语序
相当灵活，在一些维吾尔语诗歌中为了押首韵，或交叉押韵，就会改变语
序，汉语虽然也有改变语序的情况，但与维语比起来，为了追求修辞效应，
追求形式上的美，哪种语言使用语序的手段更频繁一些，值得我们研究。
维吾尔谚语非常具有民族特色，其中使用了多种修辞手段，这些维语谚语
具体使用了哪些修辞格也值得我们探索。总之，汉维语修辞的对比研究将
会推动汉维语修辞学的发展。

　　第六，促进文化的交流。语言修辞与文化有着非常密切的关系。汉维
语词语具有较强的民族文化修辞功能。如，汉语形容人极度饥饿时吃饭的
样子用成语"狼吞虎咽"，而维语则说 kala hεlεp jegεndεk（像牛吃草一样），
汉语说"呆若木鸡"，维语说 kalidεk gøʃijip turmaq（像牛一样一声不吭）。
鲁迅先生用"俯首甘为孺子牛"来比喻勤劳、任劳任怨的人，含褒义；而
维语说 kalidεk adεm（像牛一样的人），指傻瓜、蠢货。汉维语谚语是词语
修辞的成品，内容丰富，形式精练，极富表现力，能反映出汉族和维吾尔
族的历史文化、宗教文化、饮食文化以及地域文化的差异。汉语熟语"宁
为鸡口，毋为牛后"来源于春秋战国时代苏秦以合众之计，协调六国关系
共同抗秦之事，维谚 lɛjlini køryʃ yʧyn, mεdʒnunniŋ køzi kerεk（只有用
麦吉侬的眼睛，才能看出莱莉的美丽），该谚语提及的麦吉侬与莱莉是 18
世纪末至 19 世纪上半叶喀什维吾尔族杰出的诗人阿不都热依木·那扎尔的
一部长篇叙事诗《莱莉与麦吉侬》中的女主人公与男主人公的名字，诗中
的男女主人公是一对热恋的情人。从这两个谚语中至少可以看出两个民族
的一些历史文化差异。汉语"不修今世修来世""一人得道鸡犬升天""天

下人为王"，维谚 χuda kɛʧ qojsimu, aʧ qojmaptu.（真主或许让你迟到，但却不让你挨饿）、burniɣa jemigyʧɛ molla bolmas（不碰钉子，难成毛拉）。维谚 nan-imat, nanniŋ joqi jaman（馕是信仰，无馕遭殃），汉语有"中秋团圆莫忘老人，除夕吃年先敬父母""今年栽竹，明年吃笋"的说法，而维谚则有 anarni ʧɵlɡɛ tik, ɛndʒyrni kɵlɡɛ（石榴要种在沙滩，无花果要种在塘边）。从这些谚语可以看出，汉维文化差异是一个极其复杂的问题，但却可以通过语言或言语修辞这个窗口来比较。

综上所述，通过对汉维两种语言修辞的共时对比，探寻两种语言在修辞上的异同，对于第二语言教学、翻译和普通语言学都有重要的理论意义和实用价值。

第三节　汉维语修辞对比研究概况*

一　汉语修辞学研究发展简要概况

汉语的"修辞"一词并不是从西方翻译过来的，而是中国古代语言中所固有的。"修""辞"二字连用，最早见于《周易·乾·文字》的"修辞立其诚"。这里"修辞"指修饰言词，修辞的实质和目的是要"立诚"，要使语言表达真诚可信。早在《尚书·盘庚》中，就出现了打比方的用法，后来的《诗经》里也有很多运用对偶、比喻、排比等修辞方式的修辞实例，这些实例反映了古人修饰言语活动的种种探索。南朝刘勰的《文心雕龙》虽说是一部杰出的文学理论著作，但其中很多篇目都是讨论修辞的；宋代陈骙的《文则》可以看作中国第一部专讲修辞的著作。新中国成立后，对修辞学的性质和定义的讨论更为热烈，主要观点可归纳如下：（1）陈望道的边缘科学说；（2）张弓的"美化语言"说；（3）"修辞""修辞活动"与"修辞学"性质不同说；（4）"修辞语法合一"说；（5）修辞学以"意象"为中心说；（6）引进的"同义形式选择"说；（7）刘焕辉的"言语形式的适切组合说"；（8）"修辞学属于言语学"说；（9）修辞学的人文性质说；（10）修辞学的多角度定性说。

总的来说，修辞从一开始到今天无不是对语言文字的筛选和润饰，有人称之为使用语言的艺术，有人称之为言语的艺术，修辞学与文艺学、美学、心理学、逻辑学、社会学等学科有着极为密切的关系，但它并不是一门边缘学科，而是一门具有自身完整体系的独立科学。

---

* 本节内容已刊于《喀什师范学院学报》2010 年第 5 期。

二 维语修辞学发展简要概况

维吾尔语修辞在其文化中具有悠久的历史，最初要归功于各类维吾尔语文艺作品及语言学家。早在公元 712—716 年《tunjuquq abidisi》（《屯依库碑》）、公元 732 年《kul tegin abidisi》（《阙特勤碑》），这些碑铭上就多处巧妙地运用了比喻、象征、夸张、排比等修辞手段，早年维吾尔语修辞在这些文学作品中就已体现。维吾尔语修辞学的理论研究始于 12 世纪，比较突出的代表人物及作品有大学者艾迪玉素甫·赛卡可（公元 1160-1228）的著作《mifutahul ulum》（《知识之匙》）与艾力西尔·那瓦伊的著作《muhakime tul luretejin》（《两种语言之辩》）。艾迪玉素甫·赛卡可（1441-1501）的著作《mifutahul ulum》（《知识之匙》）把修辞称作"成熟的知识"，文中比较深刻地论述了运用词语的原则、词语与篇章的关系、词语的修辞作用、修辞的内容手段及效果、演讲语体及其特点等一些理论问题。著名思想家、诗人艾力西尔·那瓦伊在《两种语言之辩》中主要对比了突厥语与波斯语，文中对一些语音的修辞作用、同义词的语义关系、修辞手段的作用进行了探讨。这些经典的著作为近代维吾尔语修辞学理论发展作了重要铺垫。之后，维语修辞学的发展主要表现为语言的得体性，常用华丽的辞藻来修饰，这在中世纪的一些文学作品中随处可见，也就是在这一时期维吾尔语修辞的发展达到了顶峰时期。伟大的维吾尔学者麻赫穆德·喀什噶尔的巨著《突厥语大辞典》问世，不仅为语言学，而且还为修辞学做出了不可磨灭的贡献。然而近现代维吾尔语修辞无论是在理论方面还是在研究方法上都没有太大的突破。20 世纪 40 年代语言学家伊布拉音木提依编写的《维吾尔语修辞学方法》奠定了维吾尔语修辞学理论教学基础，随后比较常见的几本著作有热外都拉·海木都拉著的《维吾尔语修辞常识》（1979）、《维语修辞讲座》（1988）、朱马·阿不都拉的《维语修辞学》（1987）、赛买提·吐尔逊的《维吾尔语修辞学教程》（2004）、阿尔斯兰·阿布都拉的《福乐智慧的修辞学研究》（2001）等。由于这些学者研究的内容及范围仅限于语言交际中存在的问题、修辞手段的运用、词语的使用原则与篇章著作的特点等，远远不能符合微观研究与宏观研究相结合的现代修辞学的要求，尤其在修辞学理论问题的探讨和研究方法上略显薄弱，加之语言文字学家对修辞研究不够重视，导致维吾尔语修辞研究相对滞后。修辞作为语言学的一个分支，它是衡量一个民族文化以及该民族文化水平的重要标准，因此，现代维吾尔语修辞学的进一步深入研究显得尤为重要与迫切。

三　汉维修辞对比研究概况

中国汉维修辞对比研究起步于 20 世纪 80 年代初期。自 1980 年至 1989
年的 10 年间，发表的论文有 20 多篇，但这些文章都局限于翻译方法、技
巧与具体的语言现象的比较。进入 90 年代之后，涉及汉维对比修辞研究的
专著和论文，不论在数量上，还是在质量上，都取得了一定的进步。汉维
语修辞对比作为汉维对比语言学的一部分，相对于汉维语在语音、词汇、
语法上的对比，汉维对比修辞还是显得滞后，尤其是对比修辞学学科建设
的讨论在该时期尚未触及。在这一时期，汉维对比修辞研究问题，发表的
论文有近 30 篇，主要集中在辞格、语音、词句和语篇等具体方面的对比研
究。汉语修辞学著作可谓汗牛充栋，而汉维语修辞学著作却非常少，主要
有《汉维语引用辞格的比较与翻译》《论汉维回环修辞格》《论维吾尔谚语
的汉译》《汉维熟语对比》《汉维语法结构体现的思维方式》《汉维语修辞民
族特色的对比分析》《汉维比喻的民族特色对比分析》《汉维语语篇衔接对
比研究》《汉语几种修辞手段的译法问题》，以及《汉维语修辞格概要》
（1995）。刘珉的《汉维语修辞格概要》在搜集了大量语料的基础上，从音
变修辞格、义变修辞格和形变修辞格三个对比角度出发，进行了深入细致
而精辟的剖析和对比研究，为开辟汉维语对比修辞研究打下了良好的基础，
刘珉先生所做这些工作对汉维语语音、词汇、语法修辞研究，以及语言应
用和语言规范化都起到了重要的作用。

（一）汉维修辞理论和方法对比

在汉英对比修辞研究的理论和方法建设方面做出重要贡献的学者主要
有胡曙中、唐松波和杨自俭等人。他们通过比较英汉（或中西）修辞学的
发展历史，分析了修辞学不同的发展道路与不同的研究方法。胡曙中从历
时性比较、共时性比较和研究特征比较三个方面对汉英修辞学的发展轨迹
进行了系统而深入的对比。唐松波在对中外修辞学史研究之后认为："这门
比较复杂的学科研究对象逐步明确，最后集中到有效运用语言这一点。"[1]在
方法论方面，胡曙中（1993）认为英语修辞学从一开始就重视宏观研究，
而中国传统修辞学却偏重局部的研究，这是两者的主要区别。关于研究方
法，唐松波（1998）认为除了采取一般的科学方法，如比较、分析、归纳
等之外，具体方法可以多样，如采用描写法和统计法。在如何具体开展汉
维对比修辞研究方面，除了理论上的，实际研究的方法我们同样可以借鉴
汉英修辞对比的研究成果。杨自俭（1996）认为应该着重从两个方面进行：

---

① 唐松波：《中西修辞学内容与方法比较》，《中国人民警官大学学报》1998 年第 1 期。

一方面从语音、词汇、语义、句法、篇章几个层次上进行，以探讨汉英语在语言修辞学领域内的异同；另一方面应从语言功能入手进行各类语体（也称文体）的对比研究（包括形式、分类、交叉渗透、历史演变、风格特征、表现手法等），以促进两种语言的语体风格规范的形成，更有效地指导两种语言的实践。无论是在宏观领域上还是从微观方面看，汉英修辞对比是在一定研究的量上才形成现在的研究局面，也就是具有了共同的对比平台，而汉维语修辞研究在这方面的空白点则显得较多。首先是对现代维吾尔语修辞理论宏观方面的思考无人问津，部分研究双语的学者也仅限于维吾尔语具体辞格的研究，即便是对具体辞格所下定义均是模仿汉语或英语的概念，甚至对某一具体辞格的概念理解也众说纷纭。既然是两种语言的对比，维吾尔语修辞理论问题的探索应刻不容缓。谭汝为在《汉语修辞研究的十个新领域》一文中对汉语修辞在 21 世纪的发展前景作了预测，即模糊修辞、变异修辞、接受修辞、社会心理修辞、修辞理据研究、阐释修辞、修辞心理、得体修辞、话语修辞、语用修辞。维语修辞学是否也可以从这十个角度来研究值得一试。其次，两种语言修辞对比的角度很难确立，既要搞清楚"比什么"，接下来还要解决的是"怎么比"的问题。李国南先生（2005）曾指出，构建汉英修辞对比的框架可从语音、词汇、语法、辞格及语篇这几个方面着手研究。笔者试用汉英对比的框架从语音、词汇、语法、辞格及语篇这几个角度分别来论述汉维语修辞对比研究的概况。

（二）汉维语语音修辞对比研究

众所周知，任何民族的语言都有其固有的声音美。恰当地运用语音表达手段（phonic means of expression）可以帮助我们有效地以声传情，以情感人，实现表情达意的目的。英国现代作家 Manghanl.W. Somerest（1874—1965）说过，词是有力量、声音和外貌的；只有考虑到这些，才能写出优美的句子。当代著名语言学家王力（1900—1986）也说过：语言的形式之所以是美的，因为它有整齐的美、抑扬的美、回环的美。①这些也都是音乐所具备的，所以语言的形式美也可以说是语言的音乐美。由此可见，在汉、维语修辞中，语音表达手段是非常重要的，不仅在口语交际中至关重要，而且在书面语中也具有明显的修辞作用。汉维语语音修辞对比方面的著作较为鲜见，早期的语音对比有《汉维语语音对比研究初探》（靳尚怡，1983）、《汉、维吾尔语元音对比》（张洋，1998）、《汉维语辅音对比》（张洋，1998）等，主要从表层形式（书面形式）、音位表现和所占元音音区、语言表现等方面作了对比，并未涉及语音的修辞功能。阿孜古丽·吐尔逊在《汉语的

---

① 王力：《略论语言形式美》，《龙虫并雕斋文集》（第一册），中华书局 1980 年版。

双声叠韵与维吾尔语的叠音押韵》（2001）一文中就汉、维两种语言里常见的双声词和叠韵词以及叠音押韵等修辞格，从特点、类型、结构、作用等方面作了初步探讨。还有一些学者如刘向晖在《维吾尔语拟声词与修辞》（2000）中，从分类语言学的角度描写了维语拟声词，比较详尽地讨论了复合式拟声词。另外，文章还对维语拟声词的修辞功能进行了分析。郭丽萍在《谈汉、维语拟声词的对比》（2006）一文中通过汉、维语拟声词的对比，浅析了汉、维语拟声词在生活中以及语法上的异同。在《维语词重音的节律栅及其参数》（2001）里，刘向晖主要运用非线性音系学的有关理论描写了维语词重音的节律栅及其参数。《维吾尔语头韵浅析》（2003）一文中，刘向晖等学者探讨了维吾尔语头韵的定义及其类型，并说明了维吾尔语头韵应用到的几个方面。刘珉主要从辞格的角度来对比，从变异特征出发，把修辞格分为音变、义变和形变辞格，音变辞格包括双声、叠韵、描绘、双关。对某一文本的语音修辞进行定量分析的当属阿尔斯兰·阿布都拉的修辞专著《〈福乐智慧〉的修辞研究》，其中第二节的内容从音乐美的角度论述了《福乐智慧》中言语的音乐美、形成言语音乐美的手段。以上所提及的论文、专著为构建汉维语语音修辞对比的理论框架奠定了一定的基础。修辞是运用语言求美造美的艺术，语音修辞发展也受到不同时代审美观念及其变化的影响。我们认为，语音修辞层面上的对比可以从谐音词、对偶词、语音的停顿、音节的复叠、语音修辞手法的运用等多个方面来进行，已有的这些成果虽然作了一定的探讨，但并未形成较为系统的规模，在对比的广度与深度具有一定的局限性。

（三）汉维语词汇修辞对比研究

词语不仅是语言的基本结构单位，同时也是重要的修辞手段。词语包括词和短语，短语又包括固定短语和自由短语、惯用语、成语、谚语、格言、歇后语和俗语等，往往统称为熟语。历来语言大师都很重视选词，他们常常为选用某个恰当的词反复琢磨、推敲，诚所谓"吟安一个字，捻断数根须"（唐·卢延让《苦吟》）。选词是语言、文字推敲的一个重要方面，它是修辞的基本功。中国的"汉语词语修辞"研究在 20 世纪 80 年代前期曾经取得了相当大的进展，出版了四本从几万字到十多万字的著作。它们既探讨了用词的一般理论，如简述了词语选择的意义、原则和要求，又分别探索了同义词、异义词、反义词等的运用，论述了颜色词、褒贬词、口语词和书面语词等词语的色彩，也论及了词语的声音等因素。有的还探讨了名词、形容词、代词、副词等的锤炼，通过对比作家的原稿和修改稿词语的改动，来说明词语锤炼的必要。维吾尔语词语修辞方面的研究著作比较少也不够深入，主要集中在语法角度的构词以及具体的词类比较上，如阿布力米提·买买提的《从民俗语言学的视角谈维吾尔语中的习惯用语》（2007）、闫新红的《浅谈维吾尔语中的重叠词》（2007）、蔡崇尧的《谈汉维语的气味词、味道词》（1996）、张声的《试谈维语助动词的修辞作用》（1995）、李玄玉的《维吾尔语和韩语"手"、"脚"谚语比较研究》（2002）、古丽仙·尼牙孜的《维吾尔语数词的修辞作用》（1995）、李燕萍的《维吾尔语人体词的隐喻特征和文化意蕴》（2006）、宋喆的《现代维吾尔语词汇构成途径新探》（2006）、司马义·阿不都热依木的《现代维吾尔语造词研究》（2006），连吉娥、马雪梅的《现代维吾尔语禁忌语》（2006）等。较早涉及汉维语词语修辞对比方面的文章大致有《汉维成语词典中的翻译问题》（傅庭训，1983）、《略谈汉、维语的对比教学》（张敬仪，1988）、《论维吾尔成语的民族风格》（董广枫，1989）、《论汉维语修辞手段的对比研究》（海尤尔·阿布都卡地尔，1988）、《汉维语委婉语、禁忌语的对比研究》（海尤尔·阿布都卡地尔，2001）、《汉、维语同义词翻译浅谈》（佟加·庆夫，1986）等，以及王平的《汉维语颜色词对比研究》（2007）等。以上成果的对比角度主要着眼于具体词类的研究。我们认为，汉维语词汇修辞对比还可从造词角度、构词角度作进一步探讨。葛本仪在《汉语词汇研究》中说过："通过各种造词方法产生出来的新词，也完全表示了人们在造词时，由于种种认识活动而形成的新概念。同时，人们的思维规律也会很自然地通过词的内部结构形式，用语法方面的规则表现出来。"①从这个角度来说，"造词"是反映民族思维方式的绝佳"窗口"。或借鉴阿尔斯兰·阿布都拉的修辞专著《福乐智慧的修辞研究》第三章的用词艺术来确定对比角度（汉维语用词原则、同义词的运用、反义词的运用、同音词的运用、色彩词的运用、重叠词的运用、成语的运用）。词汇修辞的对比角度可以是多方面的，在这方面的研究相对于语音修辞研究的成果较多一些。

（四）汉维语语法修辞对比研究

"他山之石，可以攻玉。"吕叔湘早在 1977 年就说过："要认识汉语的特点，就要跟非汉语比较。"②邢福义（1996）认为，汉语研究（主要指语法研究）经历了"套用期"（19 世纪末—20 世纪 30 年代末期）、"引发期"（20 世纪 30 年代末期—70 年代末期），现在已进入"探求期"（20 世纪 70 年代末期—现在），揭示了许许多多汉语使用中长期熟视无睹的现象，建立了汉语的语法和词类理论。他评价说："基本倾向是接受外国理论的启示，注重通过对汉语语法事实的发掘探索研究的路子，追求形成具有中国特色

---

① 葛本仪：《汉语词汇研究》，山东人民出版社 2008 年版。
② 邢福义：《汉语语法学》，东北师范大学出版社 1996 年版。

的研究思路和研究方法。"同样，维语语法从修辞对比的角度来研究也可能解释长期以来人们习焉不察的语法现象，补充、建立维语语法理论。汉维语语法修辞对比可以把现今英汉语法对比研究的热点社会语言学、心理语言学、篇章语言学、文化语言学、语用学、语言哲学、思维与文化等理论运用于该对比研究中，将静态研究与动态研究相结合。汉维语语法修辞对比研究较早主要是汉维简单句、祈使句、疑问句、被动句等基本句型或句类的静态研究，刘珉的《汉维共时对比语法》、张玉萍的《汉维语语法对比》（1999）为汉维语修辞对比研究立下汗马功劳。

（五）汉维辞格对比研究

辞格的价值和功能是多方面的。正如王希杰先生在《修辞学新论》（时间）中所阐释的："辞格有认识价值，启迪思维、促进发明创造的价值，辞格有提高语言的表达效果的价值；辞格有帮助准确解码的价值，提高阅读听话能力的作用；辞格有组织篇章结构、谋篇布局、艺术构思的价值；辞格有创造新词语、新句式推动语言发展的价值；辞格有审美价值；辞格有校勘古籍的价值；辞格有游戏娱乐的价值。"①辞格比较法是从不同角度、不同平面对辞格进行比较研究，其目的是搞清楚辞格的性质、作用、产生的原因，发展变化的条件，各个辞格的特征，以及它们之间的联系和区别，从而掌握运用辞格的规律。辞格比较的方法，大体可分为宏观比较与微观比较两大类型。宏观比较又可分为古今比较、民族比较和方言比较，微观比较又可分为辞格外层的比较、辞格之间的比较和辞格内层的比较。汉语和维语是体系不同的两种语言，在语音、词汇、语法等方面都存在不少差异。但撇开这些因素，单就修辞手法而论，汉语绝大部分常用修辞格都能在维语中找到与其相同或相似的修辞方式。某些修辞手段在两种语言中出现的频率不同，但这绝非本质问题。本质问题是双方都存在着相同或相似的修辞认知。一些学者单从辞格角度来分析对比，这也充分体现了中国汉维对比修辞重微观研究的特点。随着社会语言学、文化语言学、心理语言学、语用学和语义学等语言学研究成果的不断丰富，部分研究者已经开始运用这些最新成果来指导汉维修辞格的对比研究。

（六）汉维语语篇修辞对比研究

语言的实际使用是一个整体的问题，我们应该把遣词造句的局部修辞与谋篇布局的整体修辞结合起来考虑，这样才能使交际过程的中心意思被表达得既连贯又完整。汉英语体对比研究成绩也不小，涉及了广告、科技、演说词、诗歌等领域；遣词造句和谋篇布局方面的修辞对比研究是薄弱点。

---

① 王希杰：《修辞学新论》，北京语言学院出版社 1993 年版。

而汉维语在语篇修辞方面的研究则更是凤毛麟角，只有较少的几篇关于汉维语衔接词、汉维语代词篇章回指、主位推进模式等对比研究的文章。

（七）问题与建议

根据以上对 20 世纪国内汉维语对比修辞研究的简要综述，我们可以发现中国汉维语对比修辞研究具有以下特点：（1）尽管起步相对较晚，但已取得了一定的成果，特别是进入 90 年代之后取得的成就引人瞩目；（2）研究成果已被用于指导语言教学，取得了较好的效果；（3）语言表层的研究较多，深层的研究较少；（4）微观研究得到了重视，但宏观理论研究显得不足，解释性文章不是很多；（5）对比研究范围尚待进一步拓宽；（6）材料基本上引自书面语，口语语料不多。具体而言，在 20 世纪国内汉维修辞对比研究中，汉维辞格对比研究当属成果最显著的领域，但还不够齐全，缺少理论对比；汉维成语、谚语修辞的对比研究也取得了一定的成果，但对熟语的民族烙印的阐释不够深入；汉维语体对比研究还处于初级阶段，尚未涉及广告、科技、演说词、诗歌等领域；遣词造句和谋篇布局方面的修辞对比研究是我们的薄弱点。由于语言的实际使用是一个整体的问题，我们应该把遣词造句的局部修辞与谋篇布局的整体修辞结合起来考虑。这样才能使交际过程的中心意思被表达得既连贯又完整。此外，篇章修辞方面的文章大都涉及第二语言写作，尤其是高级汉语阶段，似乎与写作学重复，这可能与从修辞学的角度研究篇章结构不够有关。我们认为，今后汉维修辞对比研究的深入开展应以对维语修辞学和汉语修辞学的全面、系统研究为基础。维语现代修辞学研究的对象主要是语言表达，它包括文体、语体类别、特征、语言风格、语言手段在不同场合下的运用等问题，虽也涉及辞格问题，但比重已经不大。因此汉语和维语的修辞对比研究也不能将范围限制得太小，除修辞格、语言风格、文体、语体等汉语修辞学的传统领域之外，还应涉及言语交际活动的其他领域。这就是说，既包括言语表达，也包括言语理解；既包括静态研究，也包括动态研究。对比研究是语言研究的重要方面，维汉语修辞对比研究更是充满希望，方兴未艾。只要目标明确，内容确定，对象具体，理论对路，方法恰当，研究人员具有科学的态度，脚踏实地，坚持不懈，一定能推进汉维语言的比较研究发展。

第四节　汉维语修辞倾向对比研究的基础及目的

一　对比研究的基础

不同事物之间的对比研究必须有个共同的基础。"任何科学的对比都是建立在某一共同基础上的对比，没有共同基础的对比是没有意义的。"①不同语言之间的对比研究也一样，是建立在人类的语言共性的基础上的，各种语言现象的对比研究则建立在一个共同的具备可比性的语言层面上。汉维修辞具备坚实的共同基础，为对比研究提供了良好的前提和条件。突出地体现在以下两个方面：

（一）心理基础

修辞格大多是建立在人类共同的认知模式上的。英国修辞学家 Nesfield 等指出，修辞格主要有三大类，分别源自人类心智的三大能力：（1）比较或对相似性的感知；（2）区别或对差异性的感知；（3）联想或对邻接的印象。从心理学的角度来审视，修辞活动主要依赖于人类的三种联想能力，即相似联想、对比联想与邻接联想。由于人类这些共同的认知模式使然，不同语言中有着许多共同的修辞方式，由相似联想产生了比喻、拟人、拟物、通感；由对比联想产生了对照、对偶、对顶；由邻接联想产生了借代、移就，如此等等。共同的心理特征造就了共同的修辞格，这就是维汉修辞格对比研究的心理基础。

（二）美学基础

汉维修辞格对比研究还有其美学基础，因为修辞格大都遵循着人类共同的审美原则。诚然，不同民族都有某些各自独特的审美情趣，但不可否认的是，有些审美原则却是各民族所共有的，于是造就了汉维语中许多基本对应或相似的修辞格。如，由含蓄美产生了双关、婉曲、避讳；由齐一美产生了反复、回环、同异；由均衡美产生了对偶、排比；由形象美产生了比喻、比拟、借代；由韵律美创造了各种各样有关音韵的修辞格，如此等等。

总之，由于人类心智上的种种共同特征——共同的认知模式和共同的审美原则，汉语和维语中的修辞格表现出极大的相似性，两者之间的确存在着许多共性，这就为对比研究提供了重要的对比基础。

二　研究目的

随着新疆双语教育及双语教学的不断深入，汉维语语法的对比研究方兴未艾，取得了不少成果，但相比之下，汉维修辞对比研究刚刚起步，有不少重大课题需要进行深入的探讨。"对比语言学对语言之间的共同点的研究，正是为了找出他们之间的不同之处。"②汉语和维语分别属于汉藏语系

---

① 许余龙：《对比语言学概论》，上海外语教育出版社 1992 年版。

② 同上。

和阿尔泰语系，二者无论是在语音系统、词汇系统，还是在句法结构方面，都存在着巨大差异。同样一种修辞格，融入两种语言模式，其差异是显而易见的。再者，修辞活动既是一种言语活动，也是一种文化活动，汉维语中各种修辞格的形成、运作和发展，还受制于各自的文化，汉维语修辞倾向对比研究的真正目的，正是为了找出两者之间在语言、文化及思维方式方面表现出来的种种差异。尽管汉维语辞格之间存在着许多共性，然而，所有的修辞方式都依附在特定的语言材料这张皮上的，也必然受着特定语言材料的制约。该课题的研究不仅有助于汉维翻译理论研究向纵深发展，它还有助于汉维语比较修辞学的建立。

第五节　汉维语修辞对比研究的主要方法

西方修辞学的几度衰微，不少人归咎于对辞格命名分类的偏爱，这是不公允的，至少是不全面的。诚然，在中世纪烦琐哲学的影响下，辞格的命名和分类流于琐细，缺乏理论依据而无实用价值，但过错不在于辞格研究本身，而在于采取了不正确的研究方法。有比较才有鉴别，比较是识别事物的有效方法。为使现代修辞学研究得更精密、更深透，因而，本文将运用归纳法、演绎法、比较法、语言学的结构分析法、语义分析法等多种研究方法来研究此课题。

第六节　语料来源

本项研究的语料主要取材于以下几个方面：

第一，汉维经典作家作品的语句；第二，汉维各类成语、俗语、谚语词典中的例句；第三，汉维最新网络语言；第四，汉维报纸杂志上的语句；第五，经过访谈、调查记录下来的汉维材料；第六，修改后的汉维言语作品与对应修改前的言语作品；第七，汉维各类过往报纸杂志。

第二章 汉维语语音修辞倾向的对比研究

　　语言是声音和意义的结合体。按照索绪尔结构主义符号学的观点，语言有且只有两个要素："能指""所指"。人们利用语言进行交际，交流思想，表达情感，其信息的传输载体就是语音。语音是语言唯一可感知的物质，是语言的物质外壳。因此，语音的运用为人们所重视，为修辞学家所关注就是必然的了。董凤伍《语音修辞再认识》（1997）一文中在总结前人关于语音修辞的基础上，从理论、实践的结合上，提出了语音修辞再认识的理论基础，语音运用的实际情形，以及方法途径等，并初拟了一个构建语音修辞体系的框架。第一，固定声音形象，是一种语言里约定俗成的语音组合，不管表达什么内容，也不管什么人，在什么时间、地点、场合表达，都是以这种习惯语音作基础。主要包括，语素或者词的音素（音位）组合特色，如辅音、元音、各种音素（音位）的搭配，其他非音质音素如高低、长短、强弱的运用，语句表达中的语调、停顿、轻重、节奏等。如现代汉语中的双声、叠韵、叠音、押韵、平仄、谐声、轻声、儿化、节奏、句调等。凡说汉语的人，都会遇到这些语音形象，它是汉语固有的语音形象，是语音表达的基础。这种语音形象民族性特征特别突出。第二，临时声音形象，是一种语言里在固定语音形象基础上形成的具体语音表达形象，是一种因人、因时、因地、因情而变化的语音形象。这种语音形象民族特征不太明显，人类语言的这种声音形象有共性，其主要内容包括语句的高低变化、长短变化、强弱变化、快慢变化，以及个人特色、拟声、仿音等。如大声说、高声讲、耳语、心理重音，男声、女声、童声，如泣如诉、断断续续，模拟自然声音如犬吠、马鸣、鸡啼、猫叫，模仿某人说话如外国人物形象配音、特型演员配音、特定人格化动物等配音，特定发音如艺术发音中的念白、喷口、假声、气音、颤音、鼻音等。第三，特定声音形象，是指某种语言里某些特定的声音条件构成的特定表达方式，例如汉语的对偶、双关、拈连、歇后、同音以及由汉字巧妙组合、离析而构成的表达方式。这类语音形象也多是民族语言固有的，但也有一些是人类语言共有的，如词语、语句的反复、排比的语势。有前人将汉语语音修辞体系分为两大部分：第一部分是由语音因素的本体系统（即声、韵、调的配合）构成，它是内在的静态运用；第二部分是在语音因素的基础上，运用语音物理性的四要素（即音高、音长、音强、音色）的变化而产生，是一种外在的动态运用。陈望道曾称前者为"固定因素"，后者为"临时因素"。由语音的"固定因素"形成的修辞我们认为是语音的静态修辞，由语音的"临时因素"形成的修辞我们认为是动态修辞。语音静态修辞主要包括双声、叠韵、叠音、拟声、谐音、儿化、押韵等方式。而双声、叠韵是汉语语音表达的一种特有方式，是传统的修辞手法之一。而构建维语语音修辞体系的框架却显得迫在眉睫，从大的方面可借鉴汉语的语音修辞体系框架，而每一种语言的语音体系又有自己的特性，因此，两种语言的语音修辞对比既要兼顾语音本体因素的共性与特性，还要考虑到修辞因素的性质。本章剔除语境与临时因素，仅从静态语音修辞的固定因素的角度来对比。

第一节　汉维语语音系统的共性和特性*

人的语言世界中的声音的诞生和发展，才真正将人从动物世界中引领出来，进入一个充满意义的属于人的世界。"但语言中的声音并不像别种物体的音，例如上课的铃声、铃声是反射的，语言的声音却是有意表出的。这有意表出的声音，或许当初也有一些是模拟事物的声音，但当约定俗成之际，却都要依照社会的约束、习惯。无论所用的音素，音素的排列以及其他种种，都依现有的习惯。习惯假如不同，声音也便不能一律，世界语言所以千差万别，便是因为习惯不一致的缘故。"①汉维语语音类修辞系统是一个庞大而复杂的系统，努力探寻汉维语语音手段的共同点和不同点，对于把握语音类修辞系统的各种要素、内部结构和基本功能，掌握两种语言语音类修辞手段的特点及其基本规律，恰当地运用语言来拟声状物、表达和交流感情，对更好地传递信息、传承文化、解决双语教学中的实际问题，都具有重要的意义和价值。较早、较系统地将汉维语语音结构进行对比的是刘珉先生，他在《汉维共时对比语法》（1999）一书中从元音、辅音、音节、声调等四个方面进行了详尽论述。而从修辞角度来论述汉英声音系统的共性和特性的著作有徐鹏的《修辞和语用：汉英修辞手段语用对比研究》（2007）。本小结将参照这两本著作的对比角度来讨论汉维语语音系统的共性与特性。

---

* 本节内容已刊于《赤峰学院学报》2010 年第 10 期。

① 陈望道：《修辞学发凡》，复旦大学出版社 2000 年版，第 19 页。

一　共性

共性：语言交流主要靠声音，书写文字是依附于语音之上的表达工具。拼音文字如此，汉语方块字也和语音有密切关系。汉族和维吾尔族有自己的语言，不同的声音表达不同的信息内容，相同的声音也可能指称不同的事物，传达不同的符号，但由于人类在本质上具有共同点，有着相同的发音器官，因此，人类只有几十个用于语言的声音。"语音的系统性、规律性最强，是一个封闭的语言形式系统，几乎达到牵一发而动全身的程度。"①汉维语辅音项对比，有相近的音素，如现代汉语辅音 j 是舌面、不送气、清、塞擦音，与维语的 dʒ 舌前、浊、塞擦音，从发音方法上看基本相近。也有相当的音素，比如现代汉语中 k 舌根、送气、清塞音与维语中的 k 舌后、清塞音具有相似性。汉维语辅音的语音表现完全相同的有 6 组。4 个双唇音：bpmw；2 个唇齿音：f μ；舌尖前音一个：s；5 个舌尖中音：d　tʰn l ɳ；舌面音有一个：j；舌根音有 5 个：g kʻcʻ ŋγ。汉维语辅音语音表现相近的有汉语双唇不送气、清塞音 p 与维语 b 相近；汉语舌尖中不送气清塞音 t 与维语 d 相近；汉语舌根音 k、c 与维语 g、ɟ 相近，而 x 又与维语小舌音 X 相近。汉语舌面前音 tɕ、tɕʻ、ɕ 与维语棍合舌叶音 dʒ tʃʻ、ʃ 相近。

汉、维语元音相同处：汉、维语中都有前半低不圆唇元音[ɛ]，但汉、维语中的[ɛ]是有语音差异的，维语[ɛ]比标准元音[ɛ]舌位略低，开口度略大。汉、维语大部分元音读音相近。两种语言中 u（u）ü（ü）o（o）ɑ（ɑ）相近，尤其在多音节末尾中的 u（u），维语中的（u）ü（ü）舌位偏低；维语中的 ɑ（ɑ）舌位靠后，而汉语中的 ɑ 偏前，为国际音标[A]，且有三个变体。

二　特性

汉维语分属于不同的语音系统，各自又具有特性，表现在以下几个方面：

（一）语音上的区别性特征不同

"雅可布森、哈勒以及方特（G. Fant）是最早对区别性特征进行系统研究的语言学家，他们提出的理论基本上是按照语音的物理特点选择和定义区别性特征的（Jakobson，Fant&Halle1952），乔木斯基、哈勒在《英语音系》一书中提出的理论完全放弃语音的物理特性，专用发音机制定义区别性特征。"②"汉语普通话的声母有二十一个，四个浊音，十七个清音，都

---

① 李无未：《汉语音韵学通论》，高等教育出版社 2006 年版，第 54 页。
② 包智明、侍建国、许德宝：《生成音系学理论及其应用》，中国社会科学出版社 2007 年版，第 39 页。

是由辅音充当的。维语的辅音共二十四个，其中浊音十四个，清音十个"①。汉语的辅音里有送气和不送气的区别性特征。而维语中的区别性特征则有"清""浊"，如/d/-/t/，/b/-/p/，/z/-/s/，/g/-/k/。

（二）汉维语语音系统的音位数目与划分方法不同

语言的音系系统不同，音位也不同，甲语言的音位不一定是乙语言的音位。汉语把附有声调的音节当作区别词义的单位。维语的音位是语音体系中具有辨别词义功能的基本单位，是言语线性切分的最小成分。汉语的语音构造与维语相比，有各自的特点。汉语除了少数儿化音节外，一般一个汉字代表一个音节，普通话的音节实际由声母、韵头、韵腹、韵尾、声调五部分组成。汉语把附有声调的音节当作区别意义的单位，声调又叫字调，是汉语区别于黏着语的一大特点。而维语一个词往往由几个音节来构成，如：ikkiliniʃ维语的音节中元音和辅音的组合比较复杂，各种辅音可以在音节中连缀在一起，例如 rast，而汉语的音节中，元音和辅音的组合相对简单。

（三）汉维语各有其特殊音色的音位

汉维语辅音的一般差异表现在：有一些音是维语中没有的，汉语有舌尖前塞擦音 tʂ、tʂ'、dz:，而维语只有舌尖前浊擦音：z。汉语的舌尖后音 tʂ、tʂ'dʐ、ʂ、ʐ 是维语中所没有的，连书写字母也没有。汉语的擦音全是清音，维语的擦音则有清浊对应，汉语中没有喉门及小舌部位的音，维语中有这两个部位的音。汉语的卷舌（儿化）闪音，维语里没有。维语的小舌音 q'、k'、x 及喉壁清擦音 h、舌尖中颤音 r 都是汉语所没有的，而汉语舌面双唇半元音 ɥ，维语里是没有的。维语中有辅音和谐现象，而汉语中则没有。

汉维语元音的一般差异大致表现在：维语中的前元音一般偏后，而汉语中的前元音一般来说较靠前；汉语中的高元音一般偏高，而维语中的高元音则一般稍低；汉语中有很多复合元音而维语中则没有；维语中存在着较有规律的元音和谐现象，汉语中则没有；最后就是汉语中有舌尖元音 [ɿ]、[ʅ] 维语中没有这个音；汉语中有成音位的 e [ɣ] 和卷舌元音 er [ɚ] 维语里则没有。维语中有前次高圆唇元音（e），汉语中没有这个音。维语中有成音位的前次低不圆唇元音（ə）汉语中则无。

（四）汉语为声调语言，维语是语调语言

汉语中的四种声调分别叫作"阴平""阳平""上声""去声"，每一个音节有不同的声调，声调起着区别或改变字义的重要作用，例如，tū、tú、

---

① 刘珉：《汉维共时对比语法》，新疆人民出版社 1999 年版，第 25 页。

tǔ、tù 这四个词的音位完全相同，由于声调不同就有四种不同的意义。而维语的升降调则不改变该词的词义，如/bala/（孩子）一词。维语的语调则是区别性特征，用升调时是疑问句，用降调时，就是陈述句。

（五）发音词句的衔接方式上有差异

汉语连续发出的音之间有间断，而维语连续发出的音圆滑而无间断，虽然两种语言的词句均是由音节组成，但在说话的语流中，音节与音节之间的衔接方式却不同，在发音和听感上有明显区别。

第二节　汉语的双声叠韵与维语的 ʤyp søzlɛr（对偶词）

关于双声和叠韵，王国维在《人间词话》中有过这样的论述，"双声叠韵之论，盛于六朝，唐人犹多用之。……余谓苟于词之荡漾处，多用迭韵，促节处用双声则其铿锵可诵，必有过于前人者"。①叠韵多用在需要声音舒畅、悠长之处，而双声多用于需要声音短暂、急促之处。把二者配搭起来使用，能使语音的音响节奏跌宕回环，便于吟诵，能给人造成一种音节的和谐美。刘珉在《汉维语修辞格概要》中讲述双声，"汉语里相邻的两个字声母相同，韵母不同时，谓之双声，双声和叠韵是汉语语音表达的一种独有的形式"②。在《辞海》中关于"双声、叠韵"的解释为"双声、叠韵"均是音韵学术语。双声指两个字的声母相同，如"伶俐"，声母同是 l，"美满"声母同是 m。"叠韵"指两个字的韵腹和韵尾相同。如依稀（普通话同属于 i[i]韵，《广韵》同属'微'韵）、联绵（普通话同属 an[an]韵，《广韵》同属'仙'韵）、徘徊（普通话同属 ai[ai]韵，《广韵》同属'灰'韵）、荒唐（普通话同属 aŋ[aŋ]韵，《广韵》同属'唐'韵）。"叠音似乎可以说是一种较为特殊的叠韵，可以称之为叠音词的运用，它也是一种较为典型的语音修辞。"③本章将立足于汉语的双声叠韵与维语的 ʤyp søzlɛr（对偶词）作一些研究。

这一部分双声叠韵讲了不少，但没有提及对偶词。下面有专门论述的话，这里是不是谈得多了点。

---

① 王国维：《人间词话》（删稿），人民文学出版社 1982 年版，第 222 页。

② 刘珉：《汉维共时对比语法》，新疆人民出版社 1999 年版。

③ 陈光磊、赵毅、段曹林、张春泉：《中国修辞史》（上），吉林教育出版社 2007 年版，第 16 页。

一　汉维语中的双声叠韵、维语的 ʤyp　søzlɛr

汉语的双声叠韵早在《诗经》中就有大量运用。如：

（1）二之日栗列（《豳风·七月》）

（2）悠哉悠哉，辗转反侧（《周南·关雎》）

（3）经营四方，构成于王（《大雅·江汉》）。

例（1）中的"栗列"、例（2）中的"辗转"、例（3）中的"经营"均属于叠韵。叠韵的这几例中的"栗列、辗转、经营"联绵词的使用使诗歌语流顺口、畅通。

现代汉语中叠韵也经常被使用。如：

（4）他们把碗筷敲得震天响，拖泥带水、叫叫嚷嚷地跑过院坝，向南面总务处那一排窑洞的墙根下蜂拥而去。今天可不行，所有打了饭的人都用草帽或胳膊肘护着碗，趔趔趄趄（趔趔趄趄）穿过烂泥塘般的院坝，跑回自己的宿舍去了。不一会儿功夫，饭场上就稀稀拉拉的没几个人了。房上的檐水滴答下来，盆底上的菜汤四处飞溅。（路遥《平凡的世界》）

（5）就在这时，在那水天融为一体的苍茫远方，在那闪烁着一片火焰似的浪花的大海里，一轮红得耀眼光芒四射的太阳，冉冉地升腾起来……（峻青《沧海日出》）

（6）有时施女士出去在教堂的集会里，演讲中国的事情，淑贞总是跟了去，讲后也总有人来和施女士和淑贞握手。问着中国的种种问题，淑贞只腼腆含糊的答应两句，她的幽静的态度，引起许多人的爱怜。因此，有些老太太有时也来找淑贞谈谈话，送她些日用琐碎的东西。（冰心精品集《相片》）

上例中的"耀眼、琐碎、叫嚷"是双声，"灿烂、光芒、升腾"是叠韵，在这几个例句中，作者交错使用了双声叠韵，呈现在读者面前的是沧海日出的壮观景象、女人的特质以及幸福浪漫的情景。

"维语中的对偶词在古维语中就有，大量文献比如玉素甫·哈斯·哈吉甫的《福乐智慧》、《乌古斯可汗的传说》、翻译著作《金刚明经》、麻赫穆德·喀什葛里的《突厥语大辞典》以及其他许多著作里得到证实。"①对偶词可以帮助人们表达对客观事物和思想感情细微的差别和复杂的意义，语音上富于变化，读起来朗朗上口，具有音乐感。运用对偶词可以增强语言的节奏感，产生韵律美，增强文章的表现力。阿尔斯兰·阿布都拉的《〈福乐智慧〉的修辞学研究》第三章"用词艺术的重叠词的运用"一节中详细地论述了 ʤyp　søzlɛr，从对偶词的词性、意义及运用的角度来论述。本节试从语音角度来说明其修辞效果。如：

---

① 马兴仁：《简明维汉对偶词词典》，民族出版社 1989 年版。

（7）padiʃah pytyn mɛmlikɛttiki alim- ɵlima，qazi-quzzat，aqsaqal-kɵksaqallarni zijapɛtkɛ ʧaqirip，ularɣa tɛm-tym ʃalda bajni tonuʃturuptu.（《bulaq》）

国王设宴招请举国一切学者，律师，各地老乡，向他们介绍台木土台木夏力达巴依。（《源泉》）

（8）lekin ɛpɛndimniŋ uni aɣil-taɣil ʧiqip，kiʃlɛrni zeriktyryptu.（《nɛsirdin ɛpɛndi lɛtipiliri》）

但阿凡提的古怪声噪使人一听就厌烦。《阿凡提笑话》

（9）uniŋ birinʧi qilɣan iʃi nazimniŋ ʃim-ʧapanliriniŋ janʧuqlirini ɵryp-ʧɵryp aɣturuʃ boldi.（《qɛʃqɛr ɛdɛbijati》）

他翻来覆去搜掏纳孜木的衣袋。（《喀什尔文学》）

（10）miniʃkɛ obdan dʒaniwar，

egɛr-dʒabduɣi ɵzidɛ bar .

ikki paʧʃiqi bar ɣelyirdɛk，

meŋiʃi tez ajɣirdɛk.（tepiʃmaq：welisipit）

这个玩意真好骑，

又有鞍子又有把，

两条腿儿像筛子，

跑起路来似快马。（谜语：自行车）

（11）alton qoʃqar myŋgyzi，

buɣa-maral terisi.（tepʃimaq：ʧiɣ）

金公羊角，鹿子皮。（谜语：芨芨草）

（12）ular ɵz χizmitini obdan iʃlep，iʧʃilar wɛ dehqanlar bilɛn iʧqojun-taʃqojun bolup ketiʃi lazim.（《mawzeduŋ tallanma ɛsɛrliri》）

他们应该把工作做好，和工人农民打成一片。（《毛泽东文选》）

为方便人们识记，使之永久流传，维语中的谚语也使用了大量的对偶词。如：

（13）eliŋ-seliŋ aɣriʃtin，

ɣulaŋ-salaŋ ɵlgen jaχʃi.（maqal）

与其病病殃殃活着，

不如痛痛快快死去。（谚语）

（14）ɛdɛb- ɛhlaq adɛmniŋ hɵsni.

人品道德是人的美容品（谚语）

alim- ɵlima，qazi-quzzat，aqsaqal-kɵksaqallarni 学者，律师，各地老乡、aɣil-taɣil 古怪声噪、ɵryp-ʧɵryp 翻来覆去、egɛr-dʒabduɣi terisi 鞍子又有把、buɣa-maral 鹿子皮、iʧqojun-taʃqojun 打成一片，eliŋ-seliŋ ɣulaŋ-salaŋ 病病快

快、痛痛快快这些词的使用增强了语言的表现力。不仅在以上的文体中（点明哪些文体）使用，在维吾尔民间故事中也使用了大量的对偶词，这些对偶词的使用增强了文章的表达效果。如：

（15）biʃarɛ qiz　aʃqan-taʃqanni kijip, nanniŋ køjygini jɛp, aʃniŋ sujiɣini itʃip, tʃetʃilip-soqulup　tʃoŋ　boptu.jɛttɛ jaʃlarɣa kiriptu. (《altun kɛʃ》)

可怜的小女孩穿着别人剩下的衣裳，啃着糊焦馍，喝着残羹冷炙，就这样艰难地成长到了七岁。(《金鞋子》)

上例中的 tʃetʃiliʃ-soquluʃ 意思是"折腾来折腾去，磕磕碰碰，碰碰撞撞，东漂西流"，aʃqan-taʃqan 的意思是"剩余的，多余的，残留的，绰余的"，在这则故事中使用了两个对偶词，强调了女孩的孤苦伶仃、命运多舛，让读者心碎，令人同情，为后文故事情节的展开作了进一步的铺垫。

在汉维翻译作品中也使用了大量的对偶词，如：

（16）mɛn dejmɛn, undaq bywɛ-rahibɛ, rɛmtʃi-aryatʃʃi, dɛllɛ-dʒadigɛr degɛn hɛr rɛŋ-sɛr rɛŋ χotunlarni hɛrgiz jolatmasliq kerek.

我说那些三姑六婆是要不得的。(《红楼梦》)

维语中语音非常讲究对称与和谐，其中对偶词的使用显得尤为突出，从元音和谐律的角度看，以上实例满足了腭和谐律与唇和谐律，它们都是突厥语历史上相沿至今的最古老的现象，维吾尔语所有的元音都受腭和谐律的支配，唇和谐律的范围只限于圆唇元音。对偶词 ɣulaŋ-salaŋ 由暗音词靠舌后部动作发音的暗元音/u/与/a/构成，aqsaqal-køksaqal 中暗元音和亮元音/a/与/ø/一一对立，eliŋ-seliŋ 一词要求词中的元音和辅音舌位一致，在该词中通过中性元音/e/的衬托体现出了维语腭和谐律的某些特点。

二　形成条件及规约因素

根据冯胜利在《汉语的韵律、词法与句法》一书中介绍的汉语"韵律构词学"理论，我们可以得知，汉语的音步必须由两个音节组成。所谓音步是人类语言中"最小的能够独立运用的韵律单位"[①]，即

音步
／＼
音节　音节
语素　语素

音步必须严格遵循二分枝原则，没有节奏就没有韵律。同理，在维语中该原则也同样适用。如果由音步来确定韵律词，小于一个音步的单位将

---

① 冯胜利：《汉语的韵律、词法与句法》，北京大学出版社 1997 年版。

不足以构成韵律词。因此汉维语两种不同的语言因音步的不同而有不同的韵律词。在上例中的汉语"腼腆"一词、"叫嚷"一词的对偶原则：

miǎn　tiǎn　　　　　　　　　　　叫嚷 jiào rǎng

　／＼　　　　　　　　　　　　　／＼

miǎn　tiǎn←音偶　　　　　　　　jiào　rǎng ←音偶

腼腆←非意偶　　　　　　　　　　叫嚷←意偶

再看上例维语的对偶原则：

qazi（旧时的法官）quzzat，（宗教法庭的仲裁者）

qazi-quzzat，

　／＼

qazi　quzzat←音偶

←意偶

由以上的分析可以看得出，不管是汉语的双声和叠韵还是维语的对偶词，要实现对偶的途径不外乎有二：在既满足音偶又满足意偶的条件下首先是组合，汉语"叫嚷"一词满足音偶的条件是元音/a/，同时还要符合意偶的条件"叫"与"嚷"意义上要相近。维语 qazi-quzzat，qazi（旧时的法官）、quzzat（宗教法庭的仲裁者）同时满足了音偶、意偶两个条件。如果该词在非意偶的情况下，为了追求语音的和谐以及使语言形象化，此时在两种语言中会不自觉地使用凑补手段，上文所举实例维语对偶词 aɣil-taɣil（各种各样），taɣil 意思是"有条纹的，有花纹的"，aɣil 一词无意义，显然不是对偶词的形式，在这里即使生凑也要满足韵律上的双，自然使用了凑补手段以达到语音和谐的目的。而汉语的骈偶与对仗也是汉语内部机制造成的，"腼"与"腆"分开自然语义不切，"腼腆"一词为了韵律上的双而不惜意义上的残，不管是选择组合还是选择凑补规则，都必须在各自语言自身规律允许的范围内出现与进行。

相异性：第一，汉语的双声和叠韵是以字为构成单位的，而维语的 dʒyp søzlɛr 是以词为构成单位的，而且在形式上表现出来的是成对的，较之汉语为显性。第二，"双声隔字而每桀，叠韵杂句而必暌"（刘勰《文心雕龙》），汉语的双声叠韵必须是两个同声或同韵的字紧靠在一起，一旦隔开使用就会失去连绵的音响效果。而维语中的一些词词首或词末相同的词和词后加词缀或格的对偶词，一般紧靠在一起，只有押同一韵的，往往一前一后分开。第三，由于汉维语内部发展规律不同，它们在各自的语言中分布范围也各不相同。比如汉语"腼腆"一词在汉语中是叠韵词，但翻译成维语它只是一般词，却不能算作对偶词；反之亦然。

共性：第一，汉语的双声叠韵词与维语的对偶词在被使用时总处于一定的"语流"中，在两音相邻的情况下，由前一个音滑入后一个音，双声叠韵与对偶词读起来比较顺口。第二，汉语的双声叠韵与维语的 dʒyp sɵzlɛr 通过语音同化来增强语音的节奏感，这种节奏感通过双声叠韵与对偶词在文学语言中的运用凸显出来。第三，汉语的双声叠韵与维语的 dʒyp sɵzlɛr 使语言既在形式产生了一种和谐对称的音乐美，有时不仅要声音和谐，还要与意义相协调，在汉维语文学作品中增强其趣味性。第四，汉语的双声叠韵词与维语的对偶词的实现途径相同，都是组合与凑补。第五，汉语的双声叠韵词与维语的对偶词的对偶原则相同，在两种语言中都能找到相似的对偶现象。

总之，汉语的双声叠韵与维语的对偶词追求的是和谐与节奏上的协调，力求音乐美是汉维语语音修辞最突出的共性表现。

第三节　汉语的拟声词与维语的模拟词*

汉维语拟声词非常丰富而且应用非常普遍，不但常用于书面语，而且也常用于口头语。然而，在分析和运用维汉拟声词的时候，人们往往很少注意维汉拟声词的修辞功能。其实，维汉拟声词有着很多修辞功能，在运用语言的交际过程中，如能匠心独运，常可收到直观、形象、生动的效果，使语言具有强大表现力和生命力。"则是本于拟声与感声的语词，其本身即具有一种声音美，所以中国文辞只须巧为运用这些语词，自然容易显出声象与声情之美，而同时也容易显出音节之美"①。"语音之起，本于拟声和感声。拟声是摹写外界客观的声音，感声是表达内情主观的声音。拟声词语既善于摹状声貌，感声词语尤足以表达声情。所以只须巧为运用这些拟声或感声的语词，就足以增加行文之美。但是，这条件，只有在单音缀的语言中始终可以充分发挥，因为它能够保有原始的拟声感的作用"②。拟声感声其实就是一种声音的模拟，是调整适用声音以更好地传情达意的一种努力。本文将从修辞对比倾向的角度来探讨汉维语拟声词。

一　汉维拟声词修辞功能的相同点

（一）描景状物，生动逼真

维汉拟声词可使语言有立体感、动态感，用于描景状物时，能使语言

---

* 本节内容刊于《喀什师范学院学报》2011 年第 4 期。

① 《郭绍虞说文论》，上海古籍出版社 2000 年版，第 239 页。

② 同上书，第 233 页。

更加直观形象，生动逼真，给人以身临其境、耳闻其声的感觉。如：

（1）soɣuq ʃamal ɣuruldap ʧiqmaqta.

寒风吹得呜呜的。

（2）balilarniŋ ʤaraŋliq naxʃa　awazi kɛlkynniŋ ʃar-ʃurini besip kɛtti.

孩子们清脆的歌声淹没了哗哗的洪水声。

在这几个例句中寒风、小溪的声音描绘得生动逼真、鲜明突出。这几个拟声词使读者仿佛置身于风雨之中，此起彼伏，具有鲜明的直觉色彩。

再如：

（3）对你的思念像袅袅的轻烟不绝如缕，对你的祝福是潺潺的小溪伴随一生一世。（经济日报出版社《QQ聊天宝典》）

（4）猪脚子老倌哈哈大笑。（周立波《禾场上》）

（5）接着沙沙沙的脚步响，大概罗二爷在这里面修了一条煤屑路。（张天翼《清明时节》）

例（3）中的"袅袅""潺潺"。例（4）中的拟声词除了给读者以听觉形象感受，还有视觉形象感受，让人似乎看到一种张嘴大笑的景状。例（5）中的拟声词除了让读者如闻其声之外，还觉得仿佛是在沙地上行走一般。

（二）营造环境，渲染气氛

汉维拟声词可用来营造环境，渲染气氛，给读者以深刻的印象，引起共鸣。如：

（6）gyldurligɛn ynlyk awazniŋ aŋliniʃi bilɛnla maj iskilatta joɣan ot pɛlɛkkɛ kɵtyrylyp ʧiqti.

我只听见轰的一声巨响，油库冒起冲天大火。

（7）doxtur puruqlap qajnawatqan yuɣan qazanniŋ ystidiki inʧikɛ turubidin《wiʃ-wiʃ》qilip kɵtyrylywatqan parɣa qarap tikilip ojlinip qaldi.

医生盯着从沸腾般的开水锅的细管中冒出的热气陷入了沉思。

（8）asmanda jalt-jult qilip ʧaqmaqlar ʧeqildi.

天空电闪雷鸣。

（9）sim-sim jamɣur jeɣwatidu.

下着毛毛细雨。

（10）paŋ-puŋ qilɣan miltiq　awazi

那里响起了噼里啪啦的枪声。

这几句用 4 个拟声词 gyldurligɛn、wiʃ-wiʃ、jalt-jult、sim-sim、paŋ-puŋ 来模拟爆炸声、冒热气声、电闪雷鸣声、细雨声、枪声，把环境和气氛渲染得极其逼真，把读者带到一个如闻其声、如观其色、如见其形的境地，使读者对这些场景的壮观景象产生强烈的真实感。

（11）雪梅也跟着来了，河水呜呜咽咽地流着，人们都去听古乐了，河堤上静得像月亮一样，他俩面对面站着，雪梅只是哭……（李准《黄河东流去》）

例（11）中使用了带有情感色彩的拟声词"呜呜咽咽"模拟河水的自然声响，营造出了一种凄切的环境，这种环境与主人公雪梅的哭泣构成了一种悲凉、哀怨的氛围。

（三）刻画人物，展示内心

运用音义兼美的拟声词能刻画人物性格，展示人物的内心世界，使读者感受到事物的生动性和内在的旋律。如：jyriki gyp-gyp soqatti.（心扑通扑通直跳），oɣriniŋ jyriki pok-pok.（做贼心虚）。这些谚语通过拟声词的不同选择，细致入微地刻画了人物的不同身份和性格，不仅绘声逼真，而且传神之极。

（12）他们轻轻划着船，船两边的水，哗，哗，哗。（孙犁《荷花淀》）

（13）后面的大船来得飞快，那明明白白是鬼子。这几个青年妇女咬紧牙，制止住心跳，摇橹的手并没有慌，水在两旁大声得哗哗，哗哗，哗哗。（孙犁《荷花淀》）。

以上两例出自《荷花淀》的两处不同的划船声。前者缓慢舒徐，展示了划船人热爱生活和从容不迫、轻松愉快的内心世界；后者迅速紧凑，表现了划船人紧张但临危不惧、慌而不乱的心情。

（四）音韵和谐，节奏鲜明

在维汉文学作品中，利用拟声词可收到音节响亮、音韵和谐、节奏鲜明的效果。如：

（14）小两口成亲没几天，怎么就叮叮当当上了。

（15）这部机器老掉牙了，一到干活儿就哼哼唧唧。

（16）u dadamniŋ　aldida ɣidiŋ-pidiŋ qilalmajdu.

（17）barida polduruŋ, joqida qarap　olturuŋ.

几个拟声词的组合，音韵响亮、节奏鲜明而又和谐。

（18）唏哩哩唰啦啦长蛇过道，

噗咙咙突噜噜翠鸟出巢，

轰轰轰隆隆风雷滚动，

乒乒乒乓乓乓一阵冰雹。（西河大鼓《春到胶林》）

这些拟声词经过作者的精心安排，用在音节较为整齐的句组之中，使人读了得到声律美的享受，印象更加深刻，所激发的联想更加丰富多彩。

（五）以声传情，声情并茂

拟声词的恰当运用可达到以声传情、声情并茂的效果，有利于读者更准确地把握作者的内心，体验作者的情感，产生共鸣。如：

（19）ustam qoʃnisiniŋ <bazardin setiwalɣan>degɛn gepini　ɛslɛp pisiŋŋidɛ kylyp qojdi.

ustam somkilar bilen birɛr saɛtʃɛ hɛpilɛʃti.u somkilarni ilɣimaqtʃi puliɣa jariɣudɛklirini χillimaqtʃi bolɣanidi.

当他想起"从街上买的"之类的话时，扑哧一声笑了。他整整折腾了一个多小时，他想挑选一些能够出售包的去卖。

这段话表达了巴斯提脑子里的一个疑团被解开时心中窃喜之情，尤其是"扑哧一声"这个拟声词的运用，显得传神。

（20）昔我往矣，杨柳依依。今我来思，雨雪霏霏。行道迟迟，载渴载饥。我心伤悲，莫知我哀。（《诗经·小雅·采薇》）

这"依依""霏霏"与"迟迟"用得甚是精妙。柳枝茂盛，随风飘荡，雪花纷飞，路途长远，作者悲凉无奈的情愫油然而生。这三处叠字分别是对杨柳、雨雪以及路途的修辞，除给读者形象逼真的美感共鸣之外，又为抒发内心情感起到了推动作用。

（六）情景变幻，精练简洁

在叙述或描写时，恰到好处地使用拟声词，可间接而又更加形象地描绘事物和情景的变幻，使语言显得精练、简洁。如：

（21）zejnɛphan hamandiki iʃlarni ʃaq-ʃuq qilip puttyrywɛtti.

泽奈甫汗三下五除二干完了场上的活儿。

（22）miŋlap-miŋlap kiʃlɛr tujuqsizla kɵk maʃniɣa tʃyʃyp ɣajip bolatti.（zunun qadir ɛsɛrliri.（《muɛllimniŋ χeti》）

拥拥攘攘的人群突然间钻进里蓝色的车里消失得无影无踪。（祖农·卡迪尔作品集《恩师的信》）

ʃaq-ʃuq、miŋlap – miŋlap，这两个拟声词把人多、拥挤的一片热闹场面刻画了出来，不仅文字洗练，而且十分生动形象。

（23）把一张粗草纸裹在一个钢钎上，两块木版一搓，吱溜——，就是一个炮仗筒子。

此句只用了一个拟声词，就间接地交代出事件的动态变化，形象地描绘出动作的情感，省去了许多叙述性或描写性的笔墨，语言显得精练、简洁。

（七）铸造意境，引人联想

拟声词具有逼真性和比喻性的语义特征，可铸造意境，令读者产生联想。如：

（24）我的头像嗡嗡地疼起来了。

beʃim ziŋ- ziŋ aɣrip kɛtti.

ziŋ- ziŋ 有意重复，唤起读者对人的头痛的联想，使音韵和意境有机地统一了起来。

（25）乌鸦那么黑丑的鸟，一到傍晚，便成群结阵地飞于空中，或三两只栖于树下，苦呀，苦呀地叫着，更使人起了一种厌恶的情绪。（郑振铎《苦鸭子》）

由于乌鸦会使人们产生一种厌恶的感觉和情绪，所以，当作者听到本无任何意义的自然叫声时，不由得产生主观联想，并赋予这种声音一种主观意义"苦呀，苦呀"，把乌鸦之声与生活之苦联系起来。

（八）夸张有力，描写生动

拟声词具有夸张的修辞效果，可使表达更加明快有力，描写形象栩栩如生，给读者留下深刻的印象。如：

（26）u qoʃnisiniŋ beʃini jølidi. quliqiya χuddi ʧala boyuzlanyan kaliniŋ χarqiʃidɛk dɛhʃɛtlik awaz aŋlandi. uniŋ nɛpɛs jolliri boyulup dʒan taliʃiwatqanliqimu jaki uχlap χorɛk tartiwatqanliqimu, bilgili bolmajtti. 《流浪者酒家》

他慢慢地将他的头扶起来，只听他嗓子里发出"呼噜呼噜"的声音，仿佛屠宰场被屠杀但尚未断气的牲畜似的。

作者把阿斯提酒足饭饱后打呼噜的憨态比作屠宰场被屠杀但尚未断气的牲畜，其神态跃然纸上，令读者印象深刻。这里，χarqiʃidɛk dɛhʃɛtlik 意为"发出呼噜呼噜的响声"。使用拟声词作手段，渲染了主人公由内向外的心理状态，使表达明确快有力。

（27）那山庵前面一片黑压压的松林被风吹得呜有千百只野狼在齐声嚎叫似的。（峻青《鸳鸯》）

作者把风吹树林的响声比喻为千百只野狼，达到了渲染环境、给人以深刻印象的效果。

通过以上各例的分析，我们可以总结出汉维拟声词修辞功能的共同点。

第一，喻指某些抽象事物。汉语拟声词可以用来喻指某些抽象的事物，如"能力""性格""威望""心情"等。凭借拟声词本身的声感力量，把本来只能意会的事物更加直观化，令人可以感知，从而使叙述变得更加生动形象，增加了语言的艺术感染力。例如，汉语常说的"穷得叮当响"就比"穷得不得了"之类的说法更富有实感，使人仿佛看到家徒四壁的贫困状。维语拟声词也有这种修辞功能，比如维语"tiriprɛn boluʃ"，汉语则说"落花流水"。

第二，沟通艺术通感。汉语拟声词可用来沟通艺术通感。出于心理习惯，人们在语言活动中，有时会把一些本来没有声响的动作和状态也用拟声词赋予一种声音。现代心理学和语言学称这种方法为通感或感觉转移。在艺术创作过程中，人们时常有意无意地借助拟声词，使听觉以外的各种外部感觉和内部感觉超越本身的局限，向听觉转移。例如，"忍不住的眼泪，像断了线的珠儿，扑碌碌落在江涛脸上"（视觉向听觉转移）、"心里扑通一怔”（动觉向听觉转移），维语说“dyp-dyp”等。汉语拟声词的这种修辞功能在维语中也是存在的。汉语的“心急火燎”，维语说“tit-tit”。

第三，听觉形象，感受迥异。拟声词主要源于人的听觉感受，它在人们的意识中常会产生一种形象感，给人以强烈的感受，但却蕴含着不同的民族文化信息。例如，蛇的爬行或蠕动汉语用“飕飕”（蟋蟀）及其叫声在汉语里常常使人感觉诡秘与恐惧，这是因为蛇是冷血动物，自然会使人联想到“凄雨秋风”。而维文中对蛇虫行动或“蠕动”一词感受却截然不同，重在拟形用“ləm- ləm”来表达。

二 维汉拟声词修辞功能的差异

维汉语拟声词具有许多相同的修辞功能，它们均建立在绘声的基础上，通过绘声使语言变得具体、生动、形象。然而，由于维汉两种语言不同的历史文化背景、语言习惯以及不同的审美观念，维汉语拟声词的修辞功能也存在一些差异。

（一）谐音双关以声寓情

汉语可利用拟声词造成谐音，构成语音双关，可收到因声生情、以声寓情的效果。如：

银心：前面到了一条河。

四九：漂来一对大白鹅。

祝英台：雄的就在前面走，雌的后面叫咯咯（哥哥）。

由于两种拟声词数量上的差异，以及在语言传统、语音系统和言语习惯上所形成的差异性，有相当一部分拟声词在音质上存在很大的差异。如：

蚊子叫声　嗡嗡　ɣiŋ- ɣiŋ

马蹄声　嘚嘚　dykyr- dykyr

婴儿哭声　哇哇　iŋɛ- iŋɛ

肚子叫声　咕噜　ɣaldur-ɣaldur

蚊子叫声“嗡嗡”与 ɣiŋ- ɣiŋ、马蹄声“嘚嘚”与 dykyr- dykyr 所表示的语音很相似，让人听到这种声音就会不由自主地想到对应的事物。而婴儿哭声“哇哇”和 iŋɛ- iŋɛ 听起来完全是两种不同的声音，使人很难联想到是婴儿的叫声。肚子叫声“咕噜”和 ɣaldur-ɣaldur，如果不认真地对比分析，可能一下子不知道模拟的是同一种肚子的叫声。这是因为不同语言中的拟声词是不同社会在各自的语言传统、语言系统和言语习惯的范围内创造、认定的，所以作为某一自然声的语言定型，在各种语言里可能会千差万别。

（二）汉语拟声词个人感觉的随意性强，语音符号（文字）不够固定

汉语中，同样一种声音会有多种文字表达方式。比如，表示枪声的就

能用"啪、叭、崩、喘、乒、乓、砰、蓬、通"等多种模拟方式。这种现象属于用不同的拟声词表示同一个声音。维语中的拟声词几乎没有这种现象。维吾尔语的象声词同汉语一样也是模拟、仿效事物、人和自然界的声音而造的词，故性质、作用两者吻合。但因思维方法、语言习惯、形象比喻、观察角度所致，汉维语模拟同一事物、人或自然界实际声音的拟声词，彼此发音完全相同的甚少，似同非同的有一些，殊途同归或异曲同工的占绝对多数。如：钟表声，汉语是"嘀嗒嘀嗒"，维语是 tik-tak；小鸡麻雀叫，汉语是"叽叽叽"，维语是 gyppidɛ；雷鸣声，汉语是"轰隆隆"，维语是 gyldyr-gyldyr；打耳光的声音，汉语是"噼里啪啦"，维语是 ʧaŋ-ʧuŋ　ikki kaʧat uruwɛtti；汉语说"人们呼啦一下围住了"，维语是 kiʃlɛr gurridɛ　oliʃiwaldi；汉语说"他手中的鱼刺溜一下滑脱了"，维语是 uniŋ qolidiki beliq ɣirt qilip qeʧip kɛtti；汉语说"门咣啷一声把他惊醒了"，维语则是 u　iʃikniŋ taraqqidɛ qilɣan　awazidin ʧɵʧyp kɛtti.

以上各例模拟了完全不同的声音，但由于上下文语境的不同，使人领悟到不同的听觉形象、视觉形象以及触觉形象。这也是维语拟声词的一大特点。维语拟声词的数量繁多，表现入微，虽然可以创造，但表现上具有一定的规律性。一般清音常用来模拟尖、轻、美的声音，浊音常用来模拟钝、重、强的声音。维吾尔语里有一个语素构成的拟声词为单部式，由两个以上语素构成的为双部式。如：维语 ʃir-ʃir, pil-pil, ʤiriŋ- ʤiriŋ 同形语素的重叠式，另一种是两个语音相近或语义相关的谐音式：gyldyr-taraq oŋɣal-doŋɣal ʃaldur-ʃuldur waraŋ-ʧuruŋ　ɣil-pal gyldyr-ɣilap gyp-gyp。从这些例子可以看出，使用单部式往往表示一次性或急速，如 tak taraqqidɛ 使用双部式则表同一种声音的持续性。比如 ʃir-ʃir tak- tak 使用音变式又表示某种声音并非一个模式，且声音响亮，如 ʃar-ʃur, taraq-turuq。再如：

（28）一刀下去哈密瓜啪的一声就裂开了。

piʧaq tegiʃ bilɛn qoɣun taraslap jerilip kɛtti.

（29）冰雹哗啦啦地打在屋顶上。

mɵldyr　ɵgzige taras-turus qilip　urulatti.

（30）玻璃灯罩啪的一声破裂了。

lampiniŋ ʃeʃisige qarsidɛ qilip dɛz　kɛtti.

松树咔嚓一声倒了下来。北风呼啸凛冽刺骨的严寒中也不会打哆嗦。从听觉形象的角度可以看出，一般浊音拟声词的语感强于半浊音拟声词，半浊音拟声词的语感又强于清音拟声词。

（三）表音与表意文字在拟声词记录上存在差异性

维语拟声词使用拼音文字作为语音符号简单、方便，可以比较准确地将想要模拟的声音表现出来。而汉语的拟声词是用汉字记录的，表记比较复杂，一些汉字笔画多，不易书写。自然界万物声音的复杂多样，需要多种拟声词去表示，由于汉字拟声能力的局限，使得一些拟声词无汉字可记录，只能在口语中使用。如：/ bi a /，年糕掉在了地上；/pi a/地挨了一个耳光；/duaŋ/地一下，撞到电线杆上；远处传来/ tuŋ /、/tuŋ/的敲锣声；小老鼠/ zer /、/zer/地啃。这类词为数不多，属于汉语中有音无字的拟声词。主要有/ bia /、/ pi a /、/ duŋ /、/ tuŋ /、/ biŋ /、/ paŋ /、/ daŋ /、/ row /、/ rer /、/ zer /等，正因为不能用文字表记，这些拟声词才更具有口语化、生活化的特征，也更具有顽强的生命力。这些拟声词有着非常生动的听觉形象色彩，在视觉形象、触觉形象乃至感情色彩意义上，都给予我们丰富的想象空间。维语拟声词数量繁多，使用频率高，在人们的语言生活中起到生动活泼、形象传神的重要作用。拟声词的音义具有形象思维的因素，它的形象色彩和感情色彩依附在听觉形象色彩基础之上。对于维语学习者来说，理解了拟声词的色彩意义方能真正掌握和运用拟声词，进而更好地了解维吾尔人的思想感情。

综上所述，汉维语中模仿客观世界的声音而构成的拟声词，其历史悠久，而且又在不断丰富和发展，在汉维两种语言中占有重要的地位。汉维拟声词不仅具有语篇、语法和造词功能，在加强语言的直观性、形象性和生动性上也起到了不可忽视的作用。汉维语属于完全不同的两种语系，两种语言的拟声词修辞功能必然会存在一定的差异，而这些差异反映了汉族和维吾尔族在语言文化、思维模式、审美情趣等方面的不同。因此，对比汉维拟声词的修辞功能，了解维汉拟声词修辞功能的异同，有助于丰富我们的表达，提高我们的文学鉴赏力、翻译水平及语言教学。整齐的句组之中，使读者得到声律美的享受，印象更加深刻生动，所激发的联想也就更加丰富多彩。汉语拟声词除了维语拟声词所具有的修辞功能以外，还有同音双关的作用，使语言显得风趣和俏皮。汉语拟声词的这种独特修辞功能在歇后语中表现尤为突出。如青蛙跳下水——"扑通"（不懂），臭鸽子——穷咕咕。这些说法因为拟声词同音双关的作用而妙趣横生，汉语拟声词的这种独特修辞功能具有典型性。拟声是汉维两种语言的常用辞格，其结构和修辞功能也是大同小异的。语言是文化的载体，当然也是民族审美观念的载体。"大同"无疑反映了汉族和维吾尔族在语言表达方式上具有相同的审美选择，也体现了在审美方面的一种心理同构现象。"小异"则是汉族和维吾尔族思维模式和文化差异在这种审美选择上的映射。拟声词是模仿客观世界的声音而构成的词，其历史悠久，随着拟声词的不断丰富与发展，它在加强语言的直观性、形象性和生动性上起到了不可忽视的作用。然而，汉语和维语属于完全不同的两种语系，两种语言的拟声词在其构成、功能以及应用范围上都有很大的差异。充分了解维汉拟声词的差异有助于我们提高表达能力、文学鉴赏力和翻译水平等多种综合能力。时代在前进，语言在发展，新的拟声词不断涌现。研究拟声词我们不仅增长知识，同时在研究的过程中能有机会欣赏拟声词的语言美，从中获得特殊的乐趣。

第四节　汉维语语音修辞格式的对比研究

每种语言都有运用上的常规，即有若干共同遵守的最基本的惯例，但在运用时则各自的表现并不一样。就汉维语而言，通过语音的修辞作用来造成强调或其他表达效果的语言现象比较多见。因汉维语语音修辞格式繁多，笔者着重立足于常见的节奏、押韵修辞格式来对比汉维语语音修辞。

一　节奏

"宇宙间的事物没有一样是没有节奏的：譬如寒往则暑来，暑往则寒来，寒暑相推，四时代序，这便是时令上的节奏；又譬如高而为山陵，低而为溪谷，凌谷相间，岭脉蜿蜒，这便是地壳上的节奏。宇宙内的东西没有一样是死的，就因为都有一种节奏（可以说就是生命）在里面流贯着的"①。在《现代汉语词典》中，"节奏"被解释为"音乐或诗歌中交替出现的有规律的强弱、长短的现象；比喻均匀的、有规律的进程"。考察中国古典美学，特别是古代音乐美学方面，孔子向鲁国太师讲解乐理时说："乐其可知也：始作，翕如也；从之，纯如也，皦如也，绎如也，以成。"（《论语·八俏篇第三》）这里所提的"翕、纯、皦、绎"就是一种有规律的变化。刘大櫆在《论文偶记》中提出："文章最要节奏；比之管弦繁奏中，必有希声窈眇处。"②黑格尔在其《美学》第一卷第三章谈及园林艺术时更重视整齐一律原则的运用。刘焕辉在《修辞学纲要》一书第二部分第七章中论述了语音的一般组合形式，从音节的组合上求整齐美和参差美、从声调的配合上求抑扬美、从韵脚的选调上求回环美，把美学原理与语音修辞结合起来阐述。音的调整适用离不开音律。"音律的最大价值自然在它的音乐性。音乐自身是一种产生浓厚美感的艺术……"③无疑，音律是美感性与适切性的统一，是语音修辞的动机与结果。"节奏是主观与客观的统一，也是心理和生理的统

---

① 郭沫若：《论节奏》，《创造月刊》1926 年 3 月 1 卷 1 期，转引自吴洁敏《论汉语节奏规律》，《语言文字研究》1998 年第 1 期。

② 霍松林：《古代文论名篇详注》，上海古籍出版社 2001 年版。

③ 朱光潜：《诗论》，生活·读书·新知三联书店 1984 年版，第 134 页。

一。"① 简言之，语言节奏是指语音的高低、轻重、徐疾、长短及音色的异同在一定时间内有规律地相间交替回环往复成周期性组合的结果。

（一）汉语音律的特点

每一种语言的音乐性，总是跟它的音律特征相联系在一起的，我们要了解汉语的音乐性，就要了解汉语音律特点和汉语音乐性的关系。纵观汉语修辞史，我们可以清楚地看到，从骈俪之法的滥觞，到四六文体的成熟，无不受到汉语韵律规则的直接影响。汉语的骈文与古文从语言学角度来看，方向虽殊但都是自觉不自觉地运用着语言中的两条相反相成的规律：语素必单与音步必双。因此，骈文不废单语，而古文也不免俪偶。汉语的"无边落木萧萧下，不尽长江滚滚来"律诗对仗，骈文的四六"落霞与孤鹜齐飞，秋水共长天一色"都体现了汉语独具的形式之美。汉语音律大致有以下几个特点：（1）元音占优势，乐音多，响亮悦耳；（2）四声分明，平仄相配，抑扬有致；（3）有儿化和轻重音的变化，柔美动听；（4）音节组合灵活，容易形成音律效果。

（二）维语音律的特点

《维吾尔语详解词典》中对节奏的定义与汉语相似。所谓音律就是指通过字的声韵调的协调和变化借以增强诗歌语言音乐美的一种修辞手段。② 刘勰在《文心雕龙·声律》中提到"标情务远，比音则近""声得盐梅，响滑榆槿"，刘勰的意思是说，诗文书写情致应力求深远，但只要音律配合得当就很容易做到这一点。诗文有了声律，就好比烹调中有了食盐和酸梅等调味品一样，变得有滋有味了；也好比粥汤中有了榆槿树皮一样，变得更加润滑了。音律作为一种修辞手段或表现形式，其修辞作用是十分明显的。维语的语音有比较严整的规律和语流音交的现象，具体地讲（1）元音和谐律：元音在发音部位和发音方法上要协调一致；（2）辅音和谐律：辅音的发音部位和方法相互也要协调一致，即浊辅音收尾的词后加浊辅音开头的词尾；（3）元音弱化：除外来借词外，词根后加词尾时，词根中的元音的影响和重音的移动而发生弱化；（4）元音脱落；（5）辅音增加：发音过程中辅音也有增减现象；（6）维语里只有词的重音，没有声调，重音不能区分词义和语法意义，只有韵律的作用，按照维语的语音特点，一般来说，重音落在最后一个音节上，说话的语气不同，便会使用不同的语调——即在末尾的落音上表示出来的升降高低或延长，尤其日常对话中的独词句，表现得更为明显，重音是由音强构成，音强是由声带音波振幅的大小决定的，

---

① 朱光潜：《谈美》，金城出版社 2006 年版，第 154 页。

② 周生亚：《古代诗歌修辞》，语文出版社 1995 年版，第 181 页。

音波的振幅不同，形成的轻重、长短、高低语调也就不同。音高与音强的差异，正体现了汉维两种语言根本不同的语音现象。

（三）汉维语节奏对比研究

黑格尔说，诗是语言的艺术，是造型艺术和音乐在精神领域的统一整体。音乐是语音修辞的标志。汉语诗歌节奏是由"语词因素"和"语音因素"构成的。节奏的基础是语词的联结和语音的调值（平仄）。汉语的五言诗节奏单位是顿、行，边界标志是停延与大停延；七言诗节奏单位是顿、逗、行，边界标志是停延、较大停延、大停延；新诗的节奏单位是顿、四字顿、逗、行，边界标志是停延、较大停延、大停延。维语的节奏是以行及重音为单位的，有长篇叙事双行诗、四行诗（柔巴依，具有教育意义与哲理意味的诗）、五行诗（思维跳跃式的梦幻诗或叫朦胧诗）、八行诗（半自由体式的散文诗）、自由诗（新诗）。往往诗歌的内容或者说是意义决定了维语诗所采用的形式，即诗歌的形式服从于内容。下面分别举例：

汉语古体诗词的节奏是固定的。以律诗为例，它有四个基本句式：

〔平平〕仄仄平平仄，〔仄仄〕平平仄仄平；〔仄仄〕平平平仄仄，〔平平〕仄仄仄平平。

这四个句式，前后易位，错综变换，按一定规则组合，便可构成"五律""七律""五绝""七绝"的不同平仄格式。词和曲的节奏组合则由词谱与曲谱固定。汉语五言诗王之涣的《登鹳雀楼》：

> 白日依山尽，（仄仄平平仄）
> 黄河入海流。（平平仄仄平）
> 欲穷千里目，（仄平平仄仄）
> 更上一层楼。（仄仄仄平平）

这首五言绝句出音顿律，声调组合规律也非常严密，一、二句是对立型周期，二、三句是往复型周期，三、四句是回环型周期，四、一句是完全往复。古体诗词利用字、词的高低调值（平仄）安排节奏。再看郭沫若的一首近体诗《炉中煤——眷念祖国的情绪》：

> 啊，我年轻的女郎！
> 我不辜负你的殷情，
> 你也不要辜负了我的思量。
> 我为我心爱的人儿　燃到了这般模样！
>
> 啊，我年轻的女郎！
> 你该知道了我的前身？
> 你该不嫌我黑奴鲁莽？

要我这黑奴的胸中，才有火一样的心肠。

啊，我年轻的女郎！
我想我的前身 原本是有用的栋梁，
我活埋在地底多年，到今朝总得重见天光。

啊，我年轻的女郎！
我自从重见天光，我常常思念我的故乡，
我为我心爱的人儿 燃到了这般模样！

整首诗一共四节，全首诗押韵的韵脚有"郎、量、样、莽、肠、梁、光、乡"，虽然音节数量上不完全一致，既不是偶句押韵，行数也并非是偶数，但却是汉语中宽泛意义上的押韵。

再看维语节奏（retim）。

维语语音修辞中的节奏与其音乐的关系十分密切。本文以传统的木卡姆音乐节拍为例，试析音乐节拍与语言的音律节奏修辞的关系。因为维吾尔语属"黏着语型"，其多音节词汇中的重音都落在最后一个音节上。因此，填词歌唱的各类维吾尔族传统音乐中均多见在节奏的弱位起讫乐句及各种切分。这个旋律节奏方面的特点在刀朗木卡姆中也时有显现，各部刀朗木卡姆中每个不同部分，都有着规定的节拍和节奏型，我们把这种规定称为"节拍节奏模式"。每一部刀朗木卡姆"木凯迪曼"部分的声乐旋律为节奏自由的散板，各乐器作"紧拉慢唱"式的伴奏。"且克脱曼"部分为3/4节拍，"色勒利玛"部分的节拍和节奏型很难判断，如果记成5/8节拍，那么在一些刀朗木卡姆的"色勒利玛"部分中，声乐旋律和器乐伴奏所显示出的节奏型并不相同，由此出现了5/8节拍中每小节第一拍上2/4的四连音和节拍中的五连音。每套木卡姆均由散板的序唱和4/4、7/8、5/8节奏的多首歌曲及2/4节奏的多首歌舞曲的结构序列组成，体现了典型的完整性特征。它的特殊音乐节奏、节拍及律制是维吾尔音乐理论体系形成的重要基础，因为诗歌与该民族的音乐有着密不可分的联系。以下以维吾尔诗人阿布力克木·艾山《ɛllɛj tɛbiɛt》（《自然界的摇篮曲》）中的一首诗为例：

aq bala
apaq qarliq aq dala
dʒim dʒit idi ʃunʃila
somka esip bojniɣa
ketip barar bir bala

ejttiŋlar u kim bala?

bizniŋ hɛjɛt mustapa,

hɛmmimizdin mɛktɛpkɛ

sɛʃɛr barar u bala

apaq qarliq kɛŋ dala,

ʤim ʤit idi ʃunʧila,

aq dalada maŋidu

somka asqan aq bala

天真的孩童

那无垠的原野上，

那寂静的原野上，

一个巴郎背着包包，

正漫步在原野上，

这孩童是谁？

是我们亲爱的同学，穆斯塔法。

哦，他是我们当中最早去学校的。

那无垠的原野上，

那寂静的原野上，

背着包包的天真无邪的孩童正漫步在无垠的旷野上。

全诗共 3 小节，每节 4 行，每一行的元音不超过 8 个，读起来琅琅上口，似音乐节拍中的 7/8 拍，节奏感非常明显。

维语诗歌的另一个节奏支点是行，比如维语的双行诗也叫麦斯尼维（mɛsniwi），主要以歌颂爱情为基调的，这种形式在《突厥语大辞典》中有大量的例证。如：

eliŋde biregy　ketʃɛ qalsa　aʧ

ani sɛndin　ajtur bawat kɵzini　aʧ.

(ketʃisi　eliŋde biri qalsa　aʧ

sorar tɛŋri sɛndin　uni, kɵz　aʧ)

（上帝问："睁开你的双眼，甘愿为你守望的是谁？"）

语音和谐是维语语音的重要规律之一，是言语具有流利、响亮、通顺乐感美的重要保证。因此，维语诗歌通过行的手段来展示诗歌的节奏。再比如：robaj 四行诗（柔巴依，具有教育意义与哲理意味的诗），著名诗人托合塔西·尼亚孜的诗集《ɵmyr ʧiʧɛkliri》（《生命之花》）中的一首《arzu》（《愿望》）：

kɵtʃɛt qojdum beɣimɣa rɛtlik,

suɣardim uni kymyʃ tɛr bilɛn,

ajnidi køtʃɛt bolup baraqsan，

girɛlliʃip altun jɛr bilɛn.

bɛχtim ʃu，uniŋdin hozurlansa ɛl，

arambɛχʃ sajsi bilɛn.

mɛjlidi køjyp øtsɛm tomuzda

gyllɛŋɛn wɛtɛn sɛhrasi bilɛn.

园子里种植的果树啊，

那就是用血汗来浇灌，

茁壮成长的果树林啊，

成了大地的一枚金环。

在骄阳似火的烈日下，

众人在你的怀中享乐，

我置身于乡村的花园，

那就是我最大的财富。

维语五行诗，例如维吾尔著名诗人库尔邦·依明的诗歌作品集《boz turɣaj》（《云雀》）中的《sɛn　ytʃyn》（《为你》）是一首爱情朦胧诗，抒发了作者懵懂的恋情：

aj　mɛsɛllik，ɛj pɛri，mɛstanɛ boldum sɛn　ytʃyn，

sybihi-ʃam　izdɛp seni，hɛjranɛ boldum sɛn　ytʃyn，

ɛsla rɛhmiŋ kɛlmidi，awarɛ boldum sɛn　ytʃyn，

hɛr nɛpɛstɛ miŋ　ølyp wɛjranɛ boldum sɛn　ytʃyn，

tɛlmyryp hɛr kotʃida diwanɛ boldum sɛn　ytʃyn.

baɣri køjgɛn mɛn kɛbi mɛhzun køŋylni bilmidiŋ，

mɛn saŋa　aʃiq desɛm，bɛlki køzyŋgɛ bilmidiŋ，

sɛn　øzyŋ　alij nigar，mɛn hɛs søzigɛ kirmidiŋ，

arzu qilsam mɛn seni，bir kyn　øjymgɛ kɛlmidiŋ，

dʒanni qolda saqliɣan jeganɛ boldum sɛn　ytʃyn.

……

嫦娥般的神女，我为你所迷。

昼夜苦苦寻你，我为你倾倒。

你无同情之心，我为你而忙，
呼吸间念着你，愿为你而亡，
企盼间遥望你，愿为你而候。

我为你心碎，你竟毫不在意，
我为你着迷，你却毫不理睬。
你锦衣玉食，却不听奴才真言，
我如此渴望，你竟从未前来，
我也只能成为你的守命单身。

后来的诗人们逐步拓展八行诗的功能，除了歌颂自然，还歌颂爱情，
表达宗教情感，但都在抒发情感。例如诗人热合木·卡斯木的诗集《天山
颂歌》中的一首半自由体式的八行诗《ʃam》（《蜡烛》）：

qolɣa qɛlɛm　　alɣinimda pytyn turɣan ʃam,
mɛn ʃeirni tygɛtkɛndɛ　eridi tamam.

nurlanmisa　aʃu ʃamdin qɛɣɛzniŋ jyzi,
etʃilmajtti ʃe irniŋmu　alɛmgɛ kɵzi.

razi　idim,　ʃamdɛk jenip nurlar tɵkkili,
kɵjgɛndimu　adaqqitʃɛ kɵjyp　ɵtʃkili.

gɛr jorutsam bir dɛqiqɛ　ɛlniŋ qɛlbini,
ada qilɣan bolar　idim　ɵmrym hɛqqini!
当我提笔写诗时的整蜡，
等我停笔时已完全融化。

已然被烛光照亮的纸面，
也已点亮了诗人的视野。

愿燃尽自己最后一丝光，
也要成为蜡烛为世人放光。

哪怕只能照亮一颗人心，
那也算完成了自己的使命。
诗歌的外形之所以区别散文，是诗要分行，这是古律，即便是在现代

诗里也还是坚持分行。维语诗歌有两种诗行分类法：一种是诗行制；一种是诗节制。一般双行诗多见于史诗或叙事诗中，而四行诗有图尤克、柔巴依诗歌形式，柔巴依诗歌从内容与韵脚程度看都严于图尤克。除此之外，还有五行诗、八行诗，每种诗节都有不同的韵脚安排。

二　汉语的用韵、押韵与维语的韵 qapijɛ

押韵，来源于希腊语，rhythmos 表明是"一种声音的重复（或近似重复），具有谐和的功能，或意义功能"①。没有意义的声音构不成语言的音响形象，也无法开启心智、激发情感，产生审美效果。"因为音节和韵是诗的原始的惟一的愉悦感官的芬芳气息，甚至比所谓富于意象的富丽词藻还更重要"②。语音修辞最重要的性质是音韵和谐。

汉语早先的韵虽有其特定格式，但未自觉形成格式化。汉语的诗歌及其他韵文的用韵标准从历时角度看有三个时期：第一期是唐以前，第二期是唐以后至民国初年，第三期是民国初年以后。用韵的格式化直接与"平仄"的自觉配置相关。根据汉语的特点，汉语是元音占优势的语言，而又有声调的区别，特别富于音乐性，汉语严格用韵的典型是对偶以及律诗中的黏和对。如：

山寺钟鸣昼已昏，（平仄平平仄仄平）

渔梁渡头争渡喧。（平平仄平平仄平）

人随沙岸向江村，（平平平仄仄平平）

余亦乘舟归鹿门。（平仄平平平仄平）

鹿门月照开烟树，（仄平仄平平平仄）

忽到庞公栖隐处。（平仄平平平仄仄）

岩扉松径长寂寥，（平平平仄平仄平）

唯有幽人独来去。（平仄平平平平仄）

（孟浩然《夜归路门歌》）

这首诗严格入律，同一联中形成对仗，完全符合律诗的基本要求。一联的第一个字与第二句的第二个字平仄相同，一联第二句的第二个字与二联的首句的第三个字平仄相同，二联的首句的第三个字与二联第二句的第四个字平仄相同，以此类推，形成黏连。

四大古典名著之一《红楼梦》的章回回目具有较强的语音修辞倾向：

第 48 回　滥情人情误思游艺　慕雅女雅集苦吟诗

---

① 韦勒克、沃伦：《文学理论》，生活·读书·新知三联书店 1984 年版，第 168 页。

② 黑格尔：《美学》（第三卷下册），商务印书馆 1997 年版，第 68—69 页。

第 80 回　美香菱屈受贪夫棒　王道士胡诌妒妇方

第 81 回　占旺相四美钓游鱼　奉严词两番入家家塾

"艺"与"诗"、"棒"与"方"、"鱼"与"塾"分别押尾韵。

维吾尔语诗歌的韵律是接受阿拉伯、波斯诗歌的阿鲁兹韵律，又根据本民族语言的特点加以改变形成的。维吾尔语中的用韵在语音修辞中是最重要、最基本的、最常用的修辞手段，在《〈福乐智慧〉的修辞学研究》中把韵进行了分类，大致分为全韵与部分韵、满韵、开韵、头韵、中韵、直韵、宽韵与窄韵。阿尔斯兰·阿布都拉先生还对《福乐智慧》中各韵的使用频率进行了精确统计，脚韵使用的频率最高为 77.5%，其次是宽韵 75%，开韵 74.9%。维语不管是诗歌民谣、民间游戏，还是现代流行歌的歌词、谚语、熟语，用韵无处不在，信手拈来。例如，维吾尔民谣《qɛʃ》：

iwriʃ baʃ ʧazlajyr,

saɣraʧ tolu køzlɛju.

saqinʧ qozi kɛzlɛju

tyn-køn bilɛ sɛwnɛlim

（《bolaq》1993 ili 2-127bɛt）

你飘洒的长发，

你动人的明眸，

神警双眼盯梢，

日夜保持警惕。

（《源泉》1993 年第 2 期 127 页）

在这首民谣中，押韵的是第二、三句，采用的是中韵与尾韵的押韵手法，tolu 与 qozi，kɛzlɛju 与 køzlɛju 为两对押韵词，要求暗元音/o/与/u/舌位一致。

押首韵的例子有维语杂志《bolaq》（《源泉》），摘自 ʧamal hoʤɛndi 的诗歌，该诗人在作品中用韵的风格侧重于头韵。如：

kiʃi sɛndin jaχʃi dʒahanda kim bar?

iʃi sɛndin dʒahanda kim bar?

gyzɛllɛr　aditi dilɣa niʃ sanʧiʃ,

niʃi sɛndin jaχʃi dʒahanda kim bar?

世上哪有比你好的人？

世上哪有比这好的事？

美女早已习惯予人打击，

世上有比你还好的人吗？　（《源泉》1993 年第 1 期 127 页）

诗中的 kiʃi、iʃi、niʃi 押的都是头韵，元音/i/便是韵腹。

　　对联，是以汉语言文字从形、音、义三者进行完美结合的语言艺术载体。从字音上吟咏，汉字音韵鲜明，平上去入各有差异，个别汉字还一字多音，或多字同音。这样颇富语音变化的汉字组合在一起，成为声调抑扬顿挫、节奏感很强的对句，具有一定的音乐美。如明代解缙联云：蒲叶枇叶葡萄叶，草本木本；梅花枝花玫瑰花，春香秋香。

　　在维语经典著作中也有类似于汉语对联的两行诗，叫麦斯纳维（mɛsnɛwi hekajɛtliri）。对联的内容相对独立，而麦斯纳维以故事内容为重相对完整，同时也强调其押韵。

　　每当一年中的初次瑞雪降临时，人们都要举行一种娱乐游戏活动，被称为"qarliq taʃlaʃ ojunni"（投雪笺）。当白雪初降时，几个朋友经过商量，联名写封雪礼信，信中首先要以白雪的降临祝贺收信人全家平安，然后要求收信人按照白雪节的习惯举行一次娱乐晚会，并提出游戏活动的内容。通常雪礼信中写有这样的字句：

> qarda ʧarliq taʃliduq,
>
> køŋyliŋizniŋ jiqinliqidin
>
> bu　　ojunni baʃliduq.
>
> bu　　ojunniŋ ʃɛrpigɛ
>
> sizgɛ qarliq taʃlduq.
>
> 下雪给你投雪笺，
>
> 因为关系似一人，
>
> 我们开始此游戏，
>
> 有幸雪笺掷向你，
>
> 我们将雪扔向你。

　　这种游戏一方面是为了解除一年辛勤耕耘之后的疲惫和烦闷，另一方面在大雪纷扬的冬天，寄希望于来年。在这个民间游戏中有关 taʃliduq、baʃliduq，便是押尾韵的词。

　　维吾尔流行歌曲中的歌词也有大量押韵现象，不仅押首韵，而且还押尾韵，比如《塔里木》（新疆音像出版社发行）：

> bulbullar
>
> bulbullar sajriʃarmu gylʃɛn bolmisa,
>
> qiz jigitlɛr　ezdiʃɛrmu mɛjli bolmisa.
>
> heʧbir kiʃi naχʃa　ijtmas dɛrdi bolmisa,
>
> muhɛbbɛt oti jyrɛkini parɛ qilmisa.
>
> bulbullar sajrʃarmu gylʃɛn bolmisa,
>
> ʃoχ gullɛr tɛwriʃɛr mɛjin ʃamalda,

bulbullar sajrʃar gylʃɛnlɛr　ara,

ʃoχ gullɛr tɛwriʃɛr ʃamalda,

sɛn kɛttiŋ mɛn ʧaldim,

ɣɛmkin ʃu ʧaɣlar

χoʃ degɛn　awaziniŋ heli jadimda.

失去了花园的布谷鸟不会再鸣唱，

没有了情缘的男女不会再爱恋。

丢失了情感的恋人不会再高唱，

爱情的火苗不会再点燃，

没有花园的鸟儿不会再唱歌。

鲜花在微风中轻轻吟唱，

布谷鸟在花丛中高声欢唱。

伤感的岁月里，你扔下我悄然离去，

分手的伤感之音还停留在我的耳际。

歌词中的 bolmisa 与 qilmisa、ʃamalda 与 jadimda 分别押韵。

以上格律缺少变化以及诗的意境。维语诗歌必须讲究押韵，主要有首韵、脚韵、行内韵。在同一首诗歌内，押韵的形式大致有三种：毗陵韵、交叉韵、环抱韵。诗人托合塔西·尼亚孜的诗集《ɵmyr ʧiʧɛkliri》（《生命之花》）中一首写于 1977 年的诗《你若是诗人》，就使用了图尤可（一种四行诗，1、2、4 行最后一个词同音异义）的格式：

ʃair bolsaŋ panar bol,

ɵz　eliŋɛ ʧakar bol.

dyʃmɛnlɛrgɛ zimistan,

ɛlgɛ　illiq bahar bol.

dʒaŋ qondurma jyzyŋɛ,

hɛqni　siŋdur sɵzyŋɛ.

hɛqiqɛt ʧyn rahɛt bil,

tiχ sandʒilsa kɵzyŋɛ.

maχtiɣanɣa uʧʃmiɣin,

jalɣan　ataq ʧuʧʃmiɣin.

《ʃɵhrɛt》namliq mɛpigɛ

tulpariŋni qoʃmiɣin.

rɛzillɛrgɛ bolɣin oq,

jaɣsimu gɛr saŋa doq.

ʧilip mizan widʒdanni

ʧɛnlɛp   uni rasa soq.

你若要做睿智的诗人，

先要做好人民的公仆，

面对敌人，你是严冬，

面对人民，你是春天。

你的笔似剑一般锋利，

黑暗也无法模糊你的视野。

你总是以坚持真理为荣，

哪怕钢针扎入你的眼中。

你无须以美名自夸，

你无须让虚荣缠绕，

无须让你的虚荣

驾驭你的灵魂。

你愿做抗击邪恶的子弹，

哪怕利剑刺入你的胸膛。

用你那忠贞不渝的信念，

来面对凶残无比的敌人。

这种图尤可比起柔巴依来说是一类比较自由的诗歌格式，其诗歌的内容与意义也不及柔巴依诗歌的严肃与深刻，可以从用韵的严格程度看出。

维语的谚语不仅在形式上，而且在语音上非常也讲究工整对仗，读起来朗朗上口。如：

haliŋɣa beqip hal tart，haltaŋɣa beqip un tart.

吃饭穿衣量当家。

在选韵方面，汉维语语音修辞都注意情与韵的关系。若要抒发热烈奔放、雄壮激昂的情感，汉语会使用普通话韵辙中的江阳韵、中东韵、发花韵、人辰韵、言前韵。比如郭小川的《平炉王出钢记》中某些诗句使用了"花辙"：

响了一声硬雷震开个云，五一节的焰火飞上天安门。

天安门的焰火万里路上明，一照照到包头钢铁城。

包头钢铁城有个平炉王，举起胳膊能够得上天堂。

平炉王瞭见焰火升，好像战士接到命令。

作者波澜起伏的思想感情与作品内容层次的变化，避免了音响上的单调。

由此可见，汉维语语音修辞在语言表达中是重要的，不可忽视的。当代语言学认为，人类语言的内部规律都是一样的，汉维语语音修辞都追求韵脚和谐美、音节匀称，即追求语音美是内在驱动力，因此汉维语都受到普遍规律的支配。汉语通过平仄来实现，维语通过行的手段来实现节奏与押韵，而其间的差异则源于普遍原则实现中参数的不同，由于汉语单音成义，单音节语素占优势，组合极为灵便，且以形音义三位一体的汉字为其书写符号，充分体现了它的语音系统和书写符号系统和谐统一的高度一致性。正是汉语的语音和文字及其结构特点，为汉语语音修辞系统中增添了飞白、谐音、拟音、摹状、析字、拟字、镶嵌等。其中飞白就是故意用白字（别字）来增强表达效果的修辞格。如：吉林音像出版社《世纪金曲排行榜》封面上张惠妹的宣传画印有"妹力四射"，正确的写法应是 "魅力四射"，在这里"妹"与"魅"同音，巧妙地使用了飞白辞格，增强了宣传的力度。还有一网吧名"一网情深"（一往情深），另有一服装品牌名"衣衣不舍"（依依不舍）等利用了该辞格。而维语中也有类似情况，在口语中开玩笑时，有人会沿用 sawaqdaʃ（同学）的词缀-daʃ，临时造一个错误的词 tawaqdaʃ来用于交际达到修辞效果，tawaq 原义是红白喜事时送食物的盘子，后加-daʃ，在一定的语境下，喻指在一个盘子里吃饭的人，引申为一起吃苦有共同经历的人。但这与汉语的飞白还是有较大的差别，只是利用了语音修辞的临时性，并不能成为普遍的修辞现象。从语音形式上看，维语与汉语都非常重视押韵，因汉维语语音有自身的特点，因此它们所提供的语音修辞手段和方法以及这些手段和方法在语言表达中的作用也各不相同。

第三章 汉维语词语修辞的对比研究

汉维语词汇因素构成的修辞策略纷繁复杂，可以从多个角度进行总结。鉴于两种语言在修辞方面的共性与特性，我们将从两个方面进行论述：词类与修辞、词语的变异运用策略。汉维语的各类实词与虚词因有其特殊的修辞效果均可利用，这里我们只举例性地简单分析汉维语中名词、代词、动词、量词这几类词的修辞共性与特性及其词语的委婉表达。

第一节 修辞视角下的汉维语名词对比研究
——以人名为例*

一 引言：人名及其修辞作用

众所周知，名词所表示的事物是一种高度概括的词义，它不仅表示包括各种物体、自然和社会现象的词，还包括一切语法上当作"事物"理解的性质、状态和动作的词。名词具有较高的修辞价值，有时比一般的词类具有更丰富的修辞信息。专有名词是个别事物特有的名称，普通名词是某类事物共同的概括名称。由于专有名词在语言中会产生转义用法，即它表示的事物的某个特征会变为一种普遍意义，从而使专有名词转化为普通名词，并且因此而获得收入语言词典文本的资格。作为专有名词的人名产生转义用法而向普通名词转化，这就是名词起修辞作用的结果。人名就是人的名字。汉语的名字，就是"一个或几个字，跟姓合在一起，用来代表一个人，区别于别的人"。①维语的名字，就是"kiʃlεgε qojulɣan ʃεhsij nam at"（给人们所起的私人的名、称呼）。②"字"是"根据人名中的字义，另取的别名"，如"岳飞字鹏举"。"号"原指名和字以外另起的别号，后来也指名以外另起的字，如"孔明是诸葛亮的号"。就是说，人的字、号，是人的别

---

* 本节内容刊于《语言与翻译》2010 年第 4 期。

① 参见《现代汉语词典》"字名"条，商务印书馆 1997 年版。

② 参见《维吾尔详解词典》第 6 册，北京民族出版社 1999 年版，第 261 页。

名、别字，也是人名的别称或曰组成部分。人名属于名词中专有名词的特殊组成部分，借用对比语言学的研究方法，在汉语和维语比较的基础上，归纳总结汉维语人名修辞转换的基本方法和策略，可以揭示汉维语专有名词的社会文化构成基因、语用意义形成的认知机制和语用内涵状况。过去学者多从社会学、民俗学角度对其进行研究，本文从修辞学、文化语言学角度提出了研究的途径以及研究的意义，希望能为今后的深入研究起一个抛砖引玉的作用。

二　汉维人名修辞对比研究

本文主要从语音、语义和修辞手法三个方面着手进行对比。

（一）语音

汉维语中某些特定人物的名字，常常可以将其意义泛化扩展，使之脱离原来所指的意义，转化为普通名词使用，用于象征某些人或事物，如汉语"三个臭皮匠顶个诸葛亮"中的诸葛亮，原是三国时期的蜀国军师，现该人名泛指生活中像他一样足智多谋的人。维语中 sajmaχon 特指"妻管严、怕老婆的人"，这个人名是 20 世纪 20 年代维吾尔话剧《双喜临门》中一个男主角的名字，剧中该人物特色就是在其妻面前唯唯诺诺、不敢大声说话的男人，后赋予了该词修辞用法并得到流传。这样的具有修辞色彩的人名，在许多人名词典中有所记述，如汉语有王德春主编的《人名妙用趣味词典》（1995），维语有喀什师范学院木台力甫主编的《维吾尔人名详解》一书，然而将二者结合起来立足于修辞的角度进行对比的文章却未曾见，我们就拾遗补阙对其进行简要论述。从语音学角度研究人名，能涉及人名韵律的有节奏、韵辙、谐音。

1. 节奏

现代汉语习惯上两个音节即两个字读为一个音步，或叫音程。单姓单名之间加点儿停顿，可算两个音步，不加停顿算一个音步。如"杨阳、刘流、和平"之类，但也可以分成两个音步来读。两个音步之间是否有节奏感，即听起来是否抑扬顿挫，主要取决于不同声调的交替，古人作诗作对联时讲究"平仄"，姓名中也可使用"平仄"。古代有四个声调，平声为"平"，上声、去声、入声为"仄"。普通话中也是四个声调，阴平、阳平调值较高扬，有渐强之势，可算作"高"，上声、去声较低抑，有渐弱之势，可算作"低"。平仄相间或高低相间的名字要比全平全仄或全高全低的名字节奏感强一些。汉语人名过去较注重这一点，虽然今天不太讲究平仄了，但对名字是否琅琅上口，仍在命名者考察之中。由于汉维语是两种不同语系的语言，维语无声调平仄一说，因此在维语命名的过程中，似乎对节奏没有那么明确的要求。这也是汉语与维语人名在语音方面较大的不同之处。

2. 韵辙

韵辙指诗歌的押韵，有的韵洪亮激昂，如"江阳"韵，有的韵沉郁委婉，如"姑苏"韵。汉语人名的最后一个字选什么韵，也就是选什么韵母的字，会影响到名字的响亮与沉郁。"泽东"的"东"字为"中东"韵，读起来雄浑，"润之"的"之"为"一七"韵，读起来亲切。可以参考韵辙方面的书，如古代的《平水韵》（《诗韵》），今天的《中华新韵》等。汉语在取名方面比较重视押韵，讲究平仄，追求音乐美，以求语音铿锵、朗朗上口，读起来抑扬顿挫，轻松舒畅，如鸣琴弹曲，悦耳怡情。

维语名字在命名时，也会考虑到语音的韵辙，尤其是儿女名字的第一个字母的发音要与父亲或母亲的名字的第一个字母的发音相同或相似，或者除第一个字母以外的这个词的书写、发音要与父亲的名字相同。如父亲的名字 abdureχman（阿布都热合曼），其两个女儿的名字是 arzugyl（阿尔祖古丽）、aligyl（阿丽古丽），这里的/a/音就是押的名字中的首韵；还有押尾韵的例子，如 mɛmɛtidʒan（麦麦提江）与 ɛmɛtdʒan（艾买提江），又如 nurɛli（努尔艾力）与 ʃirɛli（西尔艾力）。还有一种情况是子女名字的语音押韵是截取其父母名字字母的一部分组合而成的，如 alinigar（阿里尼尕尔），取 arzugyl（阿尔祖古丽）与 bɛχtijar（拜合提亚尔）中的首音与尾音，其中的/a/音与/r/音为押韵音。

3. 谐音

汉字非常丰富，同音而不同义的字特别多，人的名字音尽量讲究避免不雅谐音，这是汉语起名的一个重要特点，比如，"朱"与"猪"，"史"与"屎"，"王"与"亡"，"财"与"材"，等等。谐音以姓生名，听起来字音差不多，但字义并不一样，以这种方法起的名字具有含义委婉、耐人寻味、新奇有趣的特性。必须考虑谐音字好不好听。因此姓与名之间也有语音关联，单姓单名要比单姓双名密切，复姓似乎单双皆宜。"于德水"便考虑到姓与名的语音关联，谐"鱼得水"。还要考虑到儿化后的谐音。"艳、燕"等字儿化后与"眼儿"音近，不太好，就要注意与前一字的搭配。

在维语中虽然没有谐音的说法，但在追求语音美时，考虑到另一个与汉语谐音不同的因素，即倾向女性名字后可加 χan（汗，有"皇后"之意），或 gyl（古丽，"花"之意），qiz（克孜，"姑娘"之意），nur（努尔"光芒"之意），在男性人名后加 aχon（阿洪，"宗教知识渊博"之意）、baj（巴依，"富人"之意）或 dʒan（江，有"生命"之意），若读起来顺口，响亮，便就此命名。

（二）语义

"作为专有名词的人名产生转义用法而向普通名词转化，这就是人名起修辞作用的结果。人在言语交际中，为了增强话语的修辞效果，有时借助人名的某一特点，巧妙地喻指某种含义，从而产生委婉、含蓄，形象生动，诙谐戏谑，新颖别致等修辞效果。"①在汉语中还是在维语中，当使用专有人名时突出某一个义素，在语用上加以强调，就会产生修辞价值，形成修辞转义，派生后的转义会呈现出丰富多彩、形象生动的景象，产生积极的修辞效果。其修辞色彩有时嘲讽，有时诙谐，有时褒扬，有时贬责。不少作家在给自己人物作品的人物命名时煞费苦心，不是仅仅把它看作一个单纯的人称代码，而是以之或象征人物性格，或暗喻人物命运，或表露鲜明之憎恶，或寄予深切之同情。在汉维语的一些文学作品中，作者还巧用文思，将人物姓名作为修辞材料，有机地融入行文之中，借名发挥，来衬托、讥讽人物各方面的特点，使人物形象更加丰满。著名作家祖尔东·沙比尔在他的许多作品中为作品人物命名时也使用了多种修辞手段，为后文该人物的性格命运埋下了伏笔。例如，在《χεzinε》（《金库》）这篇作品中主人公的名字叫 bεhram sεidi，这里的 bεhram 有很强的讽刺意味，sεidi（赛依德）本就是一个处处以私利为重，并将其包裹一层有学识、有能力、受人尊敬的合法外衣的这么一个人，因此作者在刻画 sεidi（赛依德）这个人物时，使用了这个名字，因为 bεhrε 一词本身就有"享受利益、得好处"之意。《gylstan》（《蔷薇园》）的作者是"萨迪"，不是"sεidi"（赛依德）这是他没有知识的表现，使读者第一次读到该人物的名字就已对他的性格有了初步判断。在祖尔东·沙比尔的另一部短篇小说《sadaqεt》（《忠诚》）中的主人公的名字是 jari，jari 本义是"疮，伤，创伤，溃疡，痛苦"，jar 有"朋友恋人、峭崖"之意，该主人公在纯洁的爱情面前没有做到忠贞不渝，与小说所暗示的题目寓意恰好相反，他的名字就暗示了他在婚恋家庭方面将是一个痛苦的失败者。这些例子说明，姓名作为社会上某一特定人物的代号，它是特定文化和心理的反映。

汉民族的名字多数是由二字至四字组成的。这些汉字，可以是组词、连语成句，可以摹状、抒情、言志，可以是比喻、象征、用典，可以是美声、造型、斗智。其表达功能是丰富多彩的。因此，人的名字绝对不是单纯的"称谓""符号"或"代号"。"好的名字可以是一幅画，一首诗，一支歌，一篇座右铭，一声美好的祝福；也可以是一片理想的彩云，一道真理的闪电，一阵夏日凉风，一场心灵的春雨。有的名字构思巧妙，闪耀着智

---

① 王德春：《修辞学论文集第五辑·人名修辞词典》"代序"，福建人民出版社 1985 年版。

慧的火花。好的名字音形义俱佳，智趣隽永，具有千古不朽的魅力，他们具有较高的修辞价值"①。

　　绰号又叫诨名、外号。从某种意义上来说，绰号既然是别名、别号，也就是一种特殊的人名。因为他虽带有开玩笑的意味，但毕竟是代表一个人，区别与其他人的称呼，与人名起同样的作用。诨号最能抓住人的特征，诙谐、幽默，或褒或贬，一语中的，观点鲜明，便于记忆，富有创造性，其影响之深广，经常超出名与字。鲁迅在《五论"文人相轻"——明术》中说，一个简括的诨号，比用头号字印成的一篇文章的题目，还要不容易忘记。如前所述，绰号作为特殊的人名，含义更广泛、深刻，更具修辞效果。《水浒》中梁山好汉们每个人的绰号都极具特色，有的刻画出了人物性格或特征，有的突出了人物的功夫本领，有的暗示了人物的命运。《水浒》中的一百单八将，个个绰号响亮，可以说看《水浒》很大程度上是看绰号。"及时雨、一丈青、小李广、智多星、拼命三郎……"个个精神，个个有味道。但有几个便很难懂了。宋江的绰号有两个，一个叫"及时雨"，这很容易理解。另一个叫"呼保义"，这个"呼保义"就不是每个人都明白的了，保义本是宋代最低一级武官，后来逐渐变成了人人可用的自谦之词。"呼保义"是个动宾结构，宋江以"自呼保义"而表示谦虚，意思是说，自己是最低等的人，后来竟成了绰号。邓飞两眼赤红，江湖人称"火眼狻猊"，狻猊就是狮子。朱贵绰号"旱地忽律"，忽律就是现在说的鳄鱼。宣赞绰号"丑郡马"。皇亲、宗室女儿的丈夫叫郡马，不是帅哥当不上郡马，可这个郡马却是个丑家伙，极有讽刺意味。

　　在绰号的具体使用上，汉维语虽然各有不同，但其修辞价值却如出一辙。在新疆的北疆地区，尤其是伊犁地区的人，还有在南疆的一些农村，笔者发现人们在交际的过程中，打招呼或是开玩笑时常会使用此人特点相近或相似的绰号，比如，此人的声音又尖又细，那么他的绰号可能就是 ʧiridɛk（像叽叽喳喳的声音），声音粗而大的叫 boŋboŋ（瓮声瓮气），有鼻音的叫 qiŋildɛk，爱唠叨、爱说话的叫 kas kas（絮絮叨叨）或 wa-wat。根据人的长相或某些特点，就会有相应的绰号，而这些绰号再附加一些语用特质，名字就有较高修辞价值，比如：胖而壮的人叫 bodɛk（球形模具）、脖子长的叫 ɣaz bojun（鹅颈）、皮肤黑的叫 qara mɛdɛk（黑苞米棒）、小胡子的叫 bom saqal（短粗胡）、矮个子的叫 pɛtɛk（小矮子），瘦而高的叫 ʃada paʧaq（杆子腿）、头发少的叫 taz（秃子）。有时人们根据面部特征，也会给相应的人对号入座，比如，眼睛小的人叫 qesiq（眯缝眼），嘴巴大的人叫 kalaʧ（套

---

① 上官云：《中国起名宝典》，延边人民出版社 2009 年版。

鞋），嘴唇厚的人叫 dordaj（噘嘴唇），耳朵长的人叫 salpaŋ（耷拉耳），额头突出的人叫 duqa（绷儿头）。可见，无论是正名，还是别字、别号，汉维语人名在语义方面具有很多共性。

汉维语人名在语义方面存在诸多共性，突出表现在命名方式上，都追求名字有一定的含义，而且是汉维语义相同的内容。对此我们可以从汉维常用人名的词语及其语义比较中看出。

1. 以自然景物、景观命名

汉维语人名很多取自自然景物、景观词语，这表明两个民族都以此表现对日月星辰、山川河流的依赖及借此表达宏伟的志向。如：

汉语：月、光、日、山、峰、岳、岭、涛、波、云、泉、星、辰、金星、阳、天、天赐、明星、火、焰、炎；

维语：aj（月）、ajnur（月光）、nur（光）、taɣ（山、峰、岳）、tazbaj（山岳、峰岭）、dolqun（波涛、浪涛）、zoχrε（金星）、bulut（云）、bulaq（泉）、joltuz（星辰）、kyn（日、天、太阳）、taŋri（天）、χudabεrdi（天赐）、tʃolpεn（启明星、明星）、jalqun（火焰、烈焰）。

2. 以动植物名称命名

汉语：驹、骞、驰、骥、虎、豹、布谷、杜鹃、小雁、花、草、松、竹、梅、杨、柳、兰、芝、莲、苗苗、石榴、枫红、桂花、菊、梅、青松、蓓蕾；

维语：zεnap（布谷鸟）、bulbul（百灵鸟）、bursilan（qaplan）豹子、arslan（狮子）、jolwas（老虎）、tumutʃuq（朱北雀）、byrkyt（鹰）、tadʒigyl（鸡冠花）、anargul（石榴花）、zεjtungul（橄榄树之花）、ɣuntʃε（蓓蕾）。

3. 以器物命名

汉语：金、银、珠、宝、剑、戈、梁、柱、书、绢、锦；

维语：sawut（铠甲）、zulipiqar（宝剑、神剑）、tadʒi（皇冠）、almas（钻石）、alton（黄金）、jambu（金元）、polat（钢铁）、datʃan（大钱）。

4. 用政治生活中的事物命名

汉语：解放、建国、跃进、大庆、卫东、文革；

维语：azat（解放）、qεdir（qεsεr）、ilɣar（先进）、mεdεnijet（文化）、bεχtlik（幸福）、batur（英雄）、zεpεr（凯歌）、εla（优秀）。

5. 以地名命名

汉语：京生、沪生、鲁豫、关渝；

维语：dɵlεtdʒan（喀什某一乡名"富有的"）、tarim（塔里木）、dɵlεtjar（富涯）。

6. 以出生时的物候或征兆命名

汉语：春来、春燕、化冰、润生、夏至、收麦、秋实、白凝、霜来、飞雪、朔风、冰洁、五一、国庆；

维语：bahargyl（春天之花）、barat（回历八月）、sεpεr（回历二月）、qurban（古尔邦节）、nuruz（努鲁兹节）、rozi（肉孜节）、dʒumεhan（星期五）。

7. 以宗教信仰、传统文化及名人命名

汉族宗教信仰广泛，但主要是儒、释、道三教，维吾尔族虽历史上信仰过多种宗教，但表现在人名中则主要是目前信仰的伊斯兰教。

汉语：仁、义、礼、智、信、贤、孝、忠、（以上人名均与儒家传统有关）；罗汉、金刚、藏、喻、宗（以上人名与佛教有关）；玄、道、神、真、君、太清、一、凡（以上人名与道教有关）。

维语：muhεmmεt（穆罕默德，伊斯兰教创始人，亦称穆圣）、abdu（阿布杜，穆罕默德的祖父名）、abdulla（阿布杜拉，穆罕默德的父亲名）、aminε（阿米娜，穆罕默德的母亲名）、patimε（帕提麦，穆罕默德之女名）、εli（艾力、阿里，伊斯兰教正统哈里发之一，帕提麦之夫）、hadʒi（阿吉，到伊斯兰教圣地麦加朝觐过的人）、talip（塔里甫，伊斯兰教文学习者，在新疆亦称主持某清真寺的人）、zikir（孜克尔，在头目的指导下，伊斯兰教徒们按圆形围坐在一起以真主或圣人的名义诵经祈祷的活动）。

8. 以寄托命名人美好愿望或希望的、表达一种积极向上的情感倾向的命名

汉语：有望、阿福、财、喜、乐；

维语：arzu（希望）、ɣεjur（豪迈的、健壮的）、ilham（激励的、鼓舞的）、bεχtijar（幸福的）。

由于两种语言与一定的历史、民族、文化、思想、地域、习俗相联系，人名在语义方面又具有特性。透过语义，所呈现出来的审美与文化差异具体有以下几个方面：

（1）汉族人姓名中与美玉有关的字及其字义相当多，而在维吾尔人名中却几乎没有与玉有关的，相对于黄金、白银及铜等金属来说该民族视玉为石头，认为玉没有太大价值。汉族人姓名中多使用与文人墨客相关的笔墨纸砚、表现其高尚品德的梅、兰、竹、菊来托物言志，而维吾尔族人名中直接使用或借用文人、名人的姓名，以示对名人的尊敬敬仰及希冀像名人一样出类拔萃，由以上第二、三个对比项可以看出。从这个审美角度来看，汉族人姓名的命名具有隐性，而维吾尔人名的命名具有显性，主要是审美倾向不同。

（2）以父辈从事的职业 molla（毛拉）、nawaj（诗人）、aχon（阿訇）、təmyr（铁匠）等命名，而汉族人较少有人用职业和身份名称命名，这可能与儒家"劳力者治于人"的观念有关。

（3）古哲学观不同，阴阳五行是传统文化中的重要内容，汉族人姓名中金、木、水、火、土以及由这五行作偏旁派生出来的字词很多，如：钧、栋、淦、炅、坤等。而维吾尔族人中的一些姓名来源于伊斯兰哲学观以及历史上的名人，如：χudabərdi（胡大赐给的）、tursun（图尔荪）、muhεmmεt（穆罕默德）、ajʃa（阿依夏，中世纪社会的学者女诗人，以学问和勇敢著称）。

（4）来源差异。汉族人名大多源于儒、释、道文化的影响，而维吾尔人名受异族文化的影响较大，尤其是阿拉伯文化的影响。如，alim（阿里木，"学者"之意，该词源于阿拉伯语），musa（阿拉伯语的音译，《古兰经》人物，与阿丹、努海、易卜拉欣、尔撒和穆罕默德并称为安拉的六大使者），sultan（阿拉伯语音译词，原义为"力量或权柄"，某些伊斯兰国家的君主，旧时土耳其皇帝的称号）等。

（5）不同阶层命名的差异。在某些维吾尔人名中某些家族地位较高，姓中有 bεk（伯克），χodʒajin（霍家），damolla（大毛拉，学识渊博的宗教人士）等，而在汉语人名中体现的是宗族家庭中的不同辈分。

（6）地方特色。在某种程度上，姓名可以反映出此人出生的家庭背景，即出生于农村、城市，或家庭有无文化或该家族对宗教的笃信程度。如，imamudʒan（依马木江），molajasin（毛拉亚生），muqεdεs（木开代斯，神圣的）等。而生活在城市的、文化氛围较浓厚的，一般可取名 mujεsεr（拥有）、mεdεnijεt（文化）、nurʃat（快乐）等。现在汉语中的一些人名显示出的城乡差别也有，但不是太大。

（7）维语命名的独特习惯。名字在前，父亲的名在后作本人的姓，若有同名同姓时，在父亲的名字后再加上爷爷的名字与他人姓名分开。如：εzmεt tutimεt（艾孜买提·吐提买提），εzmεt 是本人的名，tutimεt 是父亲的名。在称呼年少的、年轻的男子姓名时，其后常加 dʒan（江），在交际过程中，使用"江"有时也表示交际双方关系亲密。在称呼年长的、年老的男子姓名时，其后常加 aχon（洪）。在称呼年长的妇人时，名字后面常带 χan（汗），表示尊敬。有时人名具有强烈的时代性，不同的名字具有不同时代特征的内容与社会影响。

（8）图腾、吉祥义以及汉维喜欢或崇拜的动物不同。汉族人名中有龙、鲲鹏、麒麟，而在维吾尔族人名中却不同，维吾尔族多用虎、豹、狼、日、月等古代图腾包括原始信仰萨满教时的图腾作姓名。

（三）修辞手法

汉维人名在命名时，都借用了一定的修辞手法，这些修辞手法存在着共性与特性。

1. 象征

当代作家冯毅之的名字就有两层意思：其一，"之"作虚词，是"毅"的词尾，意思是表示碰到困难应当用坚毅的态度对待它；其二，"之"为象形字，象征曲曲折折的弯路，此时名字的意思表示人生的道路就像"之"字，曲曲折折，崎岖不平，随时都会遇到艰难险阻，要想前进，要想奔向理想的目标，就要发扬刚毅的精神。这个双关式的名字，主要是借助"之"的象征意义构成的。维语名 alim，阿拉伯语音译词，原义为"学者"，指伊斯兰国家有名望的教法学家和教义学家，在大法官领导下，对国家问题和民事纠纷提出法特瓦（意见或判决），影响很大。在什叶派中，其声望卓著者被推选为穆智台希德，或阿亚图拉；有些国家由教法学家和教义学家成立的组织。这个词是教职名，象征着有影响力的人，命名者使用该名是想借助伊斯兰教的教职希望后代成为卓越非凡的人。汉维语人名中诸如此类的例子不胜枚举，相同点是都使用了象征手法。

2. 比喻

人在出生后，父母都希望孩子睿智、健康、平安、快乐、幸福等，抱有许多祈福与祝愿，名字中多用比喻修辞格，比如"海、江波、春花、秋月、春燕、如龙"，维语的"gyl（花），nur（光芒），bulbul（百灵鸟）、arslan（狮子）"等。

3. 用典

汉语人名李蹊，取成语"桃李不言，下自成蹊"。泽如、敬如，古语就有"敬如在，泽被苍生"。维语中的男名用典多用名人、传说中的英雄或宗教领袖的名字，比如：政治名人 sadam（萨达姆）、alafat（阿拉法特），英雄名 arslan（阿尔斯兰）、rostɛn（如斯坦），与宗教领袖名相关的 abudulla（阿布都拉）；女名多用小说中或民间传说中漂亮的、智慧的性格受人喜爱与尊敬的名字，比如 iparχan（伊帕尔汗，香妃）、abidɛ（阿比旦）、sariidɛ（帕丽丹）、munisa（木尼萨）、amannisa（阿曼尼萨，十二木卡姆的主要整理者与收集者）

4. 不同修辞手段在姓名中的运用

拆字：《红楼梦》中以偏旁排辈，便是一种拆字。姓氏称说时常有"弓长张、立早章"的说法，这都是拆字。也有拆错的，戏曲《杨家将》中杨八郎被俘后化名"木易"，说是"杨"字的拆解，姓"杨"的也常说自己是"木易杨"，其实"杨"字拆解后应是"木易"（读羊）。这是以汉字的结构分析为基础，充分利用了汉语字形的特点而使用的修辞格，有别于维语。

三　结语

人的名字是人类文明发展的佐证，也是一个社会的文化现象，就个体生命和自我价值而言，一个人的名字又是个体存在与生活的象征。同时，在人名上同样反映着命名者截然不同的人生态度，命名者往往会借助人名表达自己的人生观、价值观和道德观，不管是哪个民族，他们都同样喜欢托名言志，寄托自己的人生追求。人名词语作为专指特定个人的特殊概念，本质属性为指称性。本文在考察大量人名词语意义实例的基础上，对汉维人名词语意义进行了归类、对比，进一步找到两个民族人名意义的文化差异，从而得出结论：由于语言的能指与所指之间的矛盾，为了满足人们表情达意的需要，必须通过语言自身系统来调节，汉维语人名运用一定的修辞手段把词汇系统中固有的词语语义泛化，使得专有名词向普通名词转化，这是汉维语人名修辞的共性；其次，虽然人名语义中有共性的部分，但人名直接受到两个民族世界观、价值观、宗教观、审美观等的影响，所以折射出来的文化内涵却有较大差异，当专有名词在语言中得到恰当运用时，就能使语言获得活泼多姿、生动形象、风趣幽默、含义深刻等修辞效果。这种对比研究跨越了专有名词专指意义，深入专有名词的语用内涵，有助于帮助语言学习者认清专有名词在具体语境中的活用状况以及为跨文化交际提供一些参考价值。

第二节　修辞视角下的汉维语代词对比研究[*]

一　研究概况

代词是汉维语中一种独特的实词。和其他实词不同，它不命名事物、特征、行为、性质等，而只指代它们。代词具有高度的概括性和抽象性，只有在上下文和言语环境中，其意义才能具体化、确切化。代词丰富多彩的修辞作用正是由这一本质特征所决定的。代词是指代某种思想感情或事物对象等方面的词，它是人们用得较多，而又是对其应用研究得较少的一个词类，一些语法学家仅限于分析"指代不明""人称不对""远指近指混淆"等运用方面的语法毛病，很少涉及代词的修辞效果问题。据资料可查，何自然（1988）对比了英汉第一人称代词复数形式在具体使用中的不同；赵世开（1999）运用定量分析方法，统计了英汉人称代词出现的次数、不

---

* 本节内容刊于《新疆职业大学学报》2011 年第 2 期。

同的人称代词在总数中所占比例；许余龙（2000）通过实际篇章分析，探讨了英汉指称词语在可及性方面的异同；崔健（2002）从范畴的角度，对比了韩汉语的第一、第二、第三人称代词，指明了位势关系与亲疏关系对汉韩人称代词的择用影响；朴成日（2003）对比研究汉朝人称代词称谓功能，分别考察了使用第一、第二人称代词的制约因素、第三人称代词在不同话语结构中的使用情况以及汉朝人称代词组合式称谓的形式和表达意义。以上研究主要是以汉英代词研究为主。在汉维代词对比方面，李芸（2007）在《汉维语代词零形回指对比研究——以小说〈故土〉为例》中采用对比的方法指出代词回指是一种涉及句法、语义、语用、认知等语言描写层面上的多维限制，汉维两种不同的语言会有不同的衔接方式，回指用于跨语言交际时，应根据不同语言间存在的结构差异作适当调整，以符合目标语的语言习惯。帕提古力·麦麦提（2007）采用定量分析的方法，统计了汉维语第三人称代词在叙述体篇章中出现的频率，在此基础上寻找汉维两种语言使用第三人称代词构成篇章时的异同以及造成这种差异的原因。在特定的语言环境中通过观察、比较才能确定其含义。在话语交际中，人称代词起指称作用时具有特指、泛指、照应功能；语用上，人称代词的变异或错位表示不同的语用意图；修辞上，人称代词也起着一定的作用，影响交际关系的疏密并能达到一定的修辞效果。为了阐释代词的修辞功用，本文主要关注了以下几个问题：首先，研究代词与上下文的关系。很明显，代词的具体意义往往要靠上下文来决定，要看它指代哪一个名词或形容词所表示的事物或特征来确定，因此，如果没有这种联系，或这种联系显得很复杂，那么，代词的意义就会变得含混不清。其次，代词由于能直接表示一些人与说话人之间的关系，所以，在不同场合，它具有非常丰富、多样的表情与感情意味。在过去的几十年里，汉维语学界很少运用对比的方法来研究代词，尽管有一些论文从意义特点上对比或寻找两种语言的对应关系，但均未能揭示出人称代词的更多特点。就实词的语义功能来看，指示代词的能指和所指的关系最为松散，例如"这个""那个"实指何物，可以因语境而千变万化。在具体语境中，其语义指向明确，但并不直接以特定事物入句，既指又代，因而指代词最具有遮掩功能。汉维语中都有代词，其修辞功能有表含蓄、强调、幽默，指称对象或强化或弱化，零形式在汉维语中的使用频率也不尽相同。下面就汉维语代词的修辞性进行论述。

二　汉维语代词体现的修辞共性与差异

（一）汉维语代词体现的含蓄美

用来交际的言语有语表和语里两个平面。在通常情况下，用于交际的言语其语表和语里是趋于一致的，但在人们利用模糊修辞手段进行言语交际时，表达者会故意选用与所欲表达的内容不一致的言语代码，造成语表和语里相离异。在这种情况下，人们不能直接从字面上接受意义，而要透过表层语义，通过联想等各种心理因素，去捕捉表达者的真正意图。这种隐藏在表层语义之后、不能直接从字面上接收的意义，即为言语的潜在信息。这种潜在信息正是形成言语表达含蓄美的基础，潜在信息蕴含得越丰富，其审美信息量就越大。文学名著《红楼梦》中林黛玉临终前一声呼叫"宝玉、宝玉，你好……"省略号后面的内容给读者以咀嚼不尽的余味。

维语代词的不确定性所体现的模糊美在该例中能够充分地体现。如：

《hetʃnemɛ》

ɛpɛndim qaziliq qilip turɣanda，ikki　adɛm dʒaŋdʒalliʃip qaziɣaniɣa kɛptu.

-qazi　aka，- dɛptu dɛwagɛr，-bu　adɛm jolda jykini køtyrɛlmɛj turɣanikɛn，meni køryp：《jykymni jydyp qojuŋ》dedi.mɛn：《jydyp qojsam nemɛ berisɛn？》desɛm，u：《hetʃnemɛ》dedi.mɛn《hetʃnemɛ》sini sorisam bɛrmɛjwatidu. adil høkym tʃiqrip，ɛnɛ ʃu wɛdɛ qilɣan《hetʃnemɛ》sini jydyryp bɛrsiŋz.

ɛpɛndim kigizniŋ bir　utʃini køtyryp soraptu.

- tegidɛ nemɛ bar　ikɛn？

- hetʃnemɛ，- dɛptu. dɛwagɛr.

- ɛnɛ ʃu《hetʃnemɛ》ni　elip ketiwiriŋ.- dɛptu　ɛpɛndim.

《任何东西》

阿凡提在任法官的时候，有两人由于争吵不休来到他的面前，"法官大人，这个抬着重物的路人一见到我，就对我说：你能帮我抬一下吗？我说：我帮你抬，你给我什么回报呢？"一人说，另一人说："任何东西。""可是我索要的任何东西他却没有给，法官大人，请您给一个公断，您来判决一下这里的任何东西"。阿凡提看了一下袋子，便问那个人："袋子上有什么？"那人答曰："任何东西都没有呀。"阿凡提答道："对呀，你已经把任何一件东西都拿走了。"

（《幽默的阿凡提（艾克拜尔吾拉木）》第4页《任何东西》）

"任何"一词在特定的语境下可以是实指，也可以是在某一范围内的虚指。阿凡提就是利用了该代词修辞的模糊性解决了两个人的争执。在汉维语中都会有代词模糊现象的产生，造成这种模糊现象与形式逻辑的一条基本规律，即排中律有关。两个互相矛盾的概念，不能同时都是假的，必须一真一假，没有第三种可能，而"模糊"既可以属于甲，又可以属于乙，即非此即彼、亦此亦彼，并使对立互为中介。在以上两则维吾尔幽默故事中的幽默机制就在于词语所指范围边界的不确定性，hetʃnemɛ（任何东西、物品）离它的否定面越远，它就越清晰，而 hetʃnemɛ（任何）离否定面越接

近，"任何"所指的概念就变得模糊。这则故事中，"任何"一词还体现了
"模糊"具有相对性的特征。相对于帮人抬东西而无理向他人索要物品的人
来说，他想得到他想要的东西，但却没有明说，而聪明的阿凡提正是使用
了相对于想得到的任何东西予以了回击。产生这种修辞现象的原因有二：
一是在汉维两种语言中，有许多词语所表达的概念本身就没有精确边缘，
与人类认识客观世界的能力有很大的局限性有很大的关系。其次，语境学
中提到，与发话人讲究交际策略和接受者具有信息解码能力有关。汉维语
代词"你""我""她"人称代词仅仅表明个体关系，而不能指示具体的情
感实体，指称代词的滑移和不确定性是处于修辞关系两级间的秘密通道，
这也就体现了模糊美的美学效应。

　　（二）汉维语代词的突出强调作用

　　疑问代词的理性义的正偏离在汉维语中也体现出模糊美的修辞效应。
"谁"理性义的正偏离可以不表询问他人，可表示反问或感叹、惊叹的语气，
起到突出强调的作用。请看汉维语实例：

　　（1）万般方寸，但饮恨，脉脉同谁语。（宋·柳永《采莲令》）

　　（2）当年拾翠曾相识，密意深情谁与诉。（宋·晏殊《渔家傲》）

　　（3）u kim bilɛndu birsi bilɛn sɵzliʃwatidu.

　　他不知在和谁谈话。（杨承兴《现代维吾尔语法》）

　　（4）dʒɛsɛtlɛr　arsida kimdu birsiniŋ nalisi　aŋlinatti.

　　从死尸中传来不知何人的呻吟声。（杨承兴《现代维吾尔语法》）

　　（5）nomussiz dʒendisini kijidu hɛrdɛm,

　　widʒdan hɵkymidin qorqmiɣan　adɛm.

　　《hɛqiqij adɛm》dɛp hesablima, kim

　　adɛmlik joliɣa basmisa qɛdɛm.

　　《kɵŋyl sultani（robaijlar）》-ismaj eli

　　不知廉耻、良心丢失的人已无所畏惧，

　　已不能称之为"人"的人是不可能把他教化成人的。

　　（《心灵之美》，司马义艾力著《柔巴依集》）

　　（6）joqsuzluq dɛrd- ɛlɛm elip kelidu,

　　baɣrini piʃaqtɛk tilip kelidu.

　　jeŋsɛ kim dʒyrɛt qilip dʒapa-myʃkylni,

　　qut-amɛt beʃini　egip kelidu.

　　《kɵŋyl sultani（robaijlar）》-ismaj eli

　　家徒四壁带来的痛楚，

　　就好比被利剑刺伤一样。

谁若勇敢地战胜了艰难险阻，

那么好运将会赐福于他。

（《心灵之美》，司马义艾力著《柔巴依集》）

上例中的两个代词是不一样的，第一个 kim 是泛指，泛指那些不能称之为人的人，带有强烈的惊叹语气，第二个维语例子中的 kim 是特指那些能够战胜困难的人，带有感叹的语气。

"多少"的理性义是询问数量，其正偏离的语用义常常并不是用来询问数目，而是以感叹的语气强调数量之多。汉语的例子，如：

（7）自别花来多少事，东风二十四回春。（唐·白居易《杏园花下赠刘郎中》）

（8）君看渡口淘沙处，渡却人间多少人。（唐·刘禹锡《浪淘沙九首》（一））

（9）多少恨，昨夜梦魂中。（五代·李煜《望江南》）

在维语中也有同样的情况。如：

（10）qil hɛzɛr bolsaŋmu jawdin qanʧɛ ʧoŋ,

oq atsa køksyŋgɛ tosalmas qoluŋ.

ʃu køzgɛ ilmiɣan putqa ʧomaq bop,

tosulup qalmisun ɣɛlibɛ joluŋ.

《køŋyl sultani（robaijlar）》-ismaj eli

做得比对手强得多时，

就好比从你手中射出的子弹一样无法阻挡，

在你的成功之路上，

也要提防不入你眼而牵绊你的小人。

（《心灵之美》，司马义艾力著《柔巴依集》）

"qanʧɛ 几"，有时表示数量或次数之多，而在这里却有感叹的意味。

（三）汉维语代词的幽默效果

代词是交际双方进行言语交际时使用的词语，与语境直接联系，且在特定的语境中表示人的社交关系。[①]（何自然，1988）人称代词不仅属于语言范畴，也属于社会范畴。人称代词的对比研究不仅可以揭示语言特性，也可以探索不同语言使用者使用人称代词的认知心理，因此，具有较为重要的理论意义。另外，从应用的角度来看，对语言教学、翻译工作乃至计算机自然语言处理等具有较为重要的实用价值。

语境作为解释语言的社会功能的手段，是 20 世纪以来的新学说，它是以索绪尔的"结构段"为前导的。在界定语境时，有广义与狭义之分，在这里只讨论与汉维语代词内部固有的修辞意义相关的语境学内容，而与之

---

① 何自然：《语用学概论》，湖南教育出版社 1988 年版。

相关的语言的外部因素我们暂不考虑。义位语境意义的性质有语用性、外部性、反常性及主体性，格赖斯仿效康德的办法，把量（信息内容适量）、质（真实、有根据）、关系（话要有关联）、方式（清楚明白）这四个范畴概括为会话的原则，而在汉维语交际中某些代词的使用如果违背了这些原则，将会产生一系列幽默、强调、词义虚化等修辞功能。这样的例子在汉维语中较多，如：

（11）老师："请你讲一下民用电与闪电有什么区别？"

学生："闪电不收电费，而民用电要收电费。"

（12）一家大公司的老板把所有部门主管和办事人员叫来后，最后又把实习生叫来。老板问实习生："我们私下说，彼得，你和我们的新女秘书有过什么了吗？"

"没有，老板！""太棒了"，老板舒了口气说："那就由你把解聘书给她送去！"

（13）老师："约翰，你说一下美国独立宣言是在哪儿签署的？"

约翰想了想说："是在文件的末尾签署的。"

（14）弗朗茨问朋友罗尔夫："当你看到一位漂亮女性的时候，你会先看哪里？"

"先看我老婆看没看到！"

以上四个例子中的"什么、哪儿、哪里"巧妙地运用了代词与语境的紧密联系不能随意割裂的特点，而产生幽默效果的原因是违背了格赖斯会话原则中的关联理论。可见，在语用中，代词所指代的事物、事件、形状、关系与语境有着密不可分的联系。再看维语例子：

（15）《eʃɛk bɛg》

sɛlɛj ʧaqqan bir kyni eʃɛkini minip ʃɛhɛrgɛ maŋyan ikɛn. jolda mɛhkiminiŋ qazisiya joluquptu. qazi sɛlɛj ʧaqqanni mɛsχirɛ qilip:

sɛlɛj aχun, eʃɛkliri bɛkmu keliʃkɛn eʃɛk ikɛn, øzlirini birɛr jurtqa bglikkɛ tɛjinlisɛk bolyudɛk, -dɛptu

sɛlɛj ʧaqqan:

himmɛtlirigɛ rɛhmɛt, qazi kalan, eʃikimni **øzliri** bilɛn bir qatarda kørgɛnlirigɛ apirin, -dɛptu.

《毛驴伯克》

一天，赛来恰坎在骑驴去城市的路上遇到了一个官署的大法官。法官想借机嘲笑一下赛来恰坎，便说："赛来兄弟，您的驴长得很帅呀，好像把自己也要放到乡下任一个小官职一样。"

赛来恰坎答道："谢谢您了，我的驴把自己放在了您这个层面上了。"

（《赛来恰坎笑话选》，乌其空江吾买尔编著）

在这则笑话中，同一个词 øzliri 使用了两次，从语法形式上看，使用的是特尊称，但双方由于地位悬殊较大，在此并不表示尊敬的语气，恰恰相反，交际双方以驴为媒介，表面指驴，实质是讽刺、谩骂、强调对方，即驴的主人以及和驴一样的人，在这里，øzliri 与语境紧密结合，与汉语一样，同样取得了异曲同工的幽默效果。

（四）汉维语代词修辞的差异性

差异一，虽然汉维语在修辞含蓄美上有共性，但汉维语也有其自己的特性。在通常情况下，汉语人称代词的指代对象是具体、明确的。但是，有时为表达某种情感或造成一种较强的语势，可将实指用为虚指。如：

（16）"阿呀！我的太太！你真是大户人家的太太的话。我们山里人，小户人家，这算得什么？"（鲁迅《祝福》）

（17）星期天我们到公园去玩他个痛快！

例子中的"我"并不是实指说话人，属于虚指，去掉这个人称代词，原句的基本意思没有变化。类似的用法还有"我的天啊""我的妈呀"，等等。第二个例中的"他"则是无所指称，相当于唱词中的衬字，没有实在意义，也可去掉，但在句中用上"他"字，却可以起到增强语势的作用。而维语指示代词的语法特点是有自己的变格体系，不能受其他词的修饰或限定，没有从属性人称的变化，单纯起指示作用。这是汉维语代词修辞差异性之一。

差异二，我们再看汉维语代词修辞性的不同之处，如：

（18）《paraŋliʃiʃ》

ikki χizmɛtdaʃ karidurda paraŋliʃiwatqanda, jeŋi kɛlgɛn jaʃ hɛm ʧirajliq maʃnisit qiz jenidin øtyptu. ʃuan bir jigit køzini mit qilmastin qizɣa tikilip qarap, ihtijarsiz 《hɛqiqɛtɛnmu gyzɛlkɛn hɛ!》dɛptu.

-ɛpsus, yʧbalisi bardɛ, -dɛptu jenɛ biri mɛsχirɛ tɛlɛppuzda.

-uniŋmu?mumkin ɛmɛs, -dɛptu jigit.

-jaq, mɛn **seni** dɛwatimɛn.

《闲聊》

"哎，真可惜，已经有三个孩子了"，其中一个说道。

"你是说她吗？不可能"，小伙子说道。

"不是，我说的是你"。

（美拉斯，2005 年第 2 期）

汉语的第三人称"他""她"代词从汉字来看，有性别之分，而维语的 u 无性别之分，表面看似指的是谈论的是那位女士，但实际上是谈话双方的互指。第三人称代词汉语 "他""她""它"与维语的 u 在修辞效果上略有差异，由于汉语的第三人称代词"他""她""它"在形式上有着显著的性别标记差异，在书面表达时较为精确，而维语中的男"他"与女"她"u 无形式上的差别，作书面翻译时会产生一定的修辞效果，这是与汉语的不同之处。

差异三，体现在第二人称"您"上，汉语第二人称代词单数的普称与尊称用"你"与"您"来表示。维语中用 sɛn（普称"你"）、siz（尊称"您"）、sili（特尊称"您"）来表示，在形式上比汉语要多一种特尊称，即在判断交际双方的身份、地位、职业以及两人关系的亲疏时，形式上比汉语具有更强的修辞性。在汉维语具体的语言环境使用中，可以反映表达情感的变化，是交际关系亲近或疏远的一种标识，同时，表现为显性。

三　小结

汉维语人称代词在追求表达效果时，都运用了代词的模糊性来达到某种幽默与含蓄的美学效应；第二人称的人称代词在汉维语修辞过程中都表现为显性；疑问代词的理性义的正偏离在汉维语中均体现出了模糊美的修辞效应与强调突出的作用。第三人称代词汉语"他""她""它"与维语的 u在修辞效果上略有差异；汉语的第三人称代词"他""她"在形式上有着显著的性别标记差异，在书面表达时较为精确，而维语的 u（男"他"与女"她"）无形式上的差别，作书面翻译时会产生一定的修辞效果；汉语"它"是指代人以外的有生命物体的特殊代词，而维语 u 指代所有生命体，无性范畴，就造成语言幽默性的幽默机制而言，比汉语更加宽泛。

四　余论

第一，汉语人称代词的意义和语用功能研究细致，汉语界的研究则集中在人称代词有标用法的认知和语用角度的研究上，维语对代词的研究并未形成规模，包括其意义和语用功能。第二，以不同语言理论拓宽了代词的研究范围。前人在语用学、社会语言学、生成语法、认知语言学、对比语言学、篇章语言学、类型语言学等理论背景下，对汉语人称代词进行了多角度研究，而维语代词在这方面的研究显得相对滞后。第三，以往的研究注重对代词的静态意义，并不涉及动态使用时所体现的意义。在具体语境中体现出的亲密或愤怒的情感语用义，在以往的研究中很少涉及。第四，语料提取未区分语体特征，人称代词主要用于对话体话语结构，而第三人称代词不仅用于对话体话语结构，也常见于叙述体话语结构。但是，在以往研究第三人称代词时，并未明确区分第三人称代词所在的话语结构，也未区分口语和书面语形式，因此所归纳的特点并不全面。第五，尽管汉维语界对人称代词研究成果有目共睹，但是，以往的研究大都重本体，偏向于运用过去的研究方法，加上新发掘的例句，修补人称代词的意义或重新

解释语用功能，未能实现研究方法上的突破。第六，研究比例失衡。维语
人称代词的研究论文寥寥无几。汉语人称代词的研究，第二、第三人称代
词的研究成果多于第一人称代词的研究。维语第三人称代词与汉语第一人
称代词的研究成为相对薄弱的领域。第七，研究汉维语代词在不同语体中
的修辞色彩，这也是将来对比修辞学词类修辞研究的重要部分。通过这样
的研究，相信会对代词在特定场景下的修辞作用有所了解，会消除交际障
碍和理解误差。本书也仅从修辞学的某一角度对汉维语代词做了一个尝试
性研究，不管是从广度还是从深度来讲都只是代词研究中的冰山一角，尤
其是维语代词修辞性的研究仍是一块未开垦的处女地，希冀广大学者在此
领域为该研究做出更大的贡献。

第三节　汉维语数词修辞性对比研究

对于汉维两个不同民族而言，数词习语具有特别的民族文化根源与深
厚的民族文化底蕴，准确运用数词习语，既能增强语言表达能力，又能表
现其文化内涵，使语言生辉添色。对两个民族的数词比较分析不仅有助于
我们了解汉维两种语言各自的精华，还有助于学习汉维数字文化，并由此
从侧面了解不同民族的文化心理，使其发挥在跨文化交际中的作用。研究
汉维数词方面的文章不少，主要研究论文有黄中祥的《维吾尔哈萨克语中
的四十和七反映的文化特征》（1995），蔡崇尧的《数字在维吾尔语中的文
化内涵和修辞色彩》（2000），丁鹏的《汉维数字禁忌文化浅析》（2000），
蔡崇尧的《略说维语数词与维族文化》（2000），闫丽萍的《汉维语言数字
禁忌文化差异》（2001），阿不力米提·优努斯、庄淑萍的《维吾尔语数字
的文化含义》（2005），陈潮华的《浅析维吾尔语中的数词"七"》（2006）
等。以上文章从文化、宗教以及谐音方面阐述了汉族和维吾尔族对某些数
字的好恶禁忌文化的内涵差异。古丽鲜·尼牙孜的《维吾尔语数词的修辞
作用》（1995），高静、李芸的《试论汉维语数词的虚化》（2008）两篇文章
中谈到，维吾尔语一些文学作品中数词有时虚化，起修辞作用。汉维语数
词及习语的传统研究多集中在侧重各自语言文化的某一个方面，缺乏对比
研究的理论框架，汉维语数词及习语在辞格中的应用的差异性也很少有人
涉及。本节将利用杨自检的英汉对比理论及关世杰的跨文化理论来对比汉
维语数词的修辞特征。汉维语数词有计数、标量、表示比例的功能，有一
定的构词功能，有标记和指代功能，有概括功能，而修辞功能是数词的另
一显著功能，数词的这种修辞功能在汉维两种语言中，都是十分常见的。
下面我们将从汉维语数词习语的修辞功能来论述。

一　夸张

在汉维语许多文学作品及日常口语中都经常用到这一修辞手法，夸张不仅有夸大作用，还有故意缩小数字以求达到修辞效果的作用。比如："过江千尺浪，入竹万竿斜"（李峤《风》），"飞流直下三千尺，疑是银河落九天"（李白《望庐山瀑布》），"双皮溜雨四十围，黛色参天两千尺"（杜甫《古柏行》），"智者千虑，必有一失；愚者千虑，必有一得"（《史记·淮阴侯传》）。再如：周瑞家的听了道："我的老老，告诉不得你了！这凤姑娘年纪虽小，行事比大人都大呢。如今跟挑出的美人似的，少说只怕有一万心眼子，再要赌口齿，十个会说话的男人也说不过她呢！回来你见了就知道了。——就只一件，待下人未免太严了些。"（曹雪芹《红楼梦》第五十七回）"……八十四套，也折损不了共产党员一根毫毛。还是钢铁般的声调"①。维语中也有许多与数词习语有关的数量夸张，但是在使用过程中也表现出一些民族文化差异。汉语在用数量词表示夸张时多用"三""九"以及三九的倍数。比如"三亲六眷、三教九流、九死一生、三百六十行"等。李国南在其《辞格与词汇》（2001）中把这归因于古代汉民族的哲学理论。此外，十、百、千、万也常用于夸张，在维语中用"七、四十、百、千"来表示。比如维谚 jɛttɛ ɵlʃɛp, bir kɛs（三思而后行，即量七次，裁一次），bir symyryʃlila qiriq dɛrjaniŋ syjini itʃip bolidiɣan dɛhʃɛtlik mɛχluq diwiniŋ<dɵj> dɛp atilidiɣanliqini bilɛtti.（一口气要喝掉四十条江河的水才能解渴《流浪者酒家》），维语的缩小夸张比如 altɛ nɛrsɛ（一丁点东西，《维汉词典》）。

二　借代

不直接说出要说的人或物的"本称"，而借用与该人或该事物有密切关系的东西去代替，这种修辞方法叫借代。[8]汉语中的修辞格"借代"与维语中的辞格"almaʃturuʃ"基本对应。比如汉语的实例：从今天起，它的八斤半就在他脖子上不稳了，"八斤半"代指头颅；他们每个月要完成 600 户居民的走访工作，将每个下岗失业人员按"4050"人员、特困人员、急于找工作、急需技能培训等进行分类登记……"4050"人员指的是女性 40 岁以上、男性 50 岁以上的大龄下岗失业人员；"二百五"讥讽有些傻气、做事莽撞的人。再看维语的实例：bir bikar onni bikar qiliptu.（一个闲汉拖累十人）daŋqi bɛʃ qitɛɡɛ kɛtti pur bolup, tɵhpisi hɛm tɵt muhitqa dʒor bolup. χisliti qildi tɛsɛlɛm barliqini, jaʃiɣaj mɛŋɡyɡɛ nami nur bolup.（《tjɛnɛnmɛn

---

① 程希岚：《修辞学新编》，吉林人民出版社 1984 年版。

ʃeirliri》-18bɛt）（声誉遍五洲，功绩迎四海。美德人人敬，光辉永存在）。tøgini ussulɣa salsa，jɛttɛ ʧønɛk qoɣunni buzar.（骆驼一跳舞，踩坏七畦甜瓜）。这里的 on（十人）代指"集体、团队"；jɛttɛ（七畦）代指"数量最大"。

所举实例中的维语定数均指代不定数，表示"多""少"或者言其"大"或"多"。数字修辞的借代功能简化了汉语的表达，同时也丰富了情感表达。生活在网络时代，频繁出现于聊天室的众多年轻人，对网络上一些流行用语应该非常熟悉，如果别人对你电波频频，你却一无所知，岂不是有失情趣。下面我们来解读一下数字情书用语。

约会用语：

765，去跳舞；7998，去走走吧；809，保龄球。

初恋用语：

360，想念你；520，我爱你；530，我想你；0564335，你无聊时想想我；3854335，三不五时想想我；3207778，想和你去吹吹风；246437，爱是如此神奇；77543，猜猜我是谁；82475，被爱是幸福。

狂恋用语：

20999，爱你久久久；1392010，一生就爱你一人；0594184，你我就是一辈子；59420，我就是爱你；2010000，爱你一万年；3344520，生生世世我爱你。

热恋用语：

3344，生生世世；1374，一厢情愿；1573，一往情深。

其他：

9494，就是就是；8888，拜拜拜拜；3333，闪闪闪闪。

这些数字借在汉语中的发音来指代其他含义，从而达到风趣幽默、简单明了的修辞效果。

在维语一些小品中，也有用数字的发音来指代事情的原因或结果的，如电话号码5858588译成汉语的含义是"她（他）在，她在，她在在"。因为数字5、8在汉语中的发音与维语中的"她（他）""在"的发音近似。这里的数字也失去了原有的数词的意义，而转化成了劝说功能。心理学的研究表明，数字可帮助人们形成可信度，劝说时可以利用数字来增强可信度。

三　对照

汉语的对照和维语（seliʃturuʃ）基本一样，是故意把相反的事物或同一事物的正、反两面进行比较，使其互相衬托。有时可通过词语、句子的并列来增强其表现力。人们经常利用数字来作对比，不仅使人一目了然，而且使事物的本质更加鲜明。在汉语中，这类用法也颇为常见。如："十年树木，百年树人"，"十年"与"百年"相对照，向人们揭示人才培养的艰难与漫长。"一夫当关，万夫莫开"，形容地势之险要，易守难攻。"一曝十寒"形容学习或工作没有恒心，用功少而荒废多。"九死一生"指有九次死的机会而只有一次生的希望。

在维语中也有 miŋ eɣiz kap-kaptin，bir eɣiz ʧip-ʧap jaχʃi.（千句空话，不如一口饭）bir patman altunuŋ bolɣuʧɛ，bir tapan jeriŋ bolsun.（与其有千两黄金，不如有一块田地）bir kyn burun terisaŋ，un kyn burun jiɣisɛn.（早种一天，早收十天）bir χotunniŋ hijlisi，qiriq ɛrniŋ hijlisidin artuq.（四十个男子比不上一个妇人的鬼点子多）。

汉维语中夸张、借代、对照等修辞手法是互通的。数词的修辞功能常常起到强调作用或是增强文字节奏感的作用。

人类思维方式不同，对数字的感知取向也不同。汉族和维吾尔族文化心理存在差异，数词修辞方式各有特色。汉民族几千年的传统文化传承着诸子的"伦理道德"思想和道教诸家的"天人合一"观点，而维吾尔族则受到《古兰经》的教义影响。在汉民族看来，数字是从现实事物中抽象出来的一种属性和关系，而不是一种可以脱离具体事物而存在的无法感觉和把握的实体。而对于维吾尔族来说，数是一个神秘而不可捉摸的实体，由数字而产生的联想大多与《古兰经》相关。可见，相同的数字在不同文化中会有不同的社会含义。数字所承载的这种文化含义是语言规则和社会规约造成的。由于文化的因素，一个民族往往崇尚某些数字，认为它们神圣、吉利，而禁忌某些数字，认为它们不吉利。这就使一些数字除了本身的意义外又带上了民族文化所赋予的社会文化含义，因此在学习两种语言时需仔细体会。

第四节　汉维语动词修辞倾向的对比研究

动词是语言中最活跃最敏感的要素，动词在使用过程中，会有常规的搭配方法，但为了适应修辞需要，使用动词会打破常规，这是一种艺术语言的非普通意义的表达，能取得不同凡响的修辞效果，具有很强的艺术感染力和很高的审美价值。在汉维语中，动词的修辞作用本文从汉维语动词的锤炼和重叠两个方面来讨论分析。

一　汉维语动词的锤炼

（一）汉维语动词的变用

汉维语动词的变用，使语言表达更加生动活泼，形象更加鲜明，能给人以清新脱俗、赏心悦目之感，大大增强艺术感染力。比如汉语：

（1）悔恨羞愧和焦灼，无情地折磨着他，把他的心揉皱了，撕碎了。（高源《水手长的故事》）

"折磨"这个动词，原本是用来写人的，这里用来写抽象的"悔恨""羞愧"和"焦灼"，是拟人手法。而"揉皱"和"撕碎"常用来描写纸、布一类可揉可撕的事物，这里用来写"心"，就是一种拟物。

（2）王昭君和阿婷洁披着一身月光，轻盈地走上。（曹禺《王昭君》）

动词"披"用来支配衣服类的名词，改变了动词"披"的支配对象，生动地烘托出了草原的幽静气氛。

（3）一天是阴沉的上午，太阳还不能从云里面挣扎出来，连空气都疲乏着。（鲁迅《伤逝》）

例（3）中把太阳说成"挣扎"，把空气说成"疲乏"，都用了拟人的手法。这样的描写与涓生的心情完全一致，这时子君已死，涓生整天空虚寂寥，沉浸在悲哀、孤独之中，威严的旁人给他冰霜的冷眼，压得他想"挣扎"，又感到"疲乏"，这里只是借外景描写衬托出涓生的感情。

再比如维语：

（4）keʧyrgysiz ɛjib ʃu tapta meniŋ gɛdʒgɛmdin tuluq taʃtɛk basmaqta.《naχʃiʧi》

这种饶恕的责备就像石磙子一样此刻压在我的身上。（祖尔东·沙比尔《歌手》）

（5）aɣzimizni tikiwetɛjli, ata-bowimizdin qalɣan ussulimiznimu ojniɣuzmamdikɛn?

我们都把嘴缝起来，难道祖先们留下的舞也不能跳了吗？（祖尔东·沙比尔《刀郎青年》）

例（5）中动词 basmaq（压）把责备演绎得相当沉重，同时也把主人公的心情表现得淋漓尽致。例（6）中动词 tikiwetɛjli（缝）表现了当时迫于压力，一群热爱刀郎舞的青年气愤而又不敢怒骂的情景。

（二）汉维语动词连用

汉维语动词连用，使描写的事物具有立体感、真实感，进而使语言表达通俗易懂、便于理解。如：

（6）白色的鸽子有几个已经上岸了，在柳树下来回地作绅士的散步，舒息划行的疲劳，然后参差地站着，用嘴细细地抚理它遍体白色的羽毛，间或又摇动身子或铺展着阔翅，使那缀在羽毛间的水珠坠落。一个已修饰完毕的，弯曲它的颈到背上，长长的红嘴藏没在翅膀里，静静合上它白色的绒毛间的小黑眼，仿佛准备睡眠。（何其芳《雨前》）

这段话对鸭子上岸后的描写，连续使用了"散步、抚理、铺展、藏没、合上、睡眠"这几个动词。读者读完后，脑海中就能立刻浮现出鸭子栩栩如生的形象。再看维语的例子：

（7）atabek　tujuqsiz　øzgirip,heliqi　ɛsɛbijlik　halitini　joqatti，ʃundaq　bolsimu øzini　tutup　kylgɛn　boldi.（阿提别克突然间失去了刚才那会儿稳重的状态，可他仍强忍着自己即将失控的情绪。）（阿卜杜拉卡迪尔《往事》，28）

在维语中，助动词具有特殊的语义和语法特点，语法化特点很强，多用于引申意义，因助动词多表示动作与主体的相应关系或动作的针对性，所以助动词的修辞性也表现较为突出，比如 qalmaq（留下，剩下）与 kɛtmɛk（去）所表示的意义恰好相反，一般情况下，qalmaq 表示行为动作趋向消极意义，kɛtmɛk 表示动作行为趋向积极意义。at tiziki altun bolup qaldi.（马粪如今也成了黄金了），u　aɣrip　qaldi.（他病了），maʃna toχtap qaldi（车突然停了），bir　jil　bolup　qaldi，bizniŋ　bɛramu　tygɛp　kɛtti（我们的拜拉去世了），bir　jil　bolup　kɛtti（一年又过去了）。

二　汉维语动词的重叠

"动词重叠在现代是短时貌，是一种夸张法；往少里夸张"①，不管是往少里夸张还是往多里夸张，它们"一方面可表动量，一方面再可表达一种语义委婉恳切的心情"②，在汉维语中都有动词重叠这一语法现象。汉维语动词重叠在情态范畴中的共性表现为三点，即在两种语言中，动词重叠都能表达说话人的情感、说话人的视角、说话人的认识。但二者又存在着差异性：

首先，汉维语动词重叠对动量的影响不同。在表达"尝试"与"轻微"时，为了取得相同的修辞效果，使用不同的语法手段。尤其在翻译中，为了忠实于原文的表达，往往要使用多种语法手段以符合作者需要表达的真实意境。比如，动词的变用，动词的连用，动词的重叠。在汉维语中，汉语更倾向于使用动词的重叠来获得修辞效果，而维语则侧重使用丰富的副动词来突出表达作者的情感。汉语常用动词的重叠，比如"让我瞧瞧"，维语则说 køryp　baqaj，这里的 baqmaq 副动词与主动词结合起来表达尝试性、试验性语气。维语中除了 baqmaq 表尝试以外，qojmaq　kɛrmɛk　bɛrmkɛ 作为动词或助动词也表祈使，比如 uniŋ　tizginini　tartip　qoj（让我来管教管教他），muʃundaq　qilip　kɛrɛjli（我们就这样做吧），baliŋizni　mɛn　kɛtyryʃup bɛrɛj（我帮你抱抱孩子吧）。汉语"进屋避避雨吧""请您给咱看看，指点指点"中动词重叠式具有"轻微""不经意"等意味和使语气缓和、委婉的作用，并成为祈使句中比较重要的礼貌表达方式。相对于汉语动词的重叠，维语采

---

① 王力：《中国语法理论》，中华书局 1954 年版，第 156 页。

② 郭绍虞：《汉语语法修辞新探》，商务印书馆 1979 年版。

用多种语法形式以达到汉语动词重叠的修辞效果，维语第二人称普称祈使式"-gin/-kin/-ɣin/-qin"，维吾尔民歌中有这样的唱词 u mɛlidin bu mɛligɛ, ʧoŋ jol barmikin? dɛrd aɣriqi bolup qaldim, dora barmikin?（你我之间是否保留一条通道，你是否有一剂良药来治愈因你我患上的相思病？）维语甚至会使用拟声词的特殊作用来达到与汉语动词重叠的修辞效果，如 mawu jerim loq-loq qilip aɣrijdu.（我这个地方一跳一跳地疼），ɵdɛk qorsiqini sɛrɛp eɣaŋlap meŋiwatidu.（鸭子拖着肚子摇摇晃晃地走着）。

其次，汉维语动词重叠的量变维度不同。同样使用动词重叠，在维语中有时是加大维度变化，如：burun bir ɛqilsiz padiʃah ɵtkɛnikɛn，u ɛlni baʃquruʃqa pɛmi jɛtmɛj，kɛlsɛ-kɛlmɛs paraŋlarni qiliwiridikɛn.（从前，有一个无知的国王，他除了会胡作非为外，其他啥也不会。马合木提买买提整理《笑话精粹》）。sɛn jazmaj- jazmaj bu qetim biraqla on waraq jazdiŋ.（你要么不写，一写就是十页。）汉语中在某种情况下，受到语义或句法因素的影响，也可使度量向减小的维度变化。例如，"请给抱小孩的让让座""昨天我去学校看了看""你把屋子收拾收拾"。再有：

（8）华大妈在枕头底下掏了半天，掏出一包洋钱，交给了老栓，老栓接了，抖抖地装入衣袋，又在外边按了两下；便点上灯笼，吹熄灯盏，走向里屋子去了。

老栓看看灯笼，已经熄了。按一按衣袋，硬硬的还在。老栓慌忙摸出洋钱，抖抖地想交给他，却又不敢去接他的东西。（鲁迅《药》）

这两例对华老栓行动的细节描写，两个动词的重复使用，有力地表现了华老栓朴实善良的性格。

（9）好多人把这架机器包围起来，有的摸摸这，有的看看那，谁也弄不清这是什么怪物。（马烽《一架弹花机》）

例句中的"摸摸、看看"是单音节动词"摸、看"的重叠形式，动作轻微、短暂。不仅表现了当时的农民在新生事物前喜爱好奇之情，还表现了其小心翼翼、生怕弄坏的意味儿。

这个例句表示在心里感觉上动量减小，语气显得温和委婉。而维语动词重叠式则会表示行为动作的反复与持续，如：

（10）maχmut iʃlɛp- iʃlɛp halidin kɛtigɛndɛ, gyldʒamal bilɛn muŋdiʃidiɛn.

买合木提干得特别累的时候，就喜欢和古丽加乃提聊天。（zirɛk malaj bilɛn piχsiq baj. 大方仆人与小气巴依）

（11）"bu dɛrja aqa-aqa, aqqanseri kɛŋijip kɛtti""bundaq kesɛldɛ jesɛ- jesɛ qorsiqi tojmajdiɣan.

这种病怎么吃，肚子也填不饱（不幸 bɛχtsizlik）。

（12）qara, ana, qara, misir piramidasidɛk hɛjvɛtlik muzluqlarɣa qara.

qara，ana，qara，sɛddiʃindɛk suzulup jatqan muz sepillarɣa qara.

qara，ana，qara，durbunniŋ køzliridɛk tikilip turɣan muz øŋkyrlɛrgɛ qara.

ɛχmɛt imin：《eh ana makan》

看呀，母亲，看啊，看那金字塔一般雄伟的座座冰山。

看呀，母亲，看啊，看那万里长城一般蜿蜒的道道冰墙。

看呀，母亲，看啊，看那望远镜孔一般观望的穴穴冰窟。

《母亲赞》

原文每句开头都有相同的词语 qara，ana，qara，每句结尾词语也相同，这种首尾反复有着很强的表现力和感染力。

从以上这几个维语例句不难看出，文中动词重叠或复用对所陈述的事实起到了增强语气的作用。

以上就汉维语动词在词语锤炼、重叠方面做了粗浅的探讨。动词在修辞方面的作用不仅大大丰富了语言的感情色彩和文学色彩，还能在写作中使语言更加生动形象具有感染力，还可以提高我们的文学分析和欣赏力。

第五节　汉维委婉语的语用及修辞对比研究*

委婉语在人们的日常交流中起着重要的作用。它像一种润滑剂使人们能够表达出那些不能直言的事情并确保交流成功。正如美国学者D.J.Engright（1985）所说："Without euphemisms the world would grind, unveiled, to a halt, universal animosity covering all." 如果没有委婉语，世界上所有的事情都会出现摩擦，被揭露出来，停止或充满仇恨。委婉语在交流中的重要作用是不可替代的。委婉语不仅仅是一个语言现象，同时也是一个文化现象。语言是人类在社会中用来交换思想的工具。不同风格的语言在多样的社会群体中发挥着不同的功能。作为一个语言的变体，委婉语在不同的社会场合下发挥着特定的社会功能。本文主要从语用的角度来研究汉维语委婉语，旨在探究人们在交际过程中如何使用委婉语来达到委婉效果，并从修辞学角度揭示汉维委婉语和汉维语社会文化的关系。

委婉语作为一种文化现象，它的产生和使用有着深层的文化动因，并折射出人们的信仰、世界观和价值观。在跨文化交际中，如果交际一方缺乏对另一方文化的了解，可能会在委婉语的使用过程中造成语用失误。刘珉先生在《汉维语修辞格概要》一书中主要从婉曲的定义、类型及修辞效果的角度论述了委婉语。本文在此基础上主要从汉维委婉语的社会功能这

* 本节内容刊于《语言与翻译》2011 年第 2 期。

一共性及各自修辞的委婉手段及文化内涵异同来论述。

一　汉维委婉语的社会功能

从语用学的角度看，汉维委婉语各有特色，但总体看来，它们主要表现在下述社会功能方面：

（一）避讳功能

汉维委婉语与禁忌有着密切的关系。汉维委婉语的避讳功能是指避免运用禁忌语从而使人们能够自由地谈论禁忌的事物。委婉语的避讳功能体现在生活中的各个方面，如疾病、生育等。忌讳生病，向往健康，历来是人类普遍的心理。比如，维吾尔语中人们常用 saqsiz（缺少健康）或 midʒɛz joq（没精神）代替"生病"，用 jaman kesl（恶病）代替"癌症"。同样，在汉语中，人们也常用"有恙""不适"代替"生病"。再比如，维语中人们常用 sezik bolmaq（害口）代替"怀孕"，常用 ɛrzant kœrɛlmɛslik（看不到子女）代替"不育"，常用"bojidin adʒrap ketiʃ（离开身体）代替"流产"。在社会生活中，对一些不好的事，包括人们厌恶的事物，也不愿直呼而适当避讳，如对"贼、小偷、扒手"，汉维语往往不直接称之为 oɣri（贼）、janʃuq（小偷），而委婉地称为"三只手"、ɛgri qol（弯曲的手）。传统上来讲，人们一般认为那些表示人体某些器官部位、正常生理现象、性和排泄等有关的事物或行为的词语是粗俗或肮脏的，因而在语言中需借助一些被认为是文雅或含蓄的词语来表达，以消除或淡化理性概念与理想意义之间的直接联系，从而很好地实现了避俗目的。如维吾尔语中常用 ʃiraj adɛttiki（相貌平平的）代替 kœrymsiz（丑陋的），用 tolɣan（丰满的，指女性）代替 semiz（肥胖的）。人类肢体上的残疾或缺陷历来是日常言语交际过程中需要避讳的话题之一，为了避免伤人自尊，常用委婉语以避俗称。维吾尔语将有残疾的人称为 adʒiz（弱），用 kœzi adʒiz（视力弱）代替 ɛma（瞎子），用 quliqi eɣir（听力弱）代替 paŋ（聋子），用 tili adʒiz（言语弱）代替 gaʃa（哑巴），用 puti adʒiz 代替 tokur（瘸子），用 qol adʒiz（手虚弱）代替 ʧulaq（手有残疾的），用 jyzidɛ gyli bar（脸上有花）代替 ʧoqur（麻子），用 taqir baʃ（光头）代替 taz（秃子）。在汉语中，人们也把腿脚残疾的人称为"铁拐李"（神仙名），用"失明者"代替"瞎子"，用"失聪者"和"失语者"代替"聋子"和"哑巴"。从委婉语的社会功能来看，这些委婉语都充分体现了人类共同的趋美心理，通过委婉语来达到理想的交际效果。

（二）礼貌功能

礼貌功能是委婉语在社会生活中所发挥的另一重要作用。礼貌是人类文明的标志，也是指导人们行为规范的一个重要准则。英国语言学家利奇把布朗和莱文森提出的礼貌现象称为礼貌原则，并归纳总结细化为六条准则：机智准则、慷慨准则、赞誉准则、谦逊准则、同意准则、同情准则。利奇的礼貌原则为我们解释言语交际中委婉语的语用功能提供了一定的理论依据。委婉语的礼貌功能是试图避免在交际中产生摩擦。当迫不得已要涉及令人不快的事件时，人们常使用委婉语以避免伤害对方的感情。维吾尔族虽然有敬老传统，但也有惧老的观念，为避免令人感到老而无用的 qiri（老）称谓，维吾尔语中常使用有关"年老"的委婉语，礼貌地称为 joʃanyan（长者）、mojsipit（老翁）等。一些行家里手、文人、名士则用伊斯兰教中对有学问人的称呼 molla（毛拉）来委婉地进行赞誉。在汉民族的传统中，虽然儒家礼教历来强调尊老敬老、孝道，重视维护老人的权益，可人们不仅不那么惧老厌老，甚至习惯以老自居或尊称别人，如以"某老"称谓委婉地称呼。

二　汉维委婉语表现手法的异同

（一）语音

在语言使用过程中，为了达到委婉的表达效果，汉语充分利用谐音。例如，李大姐和大家谈论婚姻的滋味时感叹道："婚姻生活有三阶段，开始'相敬如宾'，继而'相敬如冰'，最后'相敬如兵'。"（《生活导报》1994.326期）该例中"冰""兵"同音，与"宾"音近，成语"相敬如宾"被仿语，并委婉地逐层递降为"相敬如冰""相敬如兵"。夫妻之间的关系从互相尊敬像对待宾客一样友爱热情，变为双方冰冷淡漠，继而发展到互相吵架动武，把不幸婚姻生活"三部曲"表现得深切而且谐趣，具有不动声色的幽默感。再如，老一代文人对身外之物看得很淡泊。《围城》被拍成电视连续剧后，电视台付给原著者万余元稿酬，钱老执意不收。国内 18 家省级电视台联合拍摄《当代中华文化名人录》，钱锺书被列入第一批的 36 人中，他也婉言谢绝了。当得知被拍摄者会有一笔酬金时，钱锺书一笑："我都姓了一辈子钱，难道还迷信钱吗？"（《报刊文摘》，1992）。此例中的前一个姓氏"钱"不是后一个金钱的"钱"，但构成音义双关，一个"钱"字同时关顾着两种不同的事物，委婉地把钱锺书视金钱为身外之物的超尘脱俗气度表现得幽默可敬。汉语采用方块字，音形缺乏直接的联系，常见的语音避讳手段大都用"谐音"。但在名称避讳方面往往采用同音字，还利用汉字特有的"平、上、去、入"四声，在口语中遇到要避讳的字可以改变声调，如秦朝为避讳皇帝名"秦嬴政"，将"正月"之"正"由去声 zhèng 改读成了平声 zhēng，并延用至今。除谐音修辞手法外，汉语中有时还采用析字与藏字这两种独特的修辞手法来形成委婉语。所谓析字，主要是将汉字按偏旁或部首拆成若干部分，以此获得委婉效果。如："他们就动手打起来，有的丘八还跑上戏台胡闹。"（巴金《家》）"丘八"拼合起来即为"兵"字。所谓藏字，主要是将惯用语中某个或某些词故意隐去而意义仍可看出的一种修辞手法。这种藏词不藏义的手法正合乎委婉语的最基本要求，如："这是千里送鹅毛。"（老舍《方珍珠》）"千里送鹅毛"是"千里送鹅毛——礼轻情义重"的藏词，此处委婉表达了礼轻义重的含义。

　　由于维语是拼音文字，所以其运用语音或拼写手段构成委婉语的方式比起汉语来说，更为便捷、灵活，主要利用或创造发音相同或相近的字词形成委婉语的方式。例如利用语音的避音来达到修辞效果，这是通过语音方式构成委婉语的主要途径。维吾尔喜剧小品《2828288》就是语用常规偏离的典型例子：一对夫妻，丈夫出差未归，妻子留守家中。该妻一直与另一男人保持着暧昧关系。这天下午，该妻的情人打来电话约她去幽会，恰巧，该妻的丈夫为给妻子一个惊喜，出差提前回来。妻子无奈，又不能明说丈夫在家，只好告知情人，"你打错了"。可是情人却不知她丈夫在家，连打了三次。情急之下，该妻想通过语音来传递丈夫在家的信息，用不太标准的汉语说了"2828288"这几个电话号码的数字。表面听着是数字，其实该信息的正确解码应是："男人在男人在男人在在。"在维语中"男人"或"丈夫"一词的发音为 ɛr 与汉语的 2 发音近似，维语的"在"或"有"发音为 **bar** 与汉语的 8 发音极相似，不同之处只是维语音中多了一个小舌颤音（口语中往往脱落）、汉语的清辅音变成浊辅音，这些均未影响产生委婉效果，说话人利用语音谐拟而达到了交际目的。又如在南疆地区有一种鸟叫 paχtɛk（斑鸠），该鸟的叫声总是"喔吐咕咕"，听上去类似维语的 χotundin qoquidu（怕老婆），于是，人们委婉地利用 paχtɛk（斑鸠）借指耳根子软、爱听老婆话、怕老婆的男人。这种情况与汉语中委婉地以"气管炎"（妻管严）指称此类人有异曲同工之妙。这都是利用了语音的修辞性实现了委婉表达的效果。从以上对比分析可看出，汉维语委婉语在表达方式上既不乏相同之处，也存在不少差异。

　　（二）词汇

　　利用词汇方式构成委婉语可以说是汉维语中最简单、也是最常用的手段。词汇本身具有民族性，要达到委婉效果，该词必然有民族性、地域性、相关性、时代性、幽默性等特点，委婉语的使用在两种语言中与语言内部的词汇因素密切相关，在表达同一事物时根据表达需要而产生不同的委婉手段。例如维吾尔笑话《saqajtarmikin dɛjmɛn》（《修复》）：

sɛlɛj ʧaqqanniŋ　oyriliqta nami ʧiqqan bir qoʃnisi bar　ikɛn，bir kyni　u，sɛlɛj ʧaqqandin：sɛlɛjka，oyliŋizni ʧoŋ bolγanda qandaq hønɛrgɛ beriʃni　ojlawatisiz?-dɛp soraptu.

　　-doχturluqqa.

　　-doχtur bolmaj saqʧi bolsa bolmamdu?

　　-dotχur bolsa jaχʃi　ɛmɛsmu?

　　-nemiʃqa?

　　-ɛgri qollarni dawalap saqajtarmikin dɛjmɛn，-dɛp sɛlɛj ʧaqqan joliɣa rawan bolɣaʧ.

　　赛莱依恰坎的邻居是以惯偷而出了名的，这一天，他问赛莱依恰坎："赛莱依老兄，你的儿子长大了想从事一门什么手艺？"

　　——医生

　　——医生不好，当警察不好吗？

　　——医生好，不是吗？

　　——为什么？

　　——医生专治三只手呀。赛莱依恰坎流利地答道。

　　这则笑话中原词"弯曲的手"，在汉语中委婉地指小偷，将对方人品委婉化了，以事物来指代人，该委婉语的民族性、相关性和幽默性不言自明。再如，南疆喀什地区仅莎车县有一个精神病医院，维吾尔语交际过程中，如果对对方说 jɛkɛndin kɛlgɛn.（莎车来的），字面意思看不出来什么，其实委婉义是"你是刚从精神病医院跑出来的"，这与乌鲁木齐的汉族人说："你刚从四医院精神病医院跑出来的"表示同样的委婉义。阿图什人在喝酒时使用 siŋsun 一词，字面义是"消化"，但委婉义却是"请把酒喝完，酒是粮食酿的，有助于身体健康"。就算是有关身体器官词，两个民族常用委婉语的表达也不同，维吾尔族更善于利用委婉语进行委婉表达，比如说，汉语"臀部"一词的委婉表达是"腰部以下，大腿以上的部位"，而维语则用比较形象的 qojruq（羊尾巴）来表达。吐鲁番一带的人往往用 asas（基础、基部）来委婉表达臀部，常说 asas køtyruŋ，意思是"请把身体挪一下"。"怀孕了"，维语委婉地称 eɣir　ajaɣ bulmaq（步履沉重了），汉语则说"有了"。

　　委婉语往往不是固定的，随着语用范围的扩大，会随机产生择词使用的现象。如某一家庭主妇善于言辞，熟人开玩笑便问："请问，你是哪所大学毕业的？"主妇答："qazan 大学毕业的。"其委婉表达义却是"我是家里蹲大学毕业的，家庭主妇"。这里的 qazan（锅）原义指"家里的炉灶"。

　　维语在委婉语的词汇使用上习惯通过大量的谚语来表达其语言中的委婉义，如：adɛm　bilim　bilɛn　aqirar，tam gɛʤ bilɛn（aqirar）（人凭知识闪光，墙靠石膏白亮），ɛqilsizgɛ gɛp qilmaŋ，taʃqa miχ qaqmaŋ（甭跟无知的人费口舌，莫朝石头上敲钉子），委婉地表达了学习知识重要的意思。像这样委婉表达的维吾尔谚语成千上万条。如新疆人民出版社 2006 年版《维吾尔民间谚语》两册共 800 页，共收录了约 8000 条谚语，大部分都有委婉表达的内容。以谚语形式表达委婉语，可以说是维吾尔语委婉词汇手法的一大特色。与维语不同的是，汉语多用同义词词汇手法来达到委婉的目的。比如"厕所"说成"卫生间"，"不正当男女关系问题"说成"作风问题"，"太过分了"说成"太那个了"。仅仅有关"死"的委婉语就有"与世长辞""百年之后""三长两短""自寻短见""行将就木""寿终正寝""命归黄泉""一命呜呼"等。汉语《汉语委婉语词典》（1996）收录了大师类似的同义委婉语。

（三）语法

运用反问、否定和肯定句式。维、汉语中都可以通过以问代答方式来委婉表达责备、掩饰、规劝、拒绝等意思。比如，乘坐出租车时，司机如把路记错，顾客会用 qɛʃqɛrliq ɛmɛsmu？（你不是喀什人吗）这一反问句式来对司机委婉表示责备。

用时态来进行委婉表达。问："他什么时候来？"维语一般答：hazir kelidu.（马上来）这里的 hazir（现在、马上）是指办事人正在做准备或刚准备，表示的是一个时间段，而不是时间段上的某一个点，这在时间上的委婉答话，不至于使问话人尴尬，也给将要来的人留有余地。而汉族人把这个问话往往理解成将来时间段上的某一个点，而且是较短时间内的，因此委婉答话多为"就来，就来"。同为委婉语，在两种语言交际过程中常常会遇到类似的不同。

（四）修辞格

人们在言语交际中若恰当地运用修辞手法构成委婉语，同样能获得良好的交际效果。为此，维汉语中经常使用以下一些修辞手法来达到委婉目的。

借代：借用与某种事物或现象密切相关的字词代替人们不愿启齿的字词或通过器物来表达，从而获得委婉效果。如维语常用 boʃ taɣar ɵrɛ turmajdu（空口袋立不起来），以器物代替内容，委婉表示先得吃饭——肚子空的什么也干不了；维语用 alma（苹果）来表达女性的胸——乳房（整体代替局部）；用 ʧɵʃuridɛk kulaqliri（小馄饨似的耳朵），形象相似的物代替人体器官——耳朵等。

隐喻：根据事物或现象的特点，将其描绘成具有相同特点且可以接受的事物或现象，以此达到委婉目的。如：mɛŋgylyk ujquɣa ketiʃ（安眠）/长眠——死亡，用 kawa（南瓜）——阿克苏的傻瓜；用 qujimʧi（铸工）——狡猾的喀什人，用 ʧiŋgiz（山柳）——只赚不赔的阿图什人，委婉指吝啬鬼、小气鬼。

低调（轻言）：用明抑实扬、言轻意重的含蓄说法来表达令人不快事物或现象，如 janʧuq boʃ（口袋是空的）/qolum qisqa（手头紧）——穷人。

三　总结

通过以上对汉维委婉语的论述可知，共性是委婉语作为一种特殊的语言形式，其含蓄、迂回、模糊的含义以及修辞手法在汉维语中所体现出的社会功能是一致的，但从语用和修辞对比后发现，它们又存在差异。主要体现在以下两个方面：（1）汉语委婉语侧重儒家思想，而维语委婉语偏重伊斯兰教传统影响。（2）表现手法有差异，维语为拼音文字，语音拼写手段较灵活，而汉语为表意文字，充分利用字形手段来达到委婉的效果。其次，虽然汉维委婉语的构造形式与委婉义相似，但原始义与文化内涵却不同。简言之，不同语言中委婉语的产生有着共同的心理基础，但汉维委婉语所折射出的两个民族的宗教信仰、社会价值观、文化传统、审美心理、社会习俗等方面又都具有不同的地方。运用得当的委婉语，是个人修养的体现，也是两个民族人际交往的润滑剂。委婉语既是一种修辞，更是一种文化的缩影，它作为一种语言变体，鲜活地诠释出我们所处的这个时代。通过研究委婉语的社会功能和修辞手段，可以使我们更好地了解语言所承载的两个民族的文化信息。

词语不仅是语言的基本结构单位，同时也是重要的修辞手段。词语包括词和短语。短语又包括固定短语和自由短语。固定短语包括惯用语、成语、谚语、格言、歇后语和俗语等，往往统称为熟语。历来语言大师都很重视选词，他们常常为选用一个恰当的词反复琢磨，反复推敲。选词是语言、文字推敲的一个重要方面，它是修辞的基本功。按照陈汝东《当代汉语修辞学》（2004）中词语修辞功能类别可以从运用领域、来源、风格特征、意义特征等角度来划分，可以把词分为书面词、口语词、普通话词、方言词、外来词、现代词、古代词、科技词、一般、文学词、同义词、反义词、褒义词、贬义词等。20世纪90年代始，一些语言学家把视野扩大到了多学科交叉的领域，进一步拓展了词语研究的层面和空间，如词汇学与语义学、语用学、修辞学、心理学、文学、美学、文化学、社会学等学科的交叉融合研究。汉语词语修辞的研究也突破了传统的选用、加工、调整等方法手段及效果的研究层面，扩大到语形、语义、语用、语表、语里、文化、审美诸多层面，且这些层面尚待研究的内容极为丰富，研究的方法更为多样化。词语修辞功能分类的价值着重解决的是词语在话语表达中的态度标示、风格塑造，以及他们的语用范围等问题。汉语与维语在构词、造词、用词标准、词义的推敲与色彩的选择以及用词规范化这几方面，两种语言所呈现出来的修辞特色各有侧重。

第四章　汉维语语法修辞倾向的对比研究

谈到语法与修辞的关系，国内外的看法并不完全一致，主要有两种主张：一是强调语法学与修辞学分开，二是将语法学与修辞学合并。而"语法、修辞能否结合"，"语法修辞之间若能结合可以结合到何种程度"，"语法修辞的结合与语法学和修辞学的独立性有何关系"等问题仍然没有一致的看法。①正确地认识和处理语法和修辞的关系，对于确立研究汉维语语法修辞的对比研究对象及研究角度具有较大影响，同时也有助于语言学研究的进一步科学化。范晓在《三个平面的语法观》（1996）一书中较为客观地论述了语法与修辞的关系，并比较辩证地看待处理了二者的关系，大致从四个方面进行了论述：（一）语法与修辞在涉及范围、所追求的目的、评判标准三个方面有着本质的差别；（二）语法与修辞又是紧密地联系在一起的，表现在两个方面：一是二者共处于一个具体的言语事实里，二是两者在具体的句子中既相互依赖又彼此制约；（三）语法和修辞之间可以相互转化；（四）从研究角度、教学角度、语言规范角度来看要区别对待语法与修辞。由此，本章将着眼于语法与修辞的关系，在汉维语修辞构词、汉维语语序、汉维语句式的选择等方面展开论述，进一步探析汉维语在语法修辞中的共性与特性。

第一节　汉维语修辞造词手法及其思维方式的对比研究

一　汉维语修辞造词的研究概况及意义

修辞造词就是运用修辞手法组织语素创造新词。修辞造词主要是通过比喻、借代、仿词、夸张等修辞手法来完成。修辞造词所产生的词词义丰富，富于形象性，在语言运用中，在其概念义以外，它所具有的丰富的色彩义，能够使语言的描写更为生动与形象，从而给人留下更深刻的印象。

---

① 滕慧群：《语法修辞关系新论》，黑龙江人民出版社 2006 年版，第 191 页。

相关研究表明，汉语修辞造词方式古已有之。20 世纪汉语词汇研究，前期学者们大多把构词法作为研究重点，对词的内部结构进行分析探讨，即使偶尔涉及造词，也往往是跟构词混合在一起而不作单独分析。孙常叙《汉语词汇》（1956）和王勤、武占坤《现代汉语词汇》（1959）系统地予以分析说明构词与造词。任学良先生的《汉语造词法》（1980）也系统地提出了汉语的造词法体系，他把汉语造词法归纳为五种：词法学造词法、句法学造词法、修辞学造词法、语音学造词法和综合式造词法。对现代汉语造词和构词进行了专门论述的还有葛本仪先生的《汉语词汇研究》（1985）和《现代汉语词汇学》（2001），葛先生系统描述了汉语的八种造词方法：音义任意结合法、攀声法、音变法、说明法、比拟法、引申法、双音法和简缩法。刘叔新先生的《汉语描写词汇学》（1990）也对构词和造词以及造词法作了详细的分析和阐述。陈光磊的《修辞论稿》一书中明确地指出，汉语新词语的修辞造词法的方式主要有比喻造词、借代造词、仿拟造词、节缩造词、谐音造词、易色造词、异语造词七种。维吾尔语修辞造词不论是从理论还是从实践的角度来说，确实也涉及了修辞问题。修辞是运用语言的艺术，把这种艺术方法拿来创造新词就成了修辞学造词法。虽然修辞学造词法用的思维方法是形象思维、不完全是逻辑思维，但是造词的时候，与一般的修辞现象相类似，涉及如何合理地选择并组合词素，以创造表义准确、简明、生动的新词的问题，它不仅注重词汇的形象性、逼真性、生动性，同时也会考虑其结构性。本小节将《现代汉语词典》（第五版）所收的词语作为汉语语料来源，并且通过对《维吾尔语详解词典》以及《维汉实用词典》所收词条中修辞造词方式加以考察分析，结合修辞学以及词汇学造词相关理论进行对比说明。修辞造词属于造词法问题，这已是目前汉语词汇界的共识，而现代维语词汇学研究中有关修辞造词的说法却是寥寥无几，而且缺乏更为系统的研究。从修辞造词的角度将两种语言进行对比研究更是无人问津。本文试图在前人研究基础之上对现代汉语词汇的修辞造词与现代维语的修辞造词进行对比研究，希望能够为汉维语造词研究提供一些有价值的参考。本章的研究意义也正在于此。

二　汉维语比喻造词

（一）汉维语名词、形容词的造词方式

（1）名词

汉语第一类：名词性语素+名词性语素

耳目：可以指见闻或指替人刺探消息的人。"耳"是名词性语素，"目"也是名词性语素。

泡沫：比喻虚假不实的成分。"泡"和"沫"都是名词性语素。

爪牙：用猛禽和猛兽的利爪和牙齿来比喻坏人的党羽。

汉语第二类：形容词性语素+名词性语素

苦水：比喻藏在心中痛苦。"苦"是形容词性语素，"水"是名词性语素。

硕果：大的果实，用来比喻巨大的成就。"硕"是大的意思，是形容词性语素。

冷遇：（释义）"冷"是一种感觉，被用来比喻冷淡的待遇，像辞格中的通感，是形容词性语素。

汉语第三类：动词性语素+名词性语素

结晶：本义是物质从液态或气态形成晶体，现在用来比喻珍贵的成果。"结"是动词性语素，"晶"是名词性语素。

靠山：比喻可以依靠的有力量的人或集体。"靠"是动词性语素，"山"是名词性语素。

注脚：就是注解，因为出现在书本的下沿，像人的脚相对于身体的位置，所以得名。

维语第一类：名词性语素+名词性语素

saqijquʃ（斟酒人+鸟，比喻受控于人的鸟，鹈鹕），saqij 是名词性语素，quʃ 是名词性语素。

ɣora qapaq（青杏+眼皮，喻指肉眼泡，鼓眼泡），ɣora 是名词性语素，qapaq 是名词性语素。

aʃqazan（饭+锅，指胃），aʃ 是名词性语素，qazan 是名词性语素。

维语第二类：形容词性语素+名词性语素

ʃumbuja（不吉利的+豆子 植物列当，比喻寄生虫，害人精），ʃum 是形容词性语素，buja 是名词性语素。

suwaʃqaq adɛm（有黏着力的，容易黏住的+人，比喻难缠的人），suwaʃqaq 是形容词性语素，adɛm 是名词性语素。

soɣuq qol（凉性的+手，喻指惯窃），soɣuq 是形容词性语素，qol 是名词性语素。

维语第三类：名词性语素+siman+名词性语素

adɛmsiman majmun（猿猴），adɛm 是名词性语素，majmun 是名词性语素。

sazaŋsiman mɛddɛ（蛔虫），sazaŋ 是名词性语素，mɛddɛ 是名词性语素。

sazaŋsiman øsykʧɛ（阑尾），sazaŋ 是名词性语素，øsykʧɛ 是名词性语素。

（2）动词（这里怎么出现了"动词"）

汉语第一类：动词性语素+名词性语素

借光：原来是一句客套话，用于请别人给自己方便或向人询问。用比喻的说法来为给别人带来麻烦表示自己的歉意。现在还可以表示借助什么的帮助。"借"是动词性语素，"光"是名词性语素。

上台：本来是指到舞台或讲台上去，现在比喻出任官职或掌权。

上马：本来是骑上马背，准备出发，现在用来比喻开始某项较大的工作或工程。

汉语第二类：动词性语素+动词性语素

栽培：本义是种植培育花草的意思，但是也比喻培养造就人才。"栽"和"培"都是动词性语素。

堆砌：指垒积砖石并用泥灰黏合，比喻写文章时使用大量华丽而无用的词语。

孕育：本义是指妇女怀胎生育，比喻已存的事物中酝酿着新事物。

汉语第三类：名词性语素+动词性语素

鼠窜：形象地比喻像老鼠那样惊慌逃走。"鼠"是名词性语素，"窜"是动词性语素。

笼罩：指像笼子似的罩在上面，一般形容气氛等。"笼"是名词性语素，"罩"是动词性语素。

笔耕：就是写作，形容用笔在纸上写字像农夫用犁耕地。

维语第一类：名词性语素+动词性语素

qolɣa kɛltyrmɛk（来到手里，喻指取得），qol 是名词性语素，kɛltyrmɛk 是动词性语素。

bɛl baɣlaʃ（勒紧腰带，喻指下定决心），bɛl 是名词性语素，baɣlaʃ 是动词性语素。

qorsaq soquʃturmaq（肚子里的争斗，喻指钩心斗角），qorsaq 是名词性语素，soquʃturmaq 是动词性语素。

维语第二类：形容词性语素+动词性语素

jaχʃi kørmɛk（好好地看，指喜欢），jaχʃi（好）是形容词性语素，kørmɛk（看）是动词性语素。

az kørmɛk（嫌少），az（少）是形容词性语素，kørmɛk（看）是动词性语素。

jat kørmɛk（当成外人），jat（陌生的）是形容词性语素，kørmɛk（看）是动词性语素。

（3）形容词

汉语第一类：形容词性语素+形容词性语素

矮小：又矮又小。"矮""小"都是形容词性语素。

安静：安稳平静。"安""静"都是形容词性语素。

暗弱：愚昧软弱。"暗""弱"都是形容词性语素。

汉语第二类：名词性语素+形容词性语素

笔直：像铅笔一样的直，"笔"是名词性语素，"直"是形容词性语素。

雪白：像雪那样的洁白，"雪"是名词性语素，"白"是形容词性语素。

血红：像鲜血那样的红色，"血"是名词性语素，"红"是形容词性语素。

维语：形容词性语素+名词性语素

atʃpaqa（饥饿的+青蛙，喻指馋嘴的），atʃ是形容词性语素，paqa是名词性语素。

atʃkɵz（饥饿的+眼睛，喻指贪婪的），atʃ是形容词性语素，kɵz是名词性语素。

"名素+名素"类型中的喻指形成语素义的能力之所以最强，是因为名素作为喻体，是以它所具有的特定的意义去修饰名素本体，而这种修辞用法既理据鲜明又需要解释，当这种修辞用法反复出现，也就是说，当喻指以同样的意义反复参与构词时，这种修辞用法就很容易形成词汇意义。"名素+动素"和"名素+形素"等类型中的喻指，虽然构词理据鲜明，但是缺乏专指义，形成的大多数是"像……一样"的简单格式，其构词频率又非常低，所以较少形成词汇意义，在维语中用"-siman"来充当。在前喻式复合词中，三种类型的喻指，虽然同是名素，但是由于修饰的直指分别是名素、动素、形素，构成的词类分别是名词、动词、形容词，所以其修辞用法各不相同，在汉维语其喻指语素产生的词汇意义也不存在同一性的问题。半喻式复合词中，同样的喻指语素在参与造词时，汉语的语素位置可以在前，也可以在后，其修辞用法相通，词汇意义也具有同一性而由此形成。而维语语素位置却不可以随便颠倒。正因如此，同样意义的喻指和直指，有时可以次序颠倒而形成特殊的同义倒序词，例如"砖茶、茶砖、沙金、金沙、衣胞、胞衣、蚁蚕、蚕蚁、鞘翅、翅鞘"等。"牙石"又叫"道牙"，"鼓膜"又叫"耳鼓"，不管喻指语素位置是在前还是在后，词义都是一样的。在维语中此类情况却不曾有。

以往人们谈比喻义，主要说的是转义中的比喻义或全喻式复合词形成的比喻义，而对于由半喻式复合词中的喻指语素形成的比喻义则很少涉及，对于后喻式复合词的类型及语义结构也缺乏详尽、深入的分析。我们认为，喻指语素作为构词的重要理据和理解词义的支点，在一定条件下由比喻用法形成词汇意义，对于语素义的发展乃至词汇的发展都具有重要的意义。尽管对喻指语素所形成的比喻义的归纳和解释方面，汉维语词典都做出过不少的贡献，但是在汉维语对比理论研究方面基本上还是一片空白。

"比喻有其独特的思维过程，这种思维过程从种系发生的角度来说就是一种思维模式。它表现为比喻的思维过程在使用上多次重复的共性呈现和这种共性在人们认识实践过程中向认识深层的定格。在这种意义上说，比喻不再是一个简单的思维过程，而是一种思维模式。这种思维模式不仅体现了一个民族的思维习惯，而且在所有民族中具有共性。"① 从这段论述中可以看出，比喻造词其实也是按照某一思维模式进行构拟，虽然构拟的整个过程是一个抽象的心理过程，但语言中的词汇却是可以作为载体，亦能反映出整个过程。比喻造词的思维模式凝聚到词汇层面上来，可以说是词内比喻在话语层面上的最小表现形式。一些比喻词是在长期的使用过程中被浓缩成的该词或该词的一个义项——喻化。在上述实例中，"爪牙"一词本义是猛禽和猛兽的利爪和牙齿，比喻义是"坏人的党羽"，这两个意义构成了该词在比喻意义产生过程中的思维支点。在维语的比喻造词过程中也是同样的过程，例如 suwaʃqaq adɛm（suwaʃqaq 是"有黏着力的，容易黏住的"），比喻难缠的人。喻化的过程较为复杂，语言形式上有的表现为成语，有的则表现为寓言故事或神话传说，有时为了表达的需要大多靠语境的映射来表现。从内容上看词义不等于概念，除了以日常概念作为它的基础外，还包含外思维意识的内容，如情感、意志、美感。

（二）汉维语比喻造词的不同之处

比喻作为一种基本的思维方式不同民族具有共同性，然而不同民族又有不同的认知理念，不同的思维习惯，体现在比喻造词上，汉维语比喻造词也就具有了明显的差异性。

第一，汉语中的比喻造词法是由本体和喻体通过一定的组合关系来实现，而且进行适当的分析后才能断定该词是比喻造词，并没有直接的、显性的前缀或后缀的成分来构成，而现代维吾尔语比喻造词法中的某些比喻词一般由后缀-siman 来充当，这种明喻式的修辞造词法与汉语有明显的不同。

第二，因维语的动词有自己的一系列形态学和结构学特征，而且形态变化非常丰富，属于语法学讨论的范畴，在此我们只从修辞层面来讨论汉维语名词、形容词、动词造词方式。从以上的实例可以看出，比喻造词集

① 陈汝东：《认知修辞学》，广东教育出版社 2001 年版，第 462 页。

中体现在名词、动词、形容词上，而汉语的第二类："动词性语素+动词性语素"是通过两个实义动词组合在一起的，从字面意思就能分析出来，维语的这一类虽然使用了较多的助动词，但在"动词性语素+动词性语素"这种复杂动词的结构中不是每一个动词都能出现的，是通过几个有限的副动词与一实义动词组合来体现其修辞性的一面，εtmεk 只能作为助动词使用，有时和 qilmaq 可以用来表示修辞意义，这与汉语在动词性语素修辞方面是有所不同的。在第三章汉维动词修辞倾向对比一节已经论述过了，在此不进行赘述。由张岱年主编《中国偏向思维》一书中告诉我们，"在民族的文化行为中，那些长久地稳定地普遍地起作用的思维方式、思维习惯，对待事物的审视趋势和公认的观点，即可看作是民族的思维方式"[①]。这种思维方式在民族语言词汇中不只限于词汇意义的多方面的表现形式，还更全面、更深入地表现在其造词活动中。葛本仪在《汉语词汇研究》（2006）中也说过："通过各种造词方法产生出来的新词，也完全表示了人们在造词时，由于种种认识活动而形成的新概念。同时，人们的思维规律也会很自然地通过词的内部结构形式，用语法方面的规则表现出来。"[②]从这个角度来说，以具体代替抽象，用已知代替未知，即汉维语比喻造词都使用了类比思维方式。

（三）汉维语修辞造词的具体表现及其文化内涵

思维从本质上说是全人类共同的，它的基本范畴概念、判断、推理一般不因为民族文化的不同而不同。但是这并不影响思维方式的民族性和文化性，无论语言也好，思维也好，文化也好，都是共性和个性、普遍性和特殊性并存的，忽略了任何一方都是片面的。作为一种心态文化，思维方式常常表现为某种倾向性，而不会是绝对的。接下来我们将汉维语中有关人体的修辞造词分别列举出来作一个粗浅的对比。修辞造词的最大特点是该词具有十分鲜明的形象色彩意义，方便人们理解与使用，同时还蕴含了丰富的感情色彩。在汉维语中，有不少词是利用人体器官来打比方进行造词的，构成比喻式的词喻体一般放在表示身体语素的后面。在汉维两种语言中，表示人体器官的语素往往是比喻造词中表示本体意义的语素，或与另一语素构成整体性的比喻造词，即人类思维具有共通性。

但从文化与翻译的角度来看，所体现的文化内涵又有一定的差异，具体从人体器官词头手心眼、动植物词以及颜色词这几个方面来举例论述。

---

① 张岱年、成中英等：《中国思维偏向》，中国社会科学出版社 1991 年版，第 84—85 页。

② 葛本仪：《汉语词汇研究》，山东教育出版社 1985 年版。

1. 人体器官词"头"

在汉维两种语言里,"头"(baʃ)这个语素都有"领先的、首要的"等意思。

汉语的例子:

头等: 第一等的、最高的。例如头等大事。

头角: 比喻青年的气概和才华。

头号: 第一号的、最大号的。

头面人物: 指社会上有较大势力和声望的人物。

头人: 就是首领。

头儿: 单位或集团的为首的人。

头衔: 指官衔、学衔等称号。

头绪: 复杂纷乱事情中的条理。

维语的例子:

ɛskɛr beʃi: 士兵首领; 头目, 首领

taɣ beʃi: 山顶; 顶端源头

buɣdaj baʃ almaq: 麦子结穗

baʃ aqrmaq: 头发变白

uniŋ beʃi dʒajda ɛmɛs: 头脑不对劲

baʃ tikmɛk: 拼命, 舍命

baʃtin issiq-soɣuq ɵtmɛk: 饱经风霜

baʃ qɛhriman: 主人公

baʃ aɣriqi tapmaq: 伤脑筋, 找麻烦

baʃ ɛtijaz: 初春, 早春, 立春

baʃ barmaq: 大拇指

baʃ bɛrmɛk: 驯服, 使听话

baʃ beqiʃmaq: 互相捉虱子, 说闲话

baʃ tatilmaq: 挠头, 搔首, 比喻束手无策

baʃ tartmaq: 拒绝, 推辞, 推卸

baʃta kɵtyrmɛk: 抬举、拥戴、爱戴

baʃ toχu: 黎明时刻叫得最早的鸡

baʃ tolɣimaq: 不服气, 不满

baʃ tomuz: 小暑

baʃ tiqmaq: 进入, 安排、安置

baʃtin tytyn ʧiqmaq: 惊慌、惊奇、害怕

baʃtin ɵtkyzmɛk: 经历; 想、考虑

baʃ tʃajqimaq：将信将疑，疑惑

baʃ tʃøkyrmɛk：全神贯注，一心一意

baʃ tʃødʒɛ：开春第一窝小鸡

baʃ saqajmaq：解脱烦恼

baʃ ɣul sim：主路线

baʃqa bala bolmaq：不顺心、不幸

baʃqa bɛχt quʃi qonmaq：喜从天降

baʃ qaturmaq：费心思，绞尽脑汁

baʃqa elip tʃiqmaq：实现，办成

baʃqa kejmɛk：闹翻了天

baʃqa kɛlkɛni kørmɛk：横下心来、豁出去

baʃ qoʃmaq：碰头、磋商

baʃ qur：另起一行

baʃ køtyrgysiz：没面子

baʃ naχʃitʃi：领唱

baʃ utʃi joq：杂乱无章

baʃ jurɣa：善走的马

baʃ elip kɛtmɛk：远走他乡，背井离乡

beʃi asmaɣa taqaʃmaq：喜出望外，欣喜若狂

beʃi baɣlaqliq：已订婚的，已初聘的

beʃi piʃmaq：老练

baʃ tʃoŋ：头大，比喻为所欲为，我行我素的

beʃida turmaq：安住在头上，比喻守候

beʃida qamtʃa ojnatmaq：在头上耍辫子，比喻暴虐、欺凌

beʃida ot køjmɛk：头上燃火，比喻陷入困境

beʃida jaŋaq tʃaqmaq：在头上砸核桃，比喻蹂躏、欺辱

beʃidin tytyn tʃiqip kɛtmɛk：惊惶、恐惧不安

beʃiɣa topa tʃatʃmaq：往头上撒土，比喻铺张浪费、额外开支；破费

beʃiɣa tʃaŋga tizmaq：往头上筑鸟巢，比喻耍巧，哄骗

beʃini pit basmaq：把头压在虱子下，比喻无家可归，举目无亲

beʃini tik tutmaq：比喻自豪

beʃini salmaq：羞愧、惭愧

beʃini oŋlimaq：嫁女，使出嫁

beʃini jejdiɣan：该死的，天杀的

从以上的实例可以看出，虽然汉维语的"头"都有"领先的、首要的、

主要的、头发、智慧、面子"等含义，但也有不同之处。汉语在表达内心丰富情感时，可能用到别的器官作为本体研究对象，并不用"头"来作比喻，而维语中的一些抽象情感的表达，充分体现了形象性，尤其是 beʃida jaŋaq ʧaqmaq（在头上砸核桃，比喻蹂躏、欺辱），beʃini pit basmaq（把头压在虱子下，比喻无家可归，举目无亲），beʃida qamʧa ojnatmaq（在头上耍辫子，比喻暴虐、欺凌），beʃida ot kɵjmɛk（头上燃火，比喻陷入困境），baʃqa elip ʧiqmaq（实现，办成）。

2. 人体器官词"手"

"手"这个语素在汉维两种语言中都包含"有本事、本领或擅长某种技能的人"的意思。

汉语的例子：

手段：为达到某种目的而采取的具体方法，或指本领、能耐。

手法：指艺术品或文学作品的技巧。

手脚：指举动或动作，例如，手脚利落，或指为了实现某种企图而暗中采取的行动。

手气：比喻赌博或抓彩时的运气。

手软：形容不忍下手或因心慌而下手不狠。

手松：指随便花钱或送给人东西。

手足：比喻弟兄，例如，情同手足。

维语的例子：

qol baɣlaʃmaq：打赌

qol beriʃmɛk：结拜

qol tartmaq：放弃

qoldin ɵtkiʧɛ：草草了事，敷衍

qoldin kɛlginiʧɛ：尽力、有本事、能干

qoldin ʧiqmaq：抚养成人

qoldin ʧiqip kɛtmɛk：失去，沦陷

qol qojmaq：佩服，按手印，签字

qolni ʧiʃlɛp qalmaq：后悔莫及，后悔不迭

qolniŋ kiri：身外之物

qolɣa su qujup berɛlmɛslik：稍逊一筹

qolɣa kɛlmɛk：驯服

qolɣa ɵgitwalmaq：耳提面命，调教有方

qoli bilɛn kɵrmɛk：挣上钱

qolni soɣaq suɣa tiqmajdiɣan：懒透了的，懒到家的

qoldiki nanni   oŋlap jejɛlmɛjdiɣan：窝囊废，废物

qolida qɛlɛm toχtaldu：识字，识文断字

qolniŋ utʃini tutquzmasliq：守身如玉

qolini nɛgɛ sunsa ʃu jɛrgɛ jetidu：财力雄厚

　　从以上的实例可以看出，同样以器官"手"构成的比喻词，在汉语中表示心里活动或社会活动的较为抽象的词，在维语中体现的形象性、具体性相当突出，这也可能是造成在维语中表示心理活动以及表示个人主观评价的词语相对于汉语少一些的原因之一。在汉语中表示"手气、运气"，在维语中用 peʃanisi   otʃuq（前额，脑门亮）。

　　3. 人体器官词"眼"

　　由于眼睛是人观察世界必不可少的器官，所以汉维语中的"眼"都含有"重要的、有启发意义"的意思。又因为眼睛的形状，"眼"也可比喻小洞、窟窿。

　　汉语的例子：

　　眼馋：比喻极想得到不属于自己的东西。

　　泉眼：指流出泉水的小洞。

　　红眼：比喻看见别人的好东西，自己羡慕或嫉妒。

　　眼中钉：比喻心中最痛恨、最讨厌的人。

　　眼色：指见机行事的能力。

　　维语的例子：

køz teʃlip kɛtmɛk：望眼欲穿

køz salmaq：留心、留意，打主意

køzdin tʃyʃmɛk：失去人心，不得人心

køzdin utʃmaq：思念万分，朝思暮想

køzgɛ kørymɛk：出色，卓越，长大成人

køzigɛ jeqin：令人喜爱的，讨人喜欢的

køzi arqida qalmaq：依依不舍

køzi talada qalmaq：心猿意马，心不在焉

køzi qoruqmaq：（对干某事）没把握，缺乏信心

køzigɛ jaɣ tolmaq：目空一切

køzigɛ jaɣatʃ tiqmaq：挥霍

køzgɛ syrtmɛk：倍加珍惜，无比珍爱

køzi jorumaq：分娩

køzi jaman：眼凶

køzni tapmaq：找窍门

kɵzni ʧoqmaq：谋害

kɵzniŋ jundisini ʧiqarmaq：纠缠不休

眼睛作为人的重要器官之一，汉维语中表达的侧重点却有所不同。维吾尔族中有一种迷信说法，认为有的人眼中有邪气，会给看过的东西带来灾祸，延伸到绘图、装饰、服饰等艺术创作中，不会以动物或人的眼睛为素材。从以上所举实例来看，在汉语中表示心理活动的词在维语表达的映射过程中，维语用了非常形象的器官词"眼睛"来表达，比如：kɵzigɛ jeqin（令人喜爱的，讨人喜欢的），kɵzi arqida qalmaq（依依不舍），kɵzi talada qalmaq（心猿意马，心不在焉），kɵzi qoruqmaq [（对干某事）没把握，缺乏信心]，kɵzgɛ syrtmɛk（倍加珍惜，无比珍爱），kɵz salmaq（留心、留意，打主意），kɵzdin ʧyʃmɛk（失去人心，不得人心），kɵzdin uʧmaq（从眼中飞过，即思念万分，朝思暮想）。

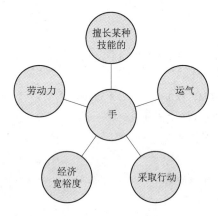

从汉维语这几个人体器官词拥有的义位数量来看，主要有增加和减少两种情况。就某一个人体器官词义位的变化来看，主要有扩大、缩小和转移的情况。这些词义的变化都通过隐喻的途径，而词义义位的增加是极为普遍的现象。人们利用隐喻思维在造词时，总是遵循由具体到抽象的规律。维语的"头"（baʃ）扩展引申出"一切事物的顶部"，再引申出"事物的初始阶段"，再由该词隐含的空间位置为上位而进行转义"神圣，不可侵犯"，继而又增加了新义"思想或行动的负担"。从以上实例可以看出，词义范畴表现出不同程度的原型义项身份，并不是每个义项都可以具有同等的地位代表该义项范畴。在一词多义的平面上，一个词构成一个词义的多义范畴，其所指成员具有家族相似性，而多义现象是原型范畴的一种延伸。延伸的两种方式即涟漪式与竹筒式，在汉维语中这两种方式并不是同等使用的。以汉语的"手"和维语的 qol（手）为例：

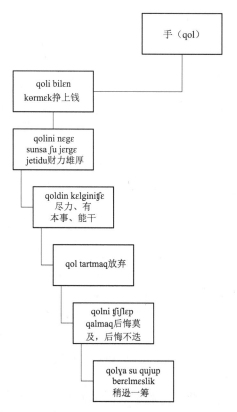

　　由上图可以看出，不管是汉语还是维语，词义相关的词在词义系统上总是类聚为一个集，表现为家族相似性结构，词义结构呈现出集合和重叠意义的辐射集。维语中的 qol（手）所延伸出来的 qoli bilɛn kørmɛk（挣上钱）、qolini nɛgɛ sunsa ʃu jɛrgɛ jetidu（财力雄厚）、qoldin kɛlginiʧɛ（尽力、有本事、能干）、qol tartmaq（放弃）、qolni ʧiʃlɛp qalmaq（后悔莫及，后悔不迭）、qolɣa su qujup berɛlmɛslik（稍逊一筹），这些词的词义就好像竹子生长一样，笔直往上长不分叉。而汉语的器官词以"手"为中心向周围扩散，就像石头掉进水中产生一圈圈波浪一样。在汉维语中这两种方式并不是同等使用的，因此一个词的所指事物不必具有共同的属性才被理解和使用，而其中的一个成员或其他成员至少有一个或几个共同的属性，具有最多共性的成员是原型成员。由于这些词的词义具有隐含性的特点，常常被作为文学作品或文字游戏的手段。

三　汉维语夸张造词

　　夸张就是故意言过其实，对客观的人、事物作扩大或缩小的描述的辞格。①它可以突出事物的特点，强调事物的意义，加深人们的印象，提高语言的表达效果和艺术表现力。维语中关于夸张（mubaliɣɛ）的定义与汉语差不多，在《汉语造词法》中任学良先生也提道："所谓夸张，就是极而言之，最突出地强调某种特点。或者从数量上极而言之，或者从形象上极而言之，都可以造出夸张式的词。"②夸张造词的基础是以客观事物的真实性为基础或是以人们语言表达的需要为基础。汉维语造词中都有夸张造词，具体我们可以从数量与形象上分别讨论。

（一）数字夸张

汉语中，数字夸张就是通过使用具有夸张性质的数字来表示客观事物的特征和状态。比如：

千方百计：形容想尽或用尽种种方法。

三头六臂：比喻了不起的本领。

九霄：天空的最高处，比喻极高或极远的地方，即九霄云外。

十全十美：各方面都非常完美，毫无缺陷。

万人空巷：家家户户的人都从巷里出来了，多用来形容庆祝、欢迎等盛况。

维语中，比如：

sɛksɛnput, qiriqqulaq, miŋajaɣ, sɛksɛnχalta, miŋej, qiriqajar, miŋpelɛk。

（二）形象夸张

形象夸张就是通过夸张客观事物的形象来突出表现其特点的造词法。汉维语用隐喻的方式造词时，常常会根据事物的形状、颜色、性质和作用或根据人们的想象和联想。下面，我们把一些具有形象夸张所产生的词进行分类阐述。

第一类是形状形象词。

汉语例子如：

骨瘦如柴：形容非常瘦（多用于人）。

海枯石烂：直到海水干枯，石头粉碎，形容经历极长的时间（多用于誓言，反衬意志坚定，永远不变）。

吹灰之力：比喻用最小的力量（多用于否定式）。

胆大包天：形容胆量极大（多用于贬义）。

门庭若市：门口和庭院里热闹得像市场一样，形容交际来往的人很多。

发指：头发竖起来，形容非常愤怒。

废寝忘食：顾不得睡觉，忘记吃饭，形容非常专心努力。

① 黄伯荣、廖序东主编：《现代汉语》，高等教育出版社 1997 年版，第 245 页。

② 任学良：《汉语造词法》，中国社会科学出版社 1981 年版。

维语例子如：

beʃida jaŋaq ʧaqmaq：欺负、蹂躏

kalaʧ　iɣizliri：大嘴叉子

salpaŋ qulaq：奔拉耳，大耳朵

eʃek qulaq：驴耳

ʃada paʧaq：杆子腿

第二类是颜色形象词。

白色　汉语里的白色代表了清楚、明白、空白、徒然以及反动的意义。如：

白痴：什么都不知道的弱智。

白搭：没有用处，不起作用。

白丁：封建社会里指没有功名的人，现在也指没有文化的人。

白费：徒然费力，没有功效。

白话：指没有根据的或不能实现的话。

白卷：指没有写出文章或没有答案的考卷，现在用"交白卷"来比喻没有做出成绩。

白描：国画的一种画法，只用线条勾画，不着色。或是指文字简练单纯，不加渲染烘托的写作风格。

白食：不劳而获得的食物，一般说"吃白食"，就是不劳而获。

白字：就是错别字。

维语中往往用 aq（白）来比喻正直的、善良的、空白的、纯洁的、加工精细的、尊贵的等意义。如：

aqjol：旅途平安

aqsøŋɛk：贵族

aqsaqal：老人家，长者，头目，族长

aq aʃliq：细粮

aqnanʧi：寄生虫，不劳而获的人

aq køŋyl：善良的、真挚的、忠厚的

aq jɛr：空地

aq jeɣin：细雨、白雾

从以上所举的例子中我们不难发现，汉民族十分重视色彩，在长期的封建社会中还建立了一种尚色制度，而且古人还用阴阳五行学说、水火木土金来解释五色——青、赤、黄、白、黑。白色是庶民之服，因此有低贱、不吉利的语义联想。没有功名的人指"白丁"，"红白喜事"中的"白"指丧事。异质文化中同一颜色所构成的词汇义却不同。维吾尔族十分推崇白

色，并视它为"纯洁、正义、福气、顺利、神圣"的标志。古代回鹘文献《占卜书》中，将白色理解为幸福和吉利的标志。古时军队中，骑有白马的军队是军队中的主力军，占有特殊的地位。这一事实在《阙特勤碑》中多次记载了可汗征战时骑的是白马。根据《乌古斯传》回鹘文献的记载，在庆祝乌古斯汗出战获胜的大会上，乌古斯汗命令手下在竹竿的上面绑上白毛羊，将四十丈长的竹竿插在地上，乌古斯汗这种做法也象征着幸福与好运永远陪伴着自己。一些学者认为这些习俗与古老的祆教文化遗俗有关；另一些学者认为尚白习俗是原始萨满教的遗迹。综合学者们的观点来看，对火的崇拜是对太阳崇拜的一部分，对"白色"的崇拜就是对太阳的崇拜。然而，崇尚白色很可能与草原牲畜的乳汁有关，这是从功能主义的角度来看的。在上面所举的实例中，aq（白色）一词构词能力最强，与 aq 构成的新词多表示"善"的意思。如：aq kɵŋyl（善良的、真挚的、忠厚的），aqqiz（好姑娘，字面意为"白姑娘"），aq jol bolsun（祝您一路平安，字面意为"请走白路"），aqsaqal（老人家、长者，字面意为"白胡子"），aqlan（哲人、贤者，字面意为"懂得白色的人"）。在维语中由白色构成的词数量最多，都有"善良、清白、平安、明理"的褒义成分。维吾尔族家庭婴儿诞生，不分男女，首先给婴儿穿的是白色衣服，而且衣服下边不缝边，给婴儿穿白色衣服表示父母希望他们生活的路程像太阳一样明亮，从小就有好的心愿，下边不缝边反映了父母希望孩子长寿的愿望，由此维吾尔族从古时候就把白色当成幸福、吉祥、欢乐、幸运、喜悦以及善事的标志。突厥语族民族信仰伊斯兰教后，对"白色"的信念也与伊斯兰习俗结合起来，比如：男人一般头戴白色小帽，宗教人士头上缠白布做的色兰；在丧葬仪式中，男子腰上系白色布带，女人头戴白纱布、长头巾，腰系白布带；死者的尸体用白布裹起来放入墓里，坟墓多涂成白色，并插上用白布做的三角旗。在一些标志性的建筑中可以看到清真寺的门、室内的拱顶，墙壁一律使用白色。伊斯兰教认为白色最洁净，真主最喜爱，含有清白的寓意。因信仰不同，通过词汇所折射出来的文化义也有所差异。

　　黑色　汉语中提及黑色往往与黑暗、秘密的、不公开的以及坏、狠毒等意思有关。如：

黑白：比喻是非、善恶等对立的两面。

黑帮：比喻反动集团或其成员。

黑社会：比喻违法乱纪的组织。

黑店：指杀人劫货的客店。

黑话：帮会、流氓、盗匪所使用的秘密话，也指隐晦的话。

黑名单：原来指反动统治者或反革命集团等为进行政治迫害而开列的革命者和进

步人士的名单。现在也泛指所有会导致不好的情形的名单。

黑幕：比喻黑暗的内幕。

黑钱：昧良心得来的钱，也指从事非法活动得来的钱，比如卖毒品得来的钱。

黑心：阴险狠毒的心肠。

黑市：非法市场。

维语中的黑色代表暗淡的、毫无希望的、暗无天日的、令人无限悲哀的、不光彩的、伟大的等意思。

qara aʃliq：杂粮、粗粮

qara ɛt：精肉

qara χizmɛt：粗活、杂活、杂物

qara maʃna：卡车、载重汽车

qara boran：龙卷风、妖风

qara jyz：背信弃义的，翻脸无情的

qara qiʃ：严冬

qara χɛlq：平民、下等人

qara χanijlar：黑汗王朝，喀拉汗王朝

qara kɵl：卡湖

黑色是维吾尔族在历史上最推崇的颜色之一，也是他们最喜欢用的一种颜色。古代突厥王朝可汗住在北方，沿用了北方民族推崇黑色的习俗。古代高昌回鹘王朝的国旗是黑色的，公元 10—11 世纪喀喇汗王朝称为 qaraχan（黑汗王朝）。突厥语中"黑色"一词为 qara，在突厥语族诸民族的传统意识中 qara（黑色）一词含有"伟大、强大、尊贵、神秘、巨大"的意思和表示强度的引申意义。据研究，古代生活在中国北方的少数民族包括突厥语族民族，习惯把方位和颜色联系起来表示某种含义，用黑色来指北方，用蓝色指东方，用红色指南方，用白色来指西方。古代突厥碑文中就可见 qara 构成的地名，例如《阙特勤碑》中"喀拉湖"，《曦欲谷碑》中有 qaraqum（喀拉库木）的地名。新疆的地名中有许多用 qara（黑色）命名的，都含有"巨大、伟大"的意思，例如：qaraorda（圣宫）、qara qonlun（喀喇昆仑山——高大巨石）、qara ʃɛhɛr（焉耆——黑城）、qarataɣ（喀拉塔格——大山）。根据《新疆维吾尔自治区地名录》所记载的，用 qara（黑色）一词所命名的地名就有 400 多个。在现代维语中，qara（黑色）除了表示颜色以外，还可和单纯词构成一些合成词，例如，qara boran（狂旋风）、qara maʃna（大卡车）等，可以说这些都与古代黑色表示"强大"的神秘力量有关。与白色构词完全表示褒义不同的是，黑色虽然在历史上是维吾尔族推崇的颜色，但它在构词中又同时包含着褒、贬的双重意义，与黑色构成的

名词又象征着黑暗、死亡、邪恶、阴险、恐怖等贬义，比如 qara jyz（黑脸），汉语中形容人公正、公平、正义凛然，会用"黑脸包公"。因此，同一颜色的比喻构词会有截然不同的文化义。

青色　在汉语中本身表示三种颜色：蓝色或绿色，还有黑色。一般表示新鲜、年轻这一特殊意义。汉语的例子如：

青春：青年时期。

青丝：黑色的头发，就是年轻女子的头发。

青史：就是史书，因为原来是书卷用青竹做成，所以借喻为史书。

青楼：妓院的别称。

青眼：指黑色的眼仁，比喻对人重视或喜爱。因为人高兴时眼睛正着看，黑色的眼珠在中间。

青云：比喻很高的地位。往往说谁谁青云直上。

灰色　代表消沉、失望、压抑等情绪。汉语的例子如：

灰溜溜：往往比喻懊丧或消沉的神志，比喻某人失败后仓皇逃窜的样子。

灰色收入：这是现在比较时髦的新词，就是指当权者来历不明的收入，多指受贿所得。用灰色来比喻不光明，见不得光。

灰头土脸：形容懊丧或消沉的神态。

灰心：比喻因遭到困难、失败而意志消沉。

维语中 køk 一词的语义范围较大，其构成比喻意味的比喻词从字面上看，它们之间没有太大的联系，而从古人认知的角度来看，køk 所代表的"蓝、青、灰、绿"色彩词，我们可以推断，古人一定是极为崇尚甚至崇拜蓝色的，它同时代表了植物的新鲜、动物的年轻（店名蓝公羊烤肉店、灰鸽子卤肉店）以及与农作物有关的人的职业。这与汉语有所不同。看维语例子：

køk jyz：灰白色的脸

køk buja：豆角，青豆

køk syt：脱脂奶，淡奶

køk køz：蓝眼睛

køk muʃ：青辣椒

køkbaʃ：玉米棒子

køkbeʃi：管水人

køkʧaj：青茶

汉语中的蓝绿分得较清楚，维吾尔男子喜欢戴用绿色丝线手工缝制的巴达木叶子花纹的小花帽，在维语中，蓝色、绿色则是神圣的颜色，含有尊贵的寓意，蓝色与绿色常常使用同一个词 køk（蓝、绿或青）。汉语的"戴绿帽子"一语带有独特的民族文化内涵，特指"某人之妻与他人私通"。维语中 kɵk 一词表示蓝和绿或青两种颜色。虽然维语中也有表示绿色的专门词 jeʃil，但是，在实际生活中 kɵk（蓝、青）的用法远远超过了 jeʃil（绿）。例子绿油油的麦草，再如由 kɵk（绿色）还能构成许多有关植物的合成词 kɵk muʃ（青辣椒）kɵkbaʃ（玉米棒子、绿洲、绿草地）等。绿、青色象征着生命力，深受突厥语族各少数民族人民喜爱。蓝色（kɵk），除了有表示"绿色、蓝色"的意义外，还表示"天空"。据《乌古斯可汗传》一书的记载，乌古斯汗生下来脸色就是蓝色的。有一天，乌古斯汗在崇奉苍天时，四周突然一片漆黑，一位美丽的姑娘从天空放射出的一道蓝色光芒中走出来，乌古斯汗立刻上前迎看，这位姑娘后来就做了乌古斯汗的妻子。在一次行军途中，一只青色鬃毛的狼给乌古斯汗引路的故事在文献中也有所记载。古代突厥人素有对"天"的自然崇拜，蓝色被象征为"神圣、幸运"，从而蓝、青色（kɵk）也被广泛地使用，蓝色在一定程度上被赋予了神力的色彩，对"天"的崇拜也变成了对蓝色的崇拜。突厥语摩尼教文献《赞美诗》《摩尼大赞美诗》等诗歌中有关"天空"（kɵk）的词语频繁出现。到了信仰摩尼教、佛教之时，对天的崇拜更是有增无减。古代突厥人还将自己及其汗国称为蓝突厥、蓝突厥汗国。在信仰伊斯兰教后，原有天神崇拜的观念被万能的主"安拉"替代了，崇尚蓝色的传统又与伊斯兰教的神圣结合在一起，蓝色、绿色被赋予了更高的文化义。比如，穆斯林的清真寺拱顶，大门、屋檐的装饰颜色，麻扎（墓）的装饰砖大多使用天蓝色和青绿色。维吾尔人喜欢用天蓝色被套，在花帽或衣物的花边缝制上用天蓝色来修饰。从中可以看出维吾尔族对蓝色和青色的崇拜与喜爱。

第三是形色形象词。

汉语的"银耳"因其晶莹透白、色如银，形似耳朵得名；"银河"是因看起来像是一条银白色的空中河流而得名。维语中 qizil burun（红鼻子）相当于汉语中的酒糟鼻。

第四类是性质形象词。

牛在汉族人印象中是一种吃苦耐劳的动物，汉语里跟"牛"有关的词语一般都指供人驱使或固执、骄傲的形象。如：

牛脾气：倔强执拗的脾气。

牛角尖：比喻无法解决的问题或固执己见的做法。一般说钻牛角尖。

牛气：形容自高自大的骄傲神气。

在维语中，牛却被认为是愚蠢的，带有贬义色彩的。如：

kalidɛk adɛm：（笨人，蠢人）

ʃir jyrɛk：狮子胆，胆大过人，可以说豹子胆

ʃaltaqiɣ tejilmaq：受牵连（比喻滑向了瓜果粘上的汁液中）

ʃaχtin ʃaχqa qonmaq：见异思迁（从这个枝头落到那个枝头）

yʒimε køŋyl：花心（桑子样的心，比喻水性杨花）

qεɣεz jaŋaq：薄皮核桃（像纸一样薄的核桃）

taʃʃaj：砖茶（石头样的茶）

qapaq laza：（甜辣子　形状像葫芦一样的辣子）

fontangyl：雪桦（像喷泉一样的花）

myʃykejiq：熊猫（像猫一样的熊）

panusgyl：倒挂金钟（灯笼似的花）

tasmabeliq：带鱼（带子似的鱼）

由以上所举的汉维语实例可以发现，名词性后喻式复合词的产生，首先是一种命名过程，是对没有称谓的事物进行初次命名，或是对已有称谓的事物以新的视角进行再次命名，其命名的根据就是将某类事物看作另一类事物。由于人类思维形式的类比性，往往以同样的理据对不同的事物加以命名，就形成了将几类事物看作同一类事物的状况。例如汉语中跟"牛"有关的词语，"牛脾气、牛角尖、牛气"等词都以"牛"为喻体，这类词语的命名方式极具类推性，"牛"以同样的构词理据，通过不同本体的替换，构成了聚合关系，形成了"牛"的新的概念义，"牛市、牛劲儿、吹牛皮"等。在维语中，在以同样的理据对不同的事物加以命名时，既可以采用隐喻的方式，也可以采用借喻的方式，也就是说，直指可以是本体，也可以不是本体，但是喻指具有类推性，有时它们未必能形成聚合关系，比如以上例子中植物词"甜辣子 qapaq laza（形状像葫芦一样的辣子）""雪桦 fontangyl（像喷泉一样的花）""倒挂金钟 panusgyl（灯笼似的花）"，不具有类推性。

（三）夸张造词的特点

（1）夸张造词的"夸张"之处往往通过个别词素来体现。维语的 bir pelεktε miŋ χεmεk.（一颗藤上千个瓜）、bir jaχʃiliq miŋ baladin qutquzar（一人闯祸累及千人）、jaχʃiliq bosuɣidin ʧiqqutʃε, jamanliq jεttε taɣdin halqiptu.（好事不出门，丑事扬万里），例子中的"千""万"在维语中为满数，表示数目之多。汉语例子，如"胆大包天"一词用"包"来表现胆子的大小程度；而"怒发冲冠"是用"冲"来表现生气的程度很深；"天长地久"一词则是用"长"和"久"来形容时间的久远。这一点在使用数字夸张的词语上表现得更为突出，如"百口莫辩"用"百"来表示嘴再多也无法说清楚；"雷霆万钧"用"万"来表达威力很大；"十全十美"用"十"表示完美，汉语习惯用"十"这个数字来表示完美圆满的意义；"一步登天"用"一"表示很快达到一种境界或上升到一个位置。

（2）夸张造词法往往和其他修辞造词法结合起来使用。如"人海"这个词使用了比喻、夸张的修辞手法，"凤毛麟角"则结合了夸张和借代两种修辞格，"片甲不存""片瓦无存"也是融合了夸张和借代两种修辞手法。维语也有几种修辞造词法结合起来表达夸张含义的例子。夸张造词法和其他修辞造词法结合使用所产生的这些词语，大大地丰富了汉语的词汇系统，形象生动地揭示事物的本质，增强语言的感染力，适应了人们想要突出事物、表达强烈情感的需要。

四　余论

比喻造词的最大特点是该词具有十分鲜明的形象色彩义，方便人们理解与使用，同时还蕴含了丰富的感情色彩。这是汉维语比喻造词过程中的共性。此外，不管是从人体器官词，还是动植物、颜色词衍生出来的比喻词在汉维语中也都凝聚了喻化的过程。

从以上的实例还可以看出，民族心理对词语的选择具有制约作用，修辞者在选择词语时很自然地会联想到与民族心理相关的事物。比如，在汉语中表达可用"骑到脖子上来了"，表示欺负、侮辱。维语则说 beʃida janaq ʧaqmaq 本义是在头上砸核桃，比喻蹂躏、欺辱。再如汉语中把用情不专的人比喻为"花心"，在维语中比喻成 yʒmɛ køŋyl 本义是桑子般的心，比喻水性杨花。还有 qara χizmɛt 比喻粗活、杂活、杂物。由于文化的因素，"核桃、桑子、黑色"这些词被赋予了情态附加义或功能，多少体现了维吾尔族的情感态度倾向。

审美情趣能反映一个民族的性格特点，也是一个民族文化的投射。比喻词中喻体的选择在民族审美价值观上存在差异。在不同审美情趣的影响下，同样的动物或植物或人体器官词在汉民族中是美的象征，而在维吾尔族中则不一定是美的，反之亦然。虽然汉维语属于不同语系，但我们通过对比，在原本丰富的维吾尔语语法造词基础上锦上添花，这不但显示了汉维语造词法的灵活性与旺盛的生命力，希望能为双语教学中的词汇教学提供一些参考。

第二节　汉维语语序修辞的对比研究

一　语言形式美

语序的不同安排，是语言形式美的需求。如："一切为了孩子，为了孩子一切"，"语言的美，美的语言"，"心贴布，布贴心，多织好布为人民"（宣传标语），"由此可见文如其人，人如其文，文品恰如其人品，人品恰如其文品之一斑"（《中国青年报》1992 年 1 月 24 日），"长相知，才能不相疑；不相疑，才能长相知"（曹禺《王昭君》）。语言形式美主要有两种表现：一是均衡美，即异中求同；一是变化美，即同中求变。增添语言的形式美，往往要借助语序的安排和调整。维语中也有与汉语相类似的语言现象，如：

（1）ɛzimɛtkɛ tulpar kerɛk，tulparɣa　ɛzimɛt kerɛk．

az sanliq millɛtlɛr χɛnzulardin　ajrilalmajdu，χɛnzular　azsanliq millɛtlɛrdin ajrilalmajdu．

uluɣ　ɛmɛlijɛt　uluɣ nɛzɛrijige muhtadʒ bolidu，uluɣ nɛzɛrijɛ　uluɣ　ɛmɛlijɛtkɛ jetɛktʃilik qilidu．（χɛliq gɛziti baʃ maqalisi　1992-jil 18 ɵktɛbr）

汉维语中都有运用语序这一语法手段来达到均衡美这一修辞效果，通过运用不同排列词序和往复循环语句表现两种或两种以上事物和情理的相互关系，顺读倒读皆有意，从而达到音乐美的语言艺术境界。二是变化美，同中求变，特别是在文艺作品中，也可以临时变通——改变语序或字序。举两个例子：汉语律诗中如果不合格律的则要求改变日常语序，或者紧缩句子的结构，以此显示语音的修辞动态过程，如杜甫的作品《秋兴八首》中"香稻啄余鹦鹉粒，碧梧栖老凤凰枝"中正常自然语序为"鹦鹉啄余香稻粒，凤凰栖老碧梧枝"，之所以进行语序调整，是为了平仄的调配。再如王昌龄的《从军行》"青海长云暗雪山，孤城遥望玉门关"，该句中的"孤城"作定语提前，正常语序为"青海长云雪山暗，遥望孤城玉门关"，这样调整，一个重要的原因是为了严格符合七绝的平仄格式。维语中的诗歌为了追求语音押韵及形式美，进行语序调整的现象比起汉语来更为普遍，尤其在诗歌里，例如维吾尔诗人木合买提江·热希丁的《我能如何》中摘取的两句诗：

（2）ketidu beʃimni siliɣan qoluŋ，

ketidu dʒimigɛ ʧimigɛ qoluŋ，

ɛmdi joq mazɣapqa ʧiliɣan qoluŋ，

seniŋdin ajrilsam qandaq qilarmɛn？

《qandaq qilarmɛn》din

爱我的人因忍受不了看我的痛苦早晚会离我远去，而我又如何能忍受他的不辞而别呢？

因维语是 s—o—v 句型，按维语的正常语序来看动词 ketidu 应放在句末，作者将该动词 ketidu 置于诗句的首部，在这个例子中不仅为了满足语言形式美的需求，还凸显了诗人要抒发的情感以及兼顾语音修辞的需要。在诗歌里谓语的前置情况，如：

（3）dʒaqirajsɛn hɛrkyn iʃundaq，

saraŋmu sɛn onʃalmajdiɣan，

ja adɛmgɛ ujqa bɛrmɛjsɛn,

qandaq naχʃa bu tygmɛjdiɣan.

（tijipʧan elijop）.

你真是个无知的傻瓜，

每夜都无休无止地唱歌，

你把我的睡意都撵走了，

什么歌值得你如此入魔？

（tijipʧan elijop）.

在这首诗歌中，dʒaqirajsɛn（唱歌）为了诗歌的修辞作用发生了谓语的前置现象。倒装，即不正常语序，就是利用不整齐的句子成分，把常式句变为变式句达以到修辞目的的一种修辞形式。其中谓语的前置在口语或诗歌里很常见，句子成分的前置是句子正常语序发生语用变化的一种语法现象，其重要原因除了能起到句法、语用作用和语用价值之外，还能起修辞作用。其他宾语的前置和状语的前置不像谓语的前置那样口语性很强。维语除现代诗歌之外，在古代诗歌里也巧妙地利用倒装现象提高诗歌的修辞效果。在《福乐智慧》里常见这种现象。如：

（4）3792 dʒaqirajsɛn hɛrkyni ʃundaq,

saraŋmu　nɛgykɛ tusulɣaj saŋa bu　ɵzum,（neʧyk nɛp bɛrurmɛn saŋa mɛn　ɵzum?）

ɵzyŋgɛ　ɵzyŋ tusul tut sɵzym.（ɵzyŋgɛ　ɵzyŋ nɛp bɛrgin tut　sɵzym.）

nɛp bɛrurmɛn 是维语前置倒装现象。

从以上所举实例不难看出，在汉维语诗歌中都使用了语序调整这一语法手段，目的是取得一定的修辞效果。

二　信息结构的处理

"语序，表面上看是一种机械的形式，然而本质上是一种事理逻辑。词和词、成分和成分联系起来的基本方法，或者说，用一个词或一个成分作为符号的孤立观念过渡到相应于一次思维的统一命题的基本手段，是语序"[①]，"最基本、最有力的联系方法就是次序"[②]。汉维语用各自的某些特殊方法把词或句子连成更大一级的单位。

第一，句子成分位置不同，语义发生改变。

汉维语语序小到多音词、固定词组中的字序、语序，大到构成语篇的章节间、段落间的顺序，都是安排或调整的对象。有时语序的不同安排是

---

① 申小龙：《汉语与中国文化》，复旦大学出版社 2005 年版，第 80—81 页。

② 爱德华·萨丕尔：《语言论》，商务印书馆 1964 年版，第 70 页。

根据语义的需要进行调整。在汉语中因交际需要为取得某种修辞效果也会使用语序手段。举例分析如下，某县县长主持宴会时这样劝酒：

（5）让我们再喝三杯！第一杯：谁不喝，我是谁爹！众人忙饮尽；第二杯，谁不喝，谁就是我爹！众人皆干；第三杯，谁不喝，喝者是不喝者爹！众人烂醉。

《喜剧世界》（2009.8）

在这个语段中，根据汉语的特点，该县长利用人们不愿吃亏与喜欢占便宜的心理，颠倒"谁"与"我"的位置，在交际过程中自然地使用了语法手段即语序的调整，达到了一定的交际目的。从该例中我们不难看出，汉语较之维语，在追求语音美的同时还兼顾语义因素。

再如维语的例子：

（6）dɛlɛt　ilkidiki 15 ʧarwiʧiliq fermisi

十五个国营牧场

（7）15 dɛlɛt　ilkidiki ʧarwiʧiliq fermisi

15 个国家经营的牧场

第二停车位 maʃna toχtitiʃ　ikkinʧi　orni

ikkinʧi maʃna toχtitiʃ　orni

从以上两个维语例子可以看出，维语数词位置不同，在表达同一意思的定中短语时，意义不同，会产生歧义。而汉语数词或量词短语修饰名词或短语时，离中心语远，一般不发生歧义。

第二，句子成分位置不同，语义相同。如：

（8）卫士：（惊觉）谁呀？

子兰：我是子兰公子！

宋玉：（同时）公子子兰啦！（郭沫若《屈原》）

"子兰公子"和"公子子兰"都是同位结构，把名字放在前面，宋玉则把子兰的身份（公子）放在前面。语序不同，基本意义不变，前者先示以名，显得谦和，后者先示以身份，表现出尊敬乃至奉承的态度，都很得体。

维语例子：

（9）mɛʃuqsiz　aʃiq, aʃiqsiz mɛʃuq.（这对暗恋的男女）

（10）taʃqi soda　itʃki sodini　ilgiri syridu, itʃki soda taʃqi sodiɣa baʃlamʧiliq qilidu.（外贸促进国企的发展，国企带动外贸的发展。）

mɛʃuqsiz　aʃiq 与 aʃiqsiz mɛʃuq 相互置换，前后位置不同，不影响语义的改变，同样在维语的第二个例句中前后句颠倒也不改变句义。著名诗人铁依甫江《柏树》一诗为了达到修辞效果，动词前置却为改变语义：

（11）arʧiɣa　soal　qoyidum：《nemiʃiqa

hɛmiʃɛ　illiq　purap　turisɛn?

jazliqi　ɛsla，hɛtta　qiʃtimu

japjiʃil　bolup　jajrap　turisɛn?

dʒavab　bɛrdi　artʃa　ʃivirlap：

jaʃajmɛn　tørɛlgɛn　jɛrni　kutʃaqlap》

tʃyʃɛndim　artʃa，nemɛ　yʧyn　solmasliqini，

tʃyʃɛndim　rɛŋgiŋniŋ　illiqliqini，

tʃyʃɛndim　hɛtta　tytynliriŋniŋ

nemanʃɛ　ɛtiwar　isriqliqni.

我轻轻叩问柏树：

你为何总能将幽香漫吐？

草木葳蕤的盛夏固然如是，

雪压风欺的严冬也青裾长曳，澹然自如？

柏枝穿窸窣有如絮语：

我至死紧紧搂定生我育我的泥土

呵，我领悟了，柏树，

为什么你岁寒不凋凌风舞，

为什么折枝焚身化为烟，

依旧氤氲香如故。

　　该诗 tʃyʃɛndim（领悟、明白）一词为表达诗人的情感，提前了三次，但词义没有发生任何改变。

　　从以上所举实例，我们不难发现，汉语的结构别具特色，灵活多变，义理内向，注重意合，不依赖形式而注重内在意义的贯穿承接，即句际联系主要靠会意法解决，不一定非需要关联词语。正像王力先生所说的那样，"中国语法是软的，富有弹性的，以达意为主"，"偏重心理而略于形式"。而维吾尔语注重一个个孤立的句子及其前后形态变化的照应，复合句、并列句前后分句的内在关系多用形合法连接，即句子之间上关下连的关联词语一般是不能少的，所以说，在语法结构上，汉语重意合，结构比较简洁，维吾尔语重形合，结构比较严谨。汉语单句的结构多为基本成分与修饰成分交叉排列，一层套着一层，很少使用关联词语，句子总是遵循逻辑的或历史的顺序先后依次排列，就是复杂长句，其中的各个句子也比较简短，意义上承上启下，讲究层次。在结构上除特定上的修辞外，一般是描写、叙事、原因、让步、条件以及时间、地点在前，概括、评价、推断、结论

等在后。比起汉语来，维吾尔语的句序灵活多变，不一定按照逻辑的时间先后顺序排列，句子常常向多方位、多层次展开，因此结构繁杂的长句较多，主语、宾语往往带长串的定语，汉语里定语过长了，会破坏句子结构的平衡，使读者不得要领，分不清主次。维吾尔语有形态标志，有限定代词、后置词等起纽带作用，所以句子虽长，但结构严谨，繁而不乱，分析起来脉络清晰，语义不会发生歧义。维吾尔语的结构仿佛是参天大树——主干之上，枝叶横生，汉语就像波涛万顷，层层推进。这正是汉维语结构不同特色的生动描绘。

三　小结

汉维语中都有用词序这一语法手段来表现几种事物或情理的相互关系的修辞方法。汉维语在追求均衡美与回环美在本质上旗鼓相当，不谋而合，但在形式上有细微的差别：一方面现代汉语的语序为"s—v—o"型，其中主宾语移位，谓语不动，即前后句首尾正好相反，前句的宾语正好做后句的主语，前句的主语正好做后句的宾语。现代维语的语序是"s—o—v"型，与汉语完全不同，维语的回环辞格，后句的开头不可能与前句的尾词一样，后句的最后一个词也不可能与前句的开头一样，只是上下句中使用的词语基本相同，上下句子的结构基本一样。维文是拼音文字，只有字母和词，一个音节不能称为一个词素，只能以词为单位，动词受到"式"形态变化的缘故，有时不能像汉语那样前后一致保持一致的字形。在上述语序为突出语言形式美一节已有分析。另一方面汉语中的主语与宾语的位置比较灵活，如果将需要强调的部分前置，那么语义重心也会相应放在前面，又由于汉语句中的施事和受事一般都可以充当主语，这就大大增强了句式结构的灵活性。维语在确定词与词的句法联系方面，词序也起着一定的作用，尤其是在没有形态标志时，通常，词在句子里虽然调换了位置，但是这些句子所表达的基本意义依然存在。维语变换词序之后的某些句子，除了适应语音修辞与增强语气的需要外，不发生较大的语义变化。其原因就在于维语句子中的词与词是通过词尾——格词尾与人称词尾联结的。正是因为有了这种表示词与词之间关系的形态标志，维语语序在表达信息结构方面就会受到一定限制，这是与汉语不同的一点。

第五章　汉维语辞格对比研究

　　"辞格就是为了使语言生动活泼、新鲜有力地表达思想感情而运用的一些修饰描摹的特殊方法。这些方法从结构和作用上看，各有一定的格式与修辞效果，故称为'修辞方式'或'修辞手法'，又称'修辞格'，简称'辞格'。"①辞格的价值和功能是多方面的，正如王希杰先生在《修辞学新论》（1993）中所阐述的一样。辞格比较法是从不同角度、不同平面对辞格进行比较研究，其目的是搞清楚辞格的性质、作用、产生的原因，发展变化的条件，各个辞格的特征，以及它们之间的联系和区别，从而掌握运用辞格的规律。辞格比较的方法，大体可分为宏观与微观比较两大类型。宏观比较又可分为古今比较、民族比较和方言比较，微观比较又可分为辞格外层比较、辞格之间的比较和辞格内层的比较。汉语和维语是体系不同的两种语言，在语音、词汇、语法等方面都存在不少差异。但撇开这些因素，单就修辞手法而论，汉语绝大部分常用修辞格都能在维语中找到与其相同或相似的修辞方式。某些修辞手段在两种语言中出现的频率不同，但这绝非本质问题。本质问题是双方都存在着相同或相似的修辞现象。从古到今，人们不断地研究各类辞格。文艺学、美学、心理学、逻辑学等都参与了对修辞的研究。由于篇幅和研究水平所限，我们仅试从翻译学、文化学、美学的角度来对比汉族和维吾尔族使用辞格的一些问题。

第一节　汉维语夸张对比研究

　　夸张修辞格是汉维语修辞学中一个重要的修辞方式。夸张不仅常用于叙事、诗歌、戏剧等文学作品中，而且广泛用于谚语、宣传语、广告等日常应用领域。诸修辞专家纷纷从不同的角度进行探讨和研究，加深了人们对该修辞格的认识。正如高尔基所说："夸大好的东西，使它显得更好；夸大有害于人类的东西，使人望而生厌。"②夸张对提高文学艺术的表达水平，有很大贡献。没有夸张，没有虚构，就没有艺术，但艺术的夸张真实并不

---

　　① 陆稼祥：《辞格的运用》，辽宁人民出版社 1989 年版，第 1 页。

　　② 转引自丁晓春《英汉夸张修辞法异同浅谈》，《青海师范大学学报》2003 年第 4 期。

完全是生活的真实。汉语和维语虽然各属不同的语言，却有一种相同的修辞方式——夸张（mubaliγε）。这种修辞法可以强烈地表现作者对所要表达的人或事物的情感态度，或肯定或否定，或褒扬或贬抑，从而激起读者强烈的共鸣，给人以深刻的印象。本文从汉维语夸张的概念、语用类型、语用功能和各自特有的夸张方式等几个方面对汉维语中的夸张修辞格进行对比，通过对比让我们更好地理解和使用这一修辞手法。

一　夸张的概念

《辞格的运用》（1989）对夸张的定义是："夸张是抓住事物的本质去渲染、铺饰，即加以艺术地夸大或缩小的一种辞格。"[①]刘珉《汉维修辞格概要》（1995）中定义为"为了表达强烈的思想感情，突出某种事物的本质特征，运用丰富的想象力，对人或事物的原样或某个方面有意夸大或缩小，作艺术上渲染的修辞手法"[②]。虽然在不同的汉维辞书和修辞著作中对夸张所下的定义存在细微的差别，如《现代汉语词典》定义为：为了启发听者或读者的想象力和加强所说的话的力量，用夸大的词句来形容事物。但以上定义从不同程度都提到了夸张修辞格的三个基本特点：一是事实夸张，二是在事实的真实性基础上夸张，即"夸大其实"；三是注重表达深切的主观情意，而不注重客观事实的记录。

二　夸张的语用类型

（一）从性质、作用上，汉维语可以把夸张分为两类：一类是"扩大夸张"，即"积极夸张"；一类是"缩小夸张"，又称"消极夸张"。下面我们将分别举出汉维语实例，如：

（1）每个人都向王又天敬酒，使他简直应接不暇，幸而他是海量，没有醉倒。（姚雪垠《李自成》）

hɛmmisi degydɛk wangyoutiangɛ qedɛh tutqatʃqa qol-qoliγa tegmɛj aldiraʃ bolup kɛtti, uniŋ ystigɛ u haraqkypi boliγatʃqa mɛs bolup jetip qalmidi.

（yao xue-yin《bahadir ʃah li zi-cheng》）

（2）ɛŋ mohimi，bala juzi køryʃ aldida turuptu. ʃundaqikɛn uniŋɛlbidiki ʃatliq nemiʃqimu dɛrja bolup ørkɛʃlimisun?

（《musapirlar qawiqida》154-bɛt）

最重要的是，自己即将做父亲了。他的心情又怎能不万分喜悦和激动呢？（《流浪

---

① 陆稼祥：《辞格的运用》，辽宁人民出版社 1989 年版，第 95 页。
② 刘珉：《汉维修辞格概要》，新疆人民出版社 1995 年版，第 175 页。

者之家》第 155 页）

上两例都使用了"扩大夸张"，即故意扩大事物的形象特征。例（1）"海量"是对饮酒量的夸张，原文用"海量"这个词，幽默诙谐，使读者如闻其味。维语中的 haraq kypi（酒缸）也是一种夸张的手法。例（2）把喜悦心情故意夸大为大海的汹涌波涛，译文用数量夸张"万分"来对应。下面让我们看两则使用"缩小夸张"的例子：

（3）本县那些胡子秃了头的老土地们嘴里，还流传着一首这样的民谣："小小大同县，三片豆腐店，城里打屁股，城外听得见。"（徐孝鱼《盗墓者的足迹》）

bu nahijidiki jaʃanɣan bowajlar arisida: "datoŋ nahijisidɛ ikki-uʧ dukan jajrajdu, bazarda ʃapilaq ursa awazini sɛhradikilɛr aŋlajdu" degɛn qoʃaq tarqalɣan. （Xuxiaoju《qɛwrɛ oɣurisiniŋ izi》）

（4）purʧaqʧilik ɛmɛldar turup tɛχi mɛniŋ ɛdipimni bɛrmɛkʧi boluwatqinini. （《tarim》1990-jil 7-san）

凭芝麻大的官还想给我颜色看。（《塔里木》杂志 1990 年第 7 期）

例（3）说一个县城只有"三片豆腐店"是用了夸张手法，极言其少。"城里打屁股，城外听得见"是在表明市面的萧条和城区的狭小。例（4）用"芝麻大的官"形容官职很不起眼，没多大权势。两例都是故意缩小事物的形象特征。

（二）从表达方式上，汉维夸张又可分为两类：一类是"直接夸张"；另一类是"融合夸张"。不借助其他修辞方式的夸张手法为"直接夸张"，如 "ah urar mɛn，ah urar mɛn ahlirim tutqa seni，køz jaʃlirim dɛrja bolup bɛiliklarim jutqaj seni." 和"会议室里静得连一根针落地都能听得到"①。借助其他修辞方式的夸张手法，就是我们在这里着重比较的"融合夸张"。夸张常与其他修辞格并用，主要是为了增加语言的艺术感染力，尤其在文学作品中，作者运用这种手法，使作品达到了很高的艺术境界。比如：

（5）贾政听了此话，不觉长叹一声，向椅上坐了，泪如雨下。（《红楼梦》第三十三回）

jiazeŋ bu gɛpni aŋlap uluɣ kiʧik tindi wɛ orunduqta olturup, jamɣurdɛk jaʃ toχti. （《qizil rawaqtiki ʧyʃ》33-bap）

（6）keʧɛ-kyndyz jiɣlimaqliq

boldilɛr mɛniŋ iʃim.

kønʧi dɛrja syjidɛk

aqidu qanlik jeʃim.

---

① 刘珉：《汉维修辞格概要》，新疆人民出版社 1995 年版，第 180 页。

夜以继日地哭泣，

已成了我的事业。

孔雀河的波涛一样，

滚滚流出我的血泪。（《维吾尔民歌》第二册，第 186 页）

例（5）中将泪水比喻像倾盆大雨。例（6）将泪水比喻为孔雀河的波涛，又夸张眼泪之大。两句都使用了明喻和夸张。再看两例：

（7）霎时间东西长安街成了欢腾的海洋！（袁鹰《十里长安街》）

heʃ-peʃ degytʃe tʃaŋ ɛn kotʃisiniŋ ʃerqi wɛ ɣɛrbi qajnam taʃqinliq deŋizɣa ajlandi.（ɛjjiŋ〈on ʃaqirim kelidiɣan tʃaŋ ɛn kotʃisi〉）

（8）wɛtɛn χuddi tuman qojaʃniŋ harariti bar ɣajet zor jyrɛkkɛ oχʃajdu.biz χuddi uniŋ tomurlirida urɣuwatqan qutluq qanniŋ bir tamtʃisi.（《ana   kesidisi》38-bɛt）

祖国就像一颗具有成千上万个太阳般火热的巨大心脏。我们就像她脉管里奔涌的幸福的血流中的一滴。（《母亲礼赞》第 39 页）

例（7）中"长安街"成了"海洋"，既带有夸张色彩，又暗中打比方。夸张与暗喻交织融合，把事物描写得更形象、生动。例（8）把"祖国"看成"巨大的心脏"，把"我们"看成"一滴血"，是一种缩小形象的暗喻夸张。

明喻和暗喻是夸张常借助的两种修辞格，有时夸张也借助其他修辞手法，如借代、排比、移就、换称等构成辞格兼用，从而达到彰显的艺术效果。

三　夸张的语用功能

（一）认知功能

夸张在很大程度上涉及人的感情世界。而人的感情是最具扩张性和起伏性的，或如火山爆发，或如大海掀涛，非淋漓尽致而不能尽兴达意。所以夸张便自然"应情而生"。而且一旦采用夸张则非"极言"不能达意，也只有极言才能传达出说话者的感情，并用更加充沛的感情去感染受话者，完成语言的感染功能。无论是在汉语中还是在维语中，夸张都是这样通过发挥作为艺术中介的语言的感染力和表现力来达到认知功能。如：

（9）我持此石归，袖中有东海。（苏东坡）

elip qajtqan bu taʃta badur bir sehri,

siŋdyrylgen u taʃqa deŋizniŋ mehri.

（10）hawadiki bulutta

latʃin, kɛptɛr ojnajdu

saŋa qojɣan jurɛktɛ

tʃøɣyn qojsa qajnajdu.

在辽阔的天空

雄鹰，鸽子在飞翔

为你燃烧的心脏

能把一壶水烧开。(《维吾尔民歌》第 3 册)

例（9）中苏东坡如此夸张，我们感受到了他对"石"的热爱，深切体会到他带回的不仅是石，而且还有他对大海的热爱与留恋，由此让我们"认知"他那如大海一样阔大的人生襟怀。例（10）中用夸张的手法表现一个姑娘爱情的真挚，"为你燃烧的心脏，能把一壶水烧开"这句话非常幽默，形象地表达对姑娘的炽热之爱，而且还让听话者受到感染，也同样"认知"小伙子对姑娘的爱。

（二）交际功能

夸张表面上是不真实的，是言过其实的，似乎违反了 Grice 提出的会话合作原则中的质量准则，即需求说话人不要说自己认为是不真实的话，不要说自己缺乏足够证据的话。事实上，夸张的概念就说明了夸张是在事实的真实性基础上夸大，所以在本质上并不违背质量准则。如：

（11）甲：如今，有钱能使鬼推磨。乙：是呀！老王已混了个"局长"。

A：bugynki kyndε pul bolsa dʒinni usulɣa salɣili bolidiɣan.

B：ʃundaq bolmajʧu, law waŋ dεl pulniŋ qaramiti bilεn idarε baʃliqi boldiɣu.

（12）bir εqilliq adεmdin uni tonumajdikεn biraw soraptu：

-dunjada neminiŋ salmiɣi eɣir?

-hεq sөzniŋ-dεptu εqilliq adεm.

-uni өlʧεjdiɣan taraza nεdε?-dεp dawamliq soraptu heliqi kiʃi.

εqilliq kiʃi jawap beriptu：

-kөkrikiŋizdε. (《ujɣur χεlq lεtipiliri》32-bεt)

有人认识一位聪明人，一回问他：

"世界上什么的力量最重？"

"真理的分量最重。"聪明人说。

那人又问："那么，衡量真理的天秤在何处？"

"在你的胸膛里。"

(《维吾尔民间笑话》第 33 页)

例（11）中夸大了"钱"的力量，但当今社会"金钱万能"的现象是真实的、存在的。所以乙并没有因甲说"假话"而中断交谈。例（12）中说"真理的分量最重"显然夸张，但真理不能用天平衡量是事实，是真实的，"有人"也透过夸张"不真实"的表面正确理解了聪明人的"真实"的含义，使会话顺利进行。此外，在广告语中，恰当地运用夸张可以给人某种鼓动力和感染力，达到推销产品的交际目的，如：

（13）先进的日立技术，把神州大地调至冬暖夏凉。

χitaʧi ʃirkitiniŋ ilɣar teχnikisi qollinilɣan bolup, bipajan dijarimizni qiʃta issiq, jazda salqin qilip teŋʃep beridu.

（14）tonur beʃida jykynyp olturɣan geʃ girdiqi ustam bolsa aq jektikidin juŋluq mεjdisini ʧiqirip, oŋ qoliniŋ alqinini quliqiɣa qojup: "jaɣ jεjsεn, ʃikεr jεjsεn, birni jεjsεn uh dεjsεn, ikkini jejsεn su dεjsεn" dεp qapijiliq sεzlεr bilεn waqirajti. (《χatirilεr》 58-bεt)

跪在馕坑沿上的卖肉馕的厨师，半敞着白色的衬衣，露出毛茸茸的胸脯，右手遮在耳旁，有韵味地高声吆喝："吃肥吃香吃烤包哟！一尝你准一叫好哟！吃了你就忘不了哟！"（《往事》第 59 页）

例（13）是上海某厂生产的空调机产品的广告。如果广告不如此夸张，而用平淡的语言叙述，那么它们就不易引起读者的兴趣，更不用说达到推销更多产品的目的了。例（14）是维吾尔族传统的叫卖语言，"birni jεjsεn   uh dεjsεn，ikkini jejsεn su dεjsεn"夸张地描述薄皮包子的美味，以吸引更多的顾客。

四 汉维语常用的夸张方式

汉维两种语言毕竟属于不同语系，由于文化背景、风俗习惯的不同，在比较对象、比喻方式、联想的内容上也多少存在某些差异。通过对夸张的语用分析，我们可以看出，夸张的使用实际上反映了两种语言的使用者在各种文化因素的制约下所表现出的不同的语用倾向。语言使用者对语言使用做出灵活的选择，目的是满足各种交际需求，而这一语言选择顺应性过程又受到文化因素的影响。因此，在对夸张辞格的语用分析中，必须充分重视不同文化因素的区别。汉维语夸张的文化因素主要表现在以下两个方面：

（一）虽然汉族和维吾尔族有着共同的"满数"概念，夸张都采用"十"，"百""千""万"（维语则用 miŋliɣan，miljonliɣan）等常规满数，但具体数量、数目的使用都以各自的语言习惯为主，对比的结果可以看出，概念相同而数量不同。如：

（15）这块田打不了几颗粮食。（《汉维与修辞格概要》）

bu etizɣa ziraεt terip birεr ʧaŋgal hosulmu alɣili bolmiɣudεk.

（16）aq jaɣliqmu toqujmεn

kɵk jaɣliqmu toqujmεn

dʒawap bεrsεŋ χetimgε

jyzmiŋ rεhmεt oqujmεn.

白头巾也可以织

绿头巾也可以织

如能答复我的信

万分感谢你的恩。(《维吾尔民歌》第 2 册)

(17) ɵlgɛndɛ namizimɣa on ɵstɛŋlik jɛrniŋ adimi kelidu.(《hezinɛ》30-bɛt)

等我死了，四方的百姓都会来参加我的葬礼。(《金库》)

例 (15) 汉语用"几颗"，而维语用"一把"。例 (16) 维语用"十万个感谢"，汉语用"万分感谢"。例 (17) 中维语用"十个水渠的人"，汉语则用"四方的百姓"。虽然夸张的数量概念不同，但意义完全相同。对于汉维相同或相似的夸张形式，为了保留原文的写作风格和修辞效果，大部分可以直译。但在某些数字夸张的翻译上，要根据汉维表达习惯的不同，灵活处理。

(二) 民族文化与传统的不同决定了汉维语的夸张修辞格在运用具有各自民族文化特色的典型性词汇时存在着明显的差异。如：

(18) 他酒没沾唇，心早就热了。(郑直：《激战无名川》)

haraq kekirdikidin ɵtkiʧɛ uniŋ kallisi qizip bolɣanidi.

(dʒɛŋ dʒi《namsiz ojmanliqtiki kɛskin dʒɛŋ》)

(19) 她讲到她在旧社会所受的痛苦时，眼泪就象自来水似的喷射出来。(程希岚《修辞学新编》)

u ɵziniŋ kona dʒɛmijɛttiki azap-oqubɛtlirini sɵzlɛp beriwatqanda kɵz jaʃliri qar-jamɣur bolup tɵkyldi.(ʧɛŋxilan《jeŋi tyzylɣan istilisika bilimliri》)

(20) naχʃa meni ɵz kyqi bilɛn bulutlar arisida uʧurup, eli dɛrjasi bowiɣa——bu jɛrdin bɛʃ-altɛ kelometir jiraqta turɣan gyzɛl jɛzamniŋ baɣliriɣa apirip taʃlidi.(《hezine》84-bɛt)

歌声用它的魄力带着我在蓝天白云间穿梭飞舞，它把我带到了伊力河畔——远在五六千公里以外的美丽果园里。(《金库》第 85 页)

例 (18) 汉语"心早就热了"，维语是"头脑早就发热了"。例 (19) 汉语是"自来水似的喷射出来"，维语是"雨雪般地流下来"。夸张所反映出来的审美意味，特殊的心理作用，反映了两个民族不完全相同的感受，因为每一种表达方式，夸张辞格带有一定的民族风格或民族心理特点。例 (20) 中带有民族风格的夸张虽然能用汉语表达，但汉族读者不一定完全感悟其中细微的、独特的修辞意味。

夸张相同，夸张的用词习惯不一定完全相同。维吾尔语往往夸张眼睛的功能，如"我的眼泪流成了河"，"为情人哭瞎了眼睛"，"燃烧着的两只眼睛"等。而汉语用其特殊的借代习惯，把"肝""胆""肠"与"心"连在一起进行夸张，两种语言用完全不同的词汇来夸张相同的心理状态。

五　结语

从以上的对比可以看出，作为一种有效的修辞手段，夸张在汉维两种语言中的使用是十分广泛的，夸张形式上汉语和维语既有共同点也有不同点。了解这些异同，对于汉维双语语阅读理解和翻译都有很大的帮助。通过对夸张在汉维双语中语用功能的对比，我们可以注意到：① 夸张辞格在汉维双语中都有较频繁的使用，而且被用来达到某些特殊的语用目的。② 夸张经常被用来表达强烈的感情，增强语言的表现力。这一点在汉维双语中是一致的。③ 在维语文化中，人们更加倾向于利用夸张来引起交际兴趣或产生幽默感。④ 汉维对照读物中发现，原文有夸张，但译文考虑到表达习惯用其他手段对应。⑤ 汉维双语都使用夸张，但夸张的语用特点、用词习惯不一定完全相同，人们会用不同的数量、用不同的形象去夸张。⑥ 如果我们把夸张看作一种认知手段，它是受不同的文化背景影响的，包括对夸张使用的选择。因此了解汉维语言中的夸张修辞格的异同，将帮助我们更好地欣赏汉维文学作品中夸张的修辞魅力和在日常生活中充分发挥夸张的积极修辞作用。

第二节　汉维语双关对比研究

一　汉维双关语的概念

双关（ikki bisliq söz）语是指运用一个词语来暗示两层或两层以上的意思或不同的联想，或者运用两个或两个以上同音异义或近音异义的词语。它不仅仅是一种文字游戏，且是汉维语修辞的一种常见形式，巧妙地使词语和句子具有两种不同的含义，不直接表露，显得含蓄委婉，新鲜活泼，诙谐有趣，听时令人发笑，读时朗朗上口，过后回味无穷。汉语和维语双关历史悠久，其内容形式不断发展，双关的运用范围越来越广泛，它的广泛运用已经引起了语言学家和翻译学家的极大兴趣。双关都是建立在词或句子的读音和意思的基础之上。无论是在汉语中或是在维语中，这些语言都以人们原有的社会、文化知识为基础，以鲜明、独特的形式形成双关，来增强语言的吸引力，体现语言的艺术性，增添语言令人回味的弦外之音，使得双关语在语体中的运用技巧更加复杂。文学作品中，作家常有意利用语音双关或语义双关，声东击西，含蓄委婉，揭示人物性格，推进故事情节，制造特殊气氛，使文章增添更多的可读性，令读者展开无限遐想，从而使读者与作者产生共鸣。

二　汉维双关语的类型

双关有一个显著特点就是语言的含蓄性，说话者话语中真正要表达的意思没有直接表露，而是隐藏在其话语的表面意思之后，暗含的意思才是说话者所要表达的真实意思。一旦这种真实意思被读者领会，便会让人感到回味无穷，引人思考，从而增强语言的感染力。汉维语双关的形式颇多，分类标准不一，无论是汉语还是维语，从大的方面来讲通常按双关语的表现形式主要分为语音双关和语义双关：同音同形异义双关，同音异形异义双关，异音同形异义双关。

（一）同音同形异义双关

在汉维语中有很多单词和短语发音和拼写相同，但词义不同，在一定的语言环境中可以产生双关效果。在《维吾尔语民间笑话》中有这么一则笑话：

（1）tolimu nεpsanijεtʧi bir adεm hisamdin gεp soraptu：

-hisam bilεmsiz, dunjada nimε　εŋ　uʧluq?

-sizniŋ saqiliŋiz　uʧluq, -dεp dʒawap beriptu hisam ojlanmajla.

-joq gεpni qilmaŋ, qandaqlarʧε meniŋ saqilim uʧluq bolidu ?-dεptu ʧɵʧyp u kiʃi. hisam ʧyʃεndyryptu：

-saqiliŋiz uʧluq bolmisa, ʃunʧila qelin jyziŋizni qandaq teʃip ʧiqatti.

一个非常好淫的人，问艾沙木：

"艾沙木，你知道不知道，世界上什么最尖？"

"你的胡子最尖。"

那人大吃一惊，说道：

"别讲没影儿的话！你凭什么说我的胡子最尖？"

艾沙木解释道：

"如果你的胡子不尖，你那样厚的脸皮它怎能钻透长出来呢。"（赵世杰，1993）

例（1）中的 qelin jyz（厚脸）表面上说的是脸的厚度，但实际上讽刺"好淫的人"厚颜无耻，巧妙地运用同音双关词，从而达到打诨取乐，挖苦对方的目的。

（2）bir kyni toj mεrikisidε bεgniŋ ʃallaq, hajasiz qizi ʃarap iʧip jyzi qizirip kεtkεndε：

-χalajiq, men ʃarap iʧsεm hεmiʃε ʃundaq qizirip ketimen, buniŋ sεwεbi nimε?- dεp soraptu.

uniŋdin χeli burun jirginip olturɣan ʃirin：

-qandʒiq-degεn ikεn, bajniŋ qizi：

-meni nimiʃqa qandʒiq dεjsεn?-dεp bεgni baʃlap kirip ʃerinniŋ εdipini bεrmεk boluptu.ʃirinni jewεtkidεk bolup kirgεn bεg:

-qizimni nimε yʧyn qanʧiq dediŋ?-dεp sori anda, ʃerin:

haqarεtliginim joq, bεg.εslidε ʃarap iʧip qizarɣan kiʃidε qanʧiq, qizlirida qandʒiq boluʃi ʧoqum, dεp dʒawap beriptu.

在婚礼上伯克轻浮、不知害羞的女儿因喝酒脸颊通红，然后问大家：

"我一喝酒就脸红，这是为什么？"西仁对她的行为感到厌恶，他回答说：

"母狗。"

伯克的女儿说："你为什么说我母狗？"她让伯克教训西仁，伯克怒冲冲地来到并问："你为什么说我女儿为母狗？"

西仁回答说：

"我没有侮辱，伯克。我说的是因喝酒脸红的人本来就是血液充足，你女儿也许血液充足"。（编委会，2006）

维语中的 qandʒiq 表示两种意义：一是"血液充足"，一是"母狗"。西仁借助同音同形的双关，鄙视伯克的千金在公众场合举止不检点，行为没有分寸。

请见汉语双关语的妙用：

（3）空对着，山中高士晶莹雪。

终不忘，世外仙姝寂寞林。（曹雪芹、高鹗，2007）

mεn yʧyn bihudidur, ʃu taɣdiki-

soɣ ʧiraj mollam sypεt nurani qarniŋ ʃolisi.

teχi qεlbimdε meniŋ, dʒennettiki-

hεr pεri, miskin ʧiraj mehrigijaniŋ qajɣusi.

在这里"雪"谐音双关，指自然界的雪和薛宝钗。"林"语义双关，指树林和林黛玉。译者也都只将雪和林直译，未能体现原文深层含义，原作者的艺术特点在传译中丧失殆尽。

（4）可是匪徒们走上这十几里的大山背，他们没想到包马蹄的破麻袋片全它烂掉在路上，露出了他们的马脚。（彭家玉、于少萍，2001）

biraq banditlar on nεʧʧε ʧaqirim kelidiɣan bu taɣda ketiwatqanda atniŋ tujaqlirini oriɣan εski-tyski taɣar parʧilariniŋ jirtilip ʧyʃyp qeliʃ bilεn εz hεrkitiniŋ aʃkarilinip qeliʃini χijaliɣimu kεltyryp baqmiɣan idi.

例（4）中的"马脚"系多义词，表面上说露出了马的脚，实际上指土匪暴露了自己的行踪。

（二）同音异形异义双关

单词或短语发音相同，但词形相异，词义不同，产生双关的效果。如：

（5）我说他们没有见过世面，只认得这果子是香芋，却不知盐课林老爷的小姐才

是真正的"香芋"呢!（曹雪芹、高鹗，2007）

mɛn demidimmu，silɛr burnuŋlarniŋ uʧinila kørisilɛr，ʃjaŋ ju desɛ，mewɛ dɛpla ʧyʃinisilɛr，hɛqiqi ʃjaŋju（香玉）niŋ tuz iʃliri mupɛttiʃi lin bɛgimniŋ henimi ikɛnligini ʧyʃɛnmɛjsilɛr.（曹雪芹、高鹗，2006）

在这一例中的"香芋"既与前面一个"香芋"形成照应，又音同林黛玉的"玉"。此时译者只能靠加注法来进行补偿。

（6）华力牌电蚊香，"默默无蚊"的奉献。（邵新光，2008）

χuali markiliq elektironluq paʃa øltyrgyʃ paʃilarni mɛŋgy yntinsiz qiliʃta tøhpɛ qoʃidu.

这个广告双关语利用了人们熟悉的成语"默默无闻"作为理解的背景。"默默无闻"的奉献常用来形容不计名利地努力工作，但这个广告利用谐音双关使这个成语产生了变异，得到了幽默风趣的修辞效果。

（7）bir momajniŋ beɣida intajin tyz øskɛn bir typ dɛriχi bolup，momaj uni dʒenidin ɛziz køridikɛn. kynlɛrniŋ biridɛ ʃu juritniŋ padiʃahida bir jaɣaʧ bilɛnla turidiɣan imarɛt seliʃ hɛwisi qozɣilip，buniŋɣa lajiq kɛlgydɛk uzun hɛm tyz jaɣaʧni izdɛp，aχiri momajniŋ beɣidin tepiptu-dɛ，momajɣa razi bolɣudɛk altun kømyʃ berip jaɣaʧni aptu.

momaj jaɣaʧniŋ hɛqqi berilgɛn ʃunʧila nurɣun altun-kømuʃkɛ qarap：

-bir typ tyz jaɣaʧniŋ qimmiti ʃunʧilik bolsa，hɛqiqi tyz adɛmniŋ bahasiɣa jetip bolmajdikɛn-dɛ，-dɛptu.

一位老大娘的果园里有一棵树，长得特别直，为此老大娘视如命根。有一天，国王想建造一个一根柱子能顶住的楼阁，找一根又长又直的木料，果然在老大娘的果园里找到了，并用足够的黄金买下了这棵树。

老大娘看着卖树木的黄金说："既然一棵直树的价值如此昂贵，那么一个直爽的人是无价之宝啊。"（编委会 2006）

例（7）中的 tyz（直的，平坦的）分别修饰树和人，表示不同的意义，而且重点意义落在 tyz adɛm（直率的人）。

（三）异音同形异义双关

发音不同的两个词在拼写上却完全一样，不同的发音有不同词义，在一定的双重语境下，一有触机，就产生了双关效果。异音往往是一词多音、单词重读或轻读造成的。

在汉语中，异音同形异义双关可能更是有趣，如：

（8）一私塾先生自恃有学问而爱作弄人，一天，他信步乡村，遇一本村少妇，少妇正怀抱其双胞胎儿子。私塾先生上前手指婴儿问道："请问娘子，哪一个是先生的，哪一个是后生的?"这村妇也非等闲之辈，随即答道："不管先生还是后生，都是我生。"私塾先生顿时哑然。（彭曦、肖启芬，2006）

显然，双方都在"先生"一词上玩双关，因它同形，却有两个发音：

xiān-sheng/xiān-shēng。精于此双关手法的村妇不仅没让对方占着便宜，反而长了对方一辈，成了私塾先生的老娘。

维吾尔语中由异音同形的两个以上的词产生一定的节奏感，带有一定的押韵形成双关。如：

（9）zɛllɛ

baj bir tojda mɛzɛdin tojɣuqɛ jɛp, χordʒuniɣimu patquʃɛ dʒajlap bolup, dʒamaɛtkɛ qarap:

-køz qarnim toq kiʃimɛn, toj-tøkynlɛrdɛ zɛllɛ-pɛllɛ almajmɛn, -dɛp maχtiniʃqa baʃlaptu.

bajniŋ bundaq jalɣanʧiliɣiɣa ʧidap turalmiɣan ʃirin dorɣa:

-ʃundaq, baj, sili hɛqiqitɛn jaχʃi kiʃi, baʃlrida sɛllɛ, kijgɛnliri mɛllɛ, χodʒundiki zɛllɛ-dɛptu.（编委会，2006）

回　礼

在婚礼上巴伊吃饱喝足，褡裢里装满回礼，然后向大家自吹："我是一个衣食丰盈的人，在婚礼上从不拿回礼。"

对于巴伊的撒谎忍无可忍的西仁说："说得对，巴伊，您的确是个好人，头上的是散拉，穿上的是曼拉，褡裢里的是则拉。"

例（9）中巧妙地利用"散拉"（缠头布），"曼拉"（浅黄色的大衣），"则拉"（回礼）等异音同形的三个词，非常有趣地讽刺、揭露了巴伊的贪婪心态。

三　汉维双关语对比

（一）汉维双关语的相同点

汉维语中的双关语具有相同的修辞效果和语用功能。有效地使用双关语可以帮助人们利用语言的同音或多义现象达到一语双关的目的，具有言简意赅、意义深远的语义特点。双关语具有形式美和意象美两个特征。从以上三类例子可以看出，汉维双关语都是通过词汇的音、形、义的异同，遵循语法规则，在语法的协调下，巧妙地实现了"言在表而意在里"的双关效果。双关语可以突出语言的形式美的特征，使得句式简洁、音韵和谐、语言生动，收到良好的审美效果。在特定的语境中，双关语可以烘托出特殊的意境，传达出美的意象，提高语言的欣赏价值，这是汉维双关语的一个共同修辞特点。通过汉维双关语的比较，不难发现，汉维双关语有很多的共同之处，而差异点较少，这也表明不同民族的文化和思维方式存在着很多共同的东西。

（二）汉维双关语的不同点

由于语音、词汇、文字结构不同，而且汉字具有表意功能，汉维语的多音字、多义字的特点不同，汉维语双关的类型、结构特点也就不同。维语 ikki bisliq søz 与汉语的"双关"各行其道，在语言结构、语言背景、思维方式、表达方法上存在种种差异。维语同音同形双关语要多于汉语同音同形双关语，而同音异形双关语则汉语多于维语，其主要原因是汉语有阳平、阴平、上声和去声四个声调，再加上轻声，大大增加了双关语的表达机会，并能拓展延伸到歇后语，如：老虎拉车——谁赶（敢）？，孔夫子搬家——净是书（输），窗户眼吹喇叭——鸣（名）声在外。在维语中几乎没有歇后语现象。

（三）汉维双关语的互译

由于汉维语文化的诸多差异，汉维双关语互译甚为不易，有时即使译出，也难以取得好的修辞效果。由于维汉两民族的历史发展、生活环境、风俗习惯不尽相同，思维方式和美学观念也有一些区别，ikki bisliq søz 和"双关"这两种修辞格原来的用词和立意往往在双语转换中消失。当然，双关语并不是完全不可译，只要我们采用合适的翻译方法，原文的修辞效果同样会最大限度地体现出来。为了提高对双关语的认识，我们应努力培养文化意识。只有掌握了丰富的文化知识，我们才能准确地理解双关语的双重意义，并能在翻译中运用恰当的方法以传达其双关含义，表现其语言特色。请看一例汉语双关：

（10）"碰壁？"我说，"你怎么会碰壁呢？是不是走路不小心？"伯父说，"你想，四周黑洞洞的，还不容易碰壁么？""哦！"我恍然大悟，"墙壁当然比鼻子硬得多了，怪不得你把鼻子碰扁了。"在座的人都哈哈大笑起来。

tamɣa ysiwaldim dediŋma?-dedim mɛn uniŋya-qandaq bolup tamɣa ysiwaldiŋ?jolda awajlap maŋmiɣan oχʃimamsɛn?

-qariɣina-dedi taɣam- ɛtrap qopqaraŋɣu tursa tamɣa ysyʃtin saqlanɣili bolamti?

-mundak dɛna-mɛn ʃuan ʧyʃɛndim-tam ɛlwɛttɛ burundin qattiq bolidu, burniŋiz ʃuŋa panaq bolup qaptikɛn-dɛ.

bu gɛpni aŋlap olturɣanlarniŋ hɛmmisi qaqahlap kylyp ketiʃti.

"碰壁"一词，表面上说走路不小心碰到了墙壁，内里隐含着与恶势力斗争中的挫折和打击，"黑洞洞"一词，明说天黑，四周光线暗，暗指当时的社会黑暗。译文采取意译法，保留了原文的修辞特点。

再看一例维语双关：

（11）baʃ bikar bolmisa

"tɛt kiʃilik goruh"jiqitilɣandin kejin，hisam badam doppa kijip koʧiɣa ʧiqiptu .doppiniŋ uniŋya bɛkmu jaraʃqanliɣini kørgen aɣinisi:

-adaʃ, doppaŋɣa mɛsligim keliwatidu, burunraq kɛjsɛŋ boptikɛn -dɛptu.

-hɛj adaʃ -dɛptu hesam beʃini ʧajqap-neʧʧɛ waχtin beri baʃ bikar bolmisa qandaq kejɛttim.（赵世杰，1993）

头 上 不 闲

　　粉碎"四人帮"后，艾沙木头戴巴达姆花帽在街上走着，一位朋友看见了，觉得花帽戴在他的头上格外相称，便说：

　　"朋友，我真羡慕你的花帽，你早些时候戴上多好！"

　　"唉，朋友！"艾沙木摇摇头说，"很久以来，我的头上一直不闲，怎能戴呀！"（赵世杰，1993）

　　原文中表面上说"我的头上一直不闲"，实际上说的是"'文化大革命'中我一直被扣帽子"，译文同样采取直译法，具有同样政治文化背景的各民族完全可以理解暗中的意思。

　　在翻译中尽可能地保留语义双关的修辞特点，译文读者与原文读者一样得到同样的感受，但是谐音双关最不好处理，因为谐音双关汉维语言各自发挥字、词的语音特点，甚至有时双关语相互转换后译文读者百思不得其解。如：

（12）jolluq   alma   饯行的苹果

　　　 jolluɣum bolsun saŋa   送你饯行的苹果

　　　 qojnuŋɣa salɣin almini.   放在你的怀抱里。

　　　 hɛr seɣinɣanda purap   每当闻起苹果时，

　　　 jadiŋɣa jarim almini.   我出现在你的脑海里。

　　　（编委会，2006）

　　原文中第三行的 almini（把苹果）与第五行的 almini（想起我）是谐音双关，歌词吐露非常深刻、强烈的情感。但在译文中只能传递一般意义，而无法保留原文的双关艺术特色。因此好的译文需要译者的创造力和想象力，要正确理解词语的双关意义，应坚持不懈地大量阅读、研究两种语言的文化差异，尽量找到最接近的表达方式，并取得理想的修辞效果。

四　结语

　　由于双关语言简意赅，语用双关，形象生动，所以它不仅得到了维吾尔作家的偏爱，也受到广大民众的欢迎。从严肃的古典文学作品到流传于人们口头的民间笑话、民歌、民间故事，到处都有双关语的影子。双关语为严肃的文学作品带来了轻松，为日常生活增添欢笑。汉维两种语言分属两大语系，又有各自不同的历史文化背景，但都异曲同工地使用了双关修辞格，修辞效果都使语言增加幽默感，留给读者更多的思考。因此，我们应重视这一语言现象，提高对双关语这一特殊语言形式的认识。特别是在翻译过程中，我们要运用不同的翻译技巧，力求达到译文中双关语的信息功能、语用功能和美感功能的统一。

第三节　汉维语借代对比研究

一　引言

在汉语和维语中，借代是一种十分常见的修辞手法。无论是写文章还是讲话，写说者都可以在特定的语境中舍去人或事物的本来名称不用，而借用与它存在着某种现实的、特殊的联系的人或事物的名称来称呼它，以达到某种特殊的修辞效果，这就是我们所谓的借代修辞法。恰当地运用借代修辞法，不仅可以避免令人生厌的重复，而且可以突出人或事物的特征，增强语言的形象性和表现力，使作品富于变化，有时还可以增加一些幽默感。

借代的基础是本称与借称之间某种密切的现实联系。这种联系的复杂性以及各民族生活环境、思维习惯与语言习惯的差异决定了不同语言借代形式的多样性。从宏观的角度看，汉语中借代主要分旁代和对代两大类。旁代是指用事物自身的标记或特征以及伴随或附属事物代替事物本身的借代方式；对代是指利用相对的事物或事物相对的方面进行借代。从辞格的对比中不难看出，在借代的分类上，汉语和维语是不尽一致的。汉维语中都大量使用借代这种修辞手法，它不仅展现了汉维语绚丽夺目、绚丽多彩的修辞特色，而且反映了汉族和维吾尔族人民创造语言财富的艺术才华，是我们学习与研究汉维语言的艺术宝库。

二　汉维语相同及相似的借代方式

世上万事万物之间，存在着种种繁杂关系，诸如抽象与具体，局部与整体，个别与一般，原因与结果，原料与成品等。所以说，事物之间的关联性、替代性正是借代修辞方法得以产生的客观基础。

根据借代修辞手法所涉及的两个事物之间的关系，汉维语中常见的借代方式有以下七种。

（一）借具体形象代抽象概念

人的大脑比较容易接受具体、鲜明、生动的事物，而对抽象缥缈的东西则感到较难理解，人们常用与其密切相关的具体事物来指代抽象的事物。这种借代形式在汉维语中运用都很普遍。如：

（1）宁做蚂蚁腿，不做麻雀嘴。（维谚）

ʧymyliniŋ puti boluʃqa razimɛnki，quʧqaʧniŋ aɣzi bolmajmɛn.

（2）年轻不晒背，老年要拿棍儿。（维谚）

jaʃ waqtiŋda ɛmgɛktin qaʧsaŋ，qeriɣanda tilɛmʧilik qilisɛn.

（3）鲁迅的骨头是最硬的。（毛泽东《新民主主义论》）

Luʃynniŋ iradisi ɛŋ mustɛhkɛm.（maozedoŋ《jeŋi demokeratizim hɛqqidɛ》）

例（1）"蚂蚁腿"指代辛勤劳动，"麻雀嘴"指代不劳而获。例（2）"晒背"指代参加体力劳动，"拿棍儿"指代讨饭。例（3）用具体的"骨头"指代抽象的"骨气""气节"。

（4）qojuwetiŋ

qol astidiki bir haraqkɛʃ adɛm bilɛn ylpɛtʧilik qilidiɣan bir baʃliq hisamɣa datlaptu：

-bu haraqkɛʃ zadila tyzɛlmidi，qaraŋ，qolumni ʃunʧɛ uzattim... qariɣanda patqaqtin tartiwalɣili bolmajdiɣandɛk turidu.

-qoliŋizni qojuwetiŋ，-dɛptu hesam baʃliqqa-bolmisa siznimu patqaqqa sørɛp kɛtmisun. （《hesam ʧaqʧaqliri》222-bɛt）

放开他的手

一个当官的与手下的一个酒鬼交朋友，当官的向伊沙木怨言说：

"这个酒鬼根本不改邪归正，我本来想伸手挽救他，看来不能把他从泥泞中拉上来。"

"放开他的手，"伊沙木说着，"不然把你也往泥泞中拉下来。"（《伊沙木笑话》）

（5）arqa iʃikni izdɛʃ

bir kyni hesam maarip idarisiniŋ arqa temini bojlap jyrgɛn ikɛn，idarɛ baʃliyi køryp kelip soraptu：

-hesamka，kyp-kyndyzdɛ oɣridɛk arqa tamni ɛgip qapsizɣu，nimɛ boldi？

-ikki jil boldi，aldi iʃiktɛ jyryp iʃimni hɛl qilalmidim，-dɛptu hisam-ɛmdi arqa iʃikni izdɛp jyrimɛn.（《hesam ʧaqʧaqliri》234-bɛt）

找　后　门

有一天，伊沙木在教育局的围墙后面徘徊，局长看到并问他：

"伊沙木，光天化日之下在围墙后面鬼鬼祟祟的干什么？"

"两年了，在前门根本办不成事儿，"伊沙木说着，"我现在正找后门。"（《伊沙木笑话》）

例（4）中的"泥泞"在维语中指代歪门邪道。例（5）中的"后门"指代行贿受贿等不正之风。此外，汉语中用"一双锐利的眼睛"代"敏锐的洞察力"，以"墨水"代文化，以"脑瓜"代思想；维语中以 umaʧ（糊糊）代"知识"，以 bojun（脖子）代义气，以 ʃaltaq（污垢）代不良的习惯等。

（二）借局部代整体

用事物重要的或具有代表性的部分来指代整体或全体事物，也是汉语和维语所共有的借代方式，其中有些借代方式是完全相同的。如：

（6）咱们既然在此地驻扎，就不允许他们在这一带动百姓一草一木。（姚雪垠《李自成》）

biz bu jɛrdɛ makan tutqan ikɛnmiz, undaqta puqralarniŋ bir tal gijasiɣimu ʧeqiliʃqa jol qojulmajdu.

（7）不在一部分人民家中一时地打烂些坛坛罐罐，就要使全体人民长期地打烂坛坛罐罐。（毛泽东《中国革命战争的战略问题》）

χɛliqniŋ bir qisminiŋ ailisidɛ bir mɛzgil qaʧa-quʧa anʧɛ-munʧɛ ʧeqilmiɣanda, pytyn ʃɛliqniŋ ailisidɛ uzaq muddɛt qaqa-quʧa ʧeqilidiɣan bolup qalidu. （《maozedoŋ tallanma ɛsɛrliri》1-tom，394-bɛt）

例（6）借"一草一木"代替包括一草一木在内的所有东西。例（7）"坛坛罐罐"指代所有的家庭财产。这是局部代全体。

（8）altinʧi ajniŋ waqtida

　　miwɛ-ʧewɛ piʃidu.

　　θzi piʃip θzi ʧyʃkɛn

　　alma-yryk aman barmu.

　　六月的盛夏，

　　水果都在树枝上。

　　熟在树上落下来，

　　苹果杏子在地上。（《维吾尔民歌》）

（9）bizni ɛzgɛn kanʧilar

　　qattiq turdi pulni dɛp.

　　etimizni atimas,

　　qara paʧʧaq oɣri dɛp

　　残酷剥削的矿长，

　　成了矿工的贼娃子。

　　从不叫我们的名字，

　　被他们叫黑腿子。（《维吾尔民歌》）

（10）aq saqalɣa jalwursam

　　qara paʧʧaq bolsa bɛrdɛjdu.

　　puluŋ bolmisa seniŋ,

　　laʃmanliqqa bar dɛjdu.

　　苦苦哀求向头目

头目想要我的钱。

若要拿不出钱

就给沙俄当长工。(《维吾尔民歌》)

　　例（8）alma-yryk（苹果杏子）替代所有的水果。例（9）qara patʃaq（黑腿子）替代苦难的矿工。例（10）aq saqal（白胡子）指代头目、族长。从以上几个例子中可以看出，局部代整体是汉维语共有的修辞现象，如果说有区别，那就是借代的角度、借代的用词习惯、语体特点不同。

　　（三）借特征标志代替本体事物

　　汉语和维语中都有以人或事物的某一突出特征的名称代替人或事物本身名称的借代方式。这些特征包括衣着、长相、颜色、质地、商标等许多方面。如：

　　（11）——"阿诗玛"怎么卖？

　　　　　——一张"大团结"。(汪平潮《英汉借代之比较》)

-"asima"ni nɛtʃʃɛ pulɣa satisiz?

-bir qepi on jyɛn.

　　（12）我拿了新闻看，长腿装着无聊的脸坐在安乐椅子止。(鲁迅《现代小说集·沉默之塔》

　　mɛn hɛwɛrni oquwatqan waqtimda.uzun patʃaq tʃirajidin hɛtʃqandaq inkas ipadilɛnmigɛn qijapɛttɛ jumʃaq orunduqta olturatti.

　　（13）有那么一些领导专想喝杜康，抽三五，坐皇冠，脑子里就是没有为人民服务。(刘珉《汉维语修辞格概要》)

　　ʃundaqmu bir qisim rɛhbiri kadirlar barki，itʃiʃi dukaŋ markiliq haraq，tʃekiʃi "555"markiliq tamaku，olturiʃi ʃantadʒi markiliq pikap bolup，χɛlq ytʃyn χiznɛt qiliʃ degɛnni χijaliɣimu kɛltyryp baqmajdu.

　　例（11）中"阿诗玛"，"大团结"分别替代"阿诗玛"香烟和"十元"的人民币。例（12）中"长腿"是长相特征，代"长腿的人"。例（13）用"杜康"指代高档酒，"三五"指代高档烟，"皇冠"指代高档卧车。译文尽可能地保持原文的修辞特点，但是汉维两种语言借代的用词习惯不同，以上列举的"大团结""杜康""皇冠"等借代与本体双双译出。

　　（14）haraq tepilmisa

hesamni køp itʃidu dɛp aŋliɣan bir jigit soraptu：

-hesamka，haraq tepilsa　u itʃɛrsiz，bolmisa qandaq qilisiz?

hesam nahajiti tɛbilik bilɛn dʒawap qajturuptu：

-haraq tepilmiɣan kyni øzymniŋ meŋiʃi boliweridu.

（《hesam tʃaqtʃaqliri》116-bɛt）

如果找不到酒

有一位小伙子听说伊沙木爱喝酒，便问他：

"伊沙木大哥，如能找到酒你就可以喝，如果找不到酒怎么办？"

伊沙木很自然大方地回答：

"如果找不到酒，我的走路姿势本来就像醉汉的样子。"

（15）bu "zalim"diki"z"

ʃerinniŋ perman jazduruwatqan beg uniŋ "peʃtaq"leqimini tʃiʃlep tartip χettiki "p"herpini kørsitip:

-bu "peʃtaq"tiki "p"mu dep soriɣan iken，ʃirinmu heriplerni kørsitip turup:

-bu"zalim"diki"z"，bu"qanχor"diki"q"deptu．（《维吾尔民间笑话》）

这是"残暴"的"残"字

西仁的外号叫"楼台"。一天，伯克让西仁写命令，伯克把"命令"中的"楼台"一词咬得重重的，指着"楼"字问道：

"这是'楼台'的'楼'字吗？"

西仁指着另外两个字，说道：

"这是'残暴'的'残'字，这是'吸血鬼'的'吸'字。"

（《维吾尔民间笑话》）

例（14）中øzymniŋ meŋiʃi boliweridu，意思就是"我不喝酒，走路姿势本来像醉汉一样"，伊沙木平时摇晃着走，这种姿势就替代醉汉。伊沙木非常巧妙地用这个词，暗示自己的走路姿势与喝酒和不喝酒没什么区别。

例（15）中西仁巧妙地用"zalim"diki "z"，"qanχor"diki "q"暗示伯克的"残暴""吸血"等特征。为了保持原文的修辞特点，译文中使维文字转换成汉字。

（四）特指泛指互相借代

利用众所周知的、具有代表性的人物姓名、具有代表性的特征替代。如：

（16）陆文婷笑着指指傅家杰说："你问他，我最自私了，我把丈夫打入厨房，我把孩子变成'拉兹'，全家都跟着我遭殃，说实话，我是个不称职的妻子，也是一个不称职的妈妈。"（谌容《人到中年》）

luwentiŋ kylymsirigen halda fudʒjadʒejni kørsitip turup dedi:

-umu obdan bilidu，men øzemnila ojlaptimen，erimni aʃpez，balamni sergendar qiliwetiptimen，pytyn ailidikiler meniŋ kasapitimdin ʃorluqqa uʧridi，ras gepni qilsam，men lajaqetsiz χotun，hem lajaqetsiz ana boldum．（ʧenroŋ《adem ottura jaʃqa barɣanda》）

（17）打江山不怕人多，老百姓说："人多出韩信。"（周立波《暴风骤雨》第一部，第13回）

uruʃ qiliʃta ademniŋ køp boluʃidin qoriqmasliq kerek，el iʃide "adem køp bolsa serkerde χɛnʃin ʧiqidu"degɛn gɛp bar.

（18）中国还有一句成语，"三个臭皮匠，合成一个诸葛亮。"这就是说，群众有伟大的创造力。中国人民中间，实在有成千上万的"诸葛亮"，每个乡村，每个市镇，都有那里的"诸葛亮"。（《毛泽东选集》第三卷）

dʒoŋgoda "yʧ addi kɵnʧi birlɛʃɛ dʒugeliaŋ bolidu"degɛn gɛp bar，ɛmma byjyk idʒadij kyʧkɛ igɛ，degɛnlik bolidu.dʒoŋgu χɛlqi arisida hɛqiqitɛn miŋliɣan，onmiŋliɣan "dʒugeliaŋ" bar，hɛr bir jeza kɛntniŋ，hɛr bir bazar dʒinniŋ ɵz "dʒugeliaŋ"liri bar.（《maozedoŋ tallanma ɛsɛrliri》3-tom，1688-bɛt）

例（16）中"拉兹"是印度电影《流浪者》中的主人公。这里用来指代无人关心的流浪儿。例（17）中"韩信"，秦末楚汉战争时的汉军统帅，善于用兵，此处指代能人。例（18）原文中特指替代泛指，即用千百年来活在中国人民心中的"诸葛亮"来代替聪明才智的、具有伟大创造力的人民群众。"诸葛亮"在中国家喻户晓，老幼皆知。维语中已出版发行《三国演义》维文版，广大维吾尔族观众已观看了电视连续剧《三国演义》，已经了解诸葛亮是何许人。维文读者自然理解了内在含义，达到了跨文化交际的目的。

（19）pijaz qanʧɛ pul

hesam bir aʃχaniɣa kirip on manta aptu.mantilarniŋ iʧidin sapla pijaz ʧiqiptu.miŋ tɛsliktɛ mantilarni jɛp bolɣan hesam pul tɵlɛjdiɣan waqitta mantupɛzdin soraptu:

-ustam，on baʃ pijaz qanʧɛ pul?

皮亚子多少钱

伊沙木到一个餐馆买了十个包子，包子里面都是皮亚子。伊沙木好不容易吃完包子，掏钱的时候问餐馆厨师：

"师傅，十个皮亚子多少钱？"（《伊沙木笑话》）

（20）aq

tolimu sadda bir tuqqini sɛhradin hesamlarniŋkigɛ mehmandarʧiliqqa kelip，ʧaj ystidɛ soraptu:

-hesamidin，hazir bɛzi jaʃlar aq ʧekidu，aq ʧekidula dɛjdu，aq degɛn nimɛ u?

hesam tuqqiniɣa qisqila ʧyʃɛndyryptu.

-aq degini kepɛn.

伊沙木一个纯朴的亲戚从乡下来到他家做客，并在吃饭的时候问伊沙木：

"伊沙木，据说现在有些年轻人吸白粉，白粉究竟是什么东西？"

伊沙木简明扼要地说：

"白粉就是白色殓衣。"

例（19）皮亚子指代包子。例（20）"白粉"指代海洛因，"白色殓衣"指代死亡。像汉语的"张三李四"，维语的"艾买提和赛买提"也属这个范围。

三　以结果代原因

因果关系是事物内部的必然联系。汉语和维语中都有以结果代原因的借代方式。如汉语中以"发抖"代恐惧，以"翻脸"代冲突，以"捏一把汗"代担心等。又如：

（21）于是大家替他们兄弟俩捏把汗。（刘珉《汉维语修辞格概要》）

ʃuniŋ bilɛn køptʃilik bu aka-uka ikkisiniŋ dʒidɛlliʃip qeliʃidin ɛndiʃɛ qiliʃti.

（22）根据大家的要求，我欣然命笔。（刘珉《汉维语修辞格概要》第 167 页）

køptʃilikniŋ tɛliwigɛ binaɛn，mɛn jɛnɛ qolumɣa qɛlɛm aldim.

例（21）黑李和白李兄弟俩共结交了一个女友，因此人们担心兄弟俩会不会发生争风吃醋的矛盾。担心着急往往就出汗，因此这里用"捏把汗"指担心害怕。例（22）借"命笔"这一原因指代绘画、作诗或题词之类的行为结果。

（23）igisi nɛdɛ

kɛʃ kursida sawat tʃiqirip jyrgɛn kynliridɛ oquɣutʃi bir qetim hesamdin soraptu；

_hesamidin，dʒawap beriŋa，horun atʃliqtin ølyp kɛtti，degɛn dʒymliniŋ igisi nɛdɛ？

hesam ojlinip ketip dʒawap beriptu：

-jɛrliktɛ.

主语在哪儿

夜校识字班读书的一个学生问伊沙木：

"伊沙木请回答，'懒汉因挨饿死亡'这句话的主语在哪儿？"

伊沙木想了一阵回答说：

"在墓地里。"（《伊沙木笑话》维文第 200 页）

（24）qeriʃ

jaʃ turup tʃetʃi ap-aq bolup kɛtkɛn bir jigit kotʃida hesamni køryp tʃaqtʃaq qiptu：

-hesamka，nemandaq maŋisiz？putiŋizdin qeripsiz dʒumu！

-qeriʃmu hɛrχil bolidikɛn，uka，-dɛptu hesam dɛrhal toχtapla，-mɛn putumdin qeriptimɛn，siz beʃiŋizdin...

老　化

一个头发花白的年轻人在街上碰到伊沙木，并向他开玩笑：

　　"伊沙木大哥，你走路这么奇怪？看来你从腿上开始老了。"

　　"兄弟，老化也有各种表现"，伊沙木停下来说，"我从腿上老化，可你从头上老化。"
（《伊沙木笑话》）

　　例（23）懒汉的结果是挨饿，挨饿的结果就是死亡，例中的"在墓地里"指代"死亡"，伊沙木非常巧妙地移花接木，直接说出结果。例（24）头发花白是老化的结果，伊沙木说出"可你从头上老化"这个原因，让年轻人自己也应该想到头发已花白这样的结果。维语中有时 qiziriʃip qalmaq（相互脸红）代吵架，beʃi saŋgilap kɛtmɛk（垂头）代发愁。在汉维语中，借代的方式多种多样，有时以结果代原因，有时以原因代结果，无论结果或原因，都以本体相关的特征来充当。

　　（一）借有定代无定

　　汉维语中都有以定数代不定数，言数量之多的借代方式。汉语中常用的定数有三、五、七、八、九、十及十的倍数；维语中则多用 bir（一）、jɛttɛ（七）、on（十）、jyz（一百）、miŋ（一千）、miljon（百万）等。如：

　　（25）百闻不如一见。

　　jyz aŋliyandin bir kørgɛn ɛla

　　（26）三十六计，走为上计。

　　heli mekir ottuz altɛdur, bɛdɛr qɛtʃiʃ hɛmmidin karamɛttur.

　　（27）三天打鱼，两天晒网。

　　yʧ kyn beliq tutup, ikki kyn tor qurutuptu.

　　（28）九牛二虎之力。

　　nuryun kyʧ sɛrip qilmaq

　　（29）bir baj miŋni gadaj qiptu.

　　发财一家，苦死万家。

　　（30）ikki sɛkkiz on altɛ.

　　三七二十一。

　　（31）jyz jilliq quruq χijal bir tijinimu ɛrzimɛs.

　　空想一百年，不值一文钱。

　　（32）pul bar ʧaɣda miŋ dost, pul joq ʧaɣda qeni dost.

　　酒肉朋友多多有，落难之中半个无。

　　有定代无定是一种普遍的借代方式，主要适用于熟语之中，以定数代不定数。由于汉维语使用数字的习惯不同，数字的文化、心理作用有别，表示同一个概念从不同的角度选择数词，甚至有时甲语言使用数词，而乙语言用其他词语代替。因此，在相互转换过程中，汉维语不仅用不同的数词替代，而且用一般词语替代数词。

（二）借事物的所在、所属或产地代本体事物

有些人或事物与其所在或所属的联系十分密切，提此便使人联想到彼，因此人们常用人或事物的所在或所属的名称来指代人或事物本身，这种借代方式汉维语中运用都很普遍。如：

（33）何以解忧，唯有杜康。

ɣɛmdin χalas bolaj desɛŋ dukaŋ hariqini iʃ.

（34）读点马列。

markis lenin ɛsɛrlirini oqup qojajli.

（35）总指挥部来了电话，问这口井的喷油情况，他们一宿没合眼，在等消息。北京也在等。（《创业》张天民）

baʃ qomandanliq ʃitawidin telefon kelip bu quduqtin maj tʃiqiʃ ɛhwalini soriɣan idi, ular χɛwɛr kytyp bir ketʃɛ kirpik qaqmaj tʃiqti, bejdʒiŋmu χɛwɛr kytyp turatti.

例（33）"杜康"，古酿酒名师之名，代替酒。例（34）"马列"，代替马克思和列宁所写的著作。例（35）"北京"这里指代中央领导。

（36）ana tupraq topisi gowa køzymgɛ tutija

køldɛ yursɛm øzymni sezimɛn gylʃɛndɛ mɛn.

suliri abihajat kewsɛr χidʒalɛt aldida,

nɛ ytʃyn muhtadʒ bolaj huʃtar bolaj zɛmzɛmgɛ mɛn.

nɛgɛ barsam øz anam qojnidamɛn øgɛj ɛmɛs,

mɛjli χoten, mɛjli enʃan, mɛjli tɛihaŋʃandɛ mɛn.

故土的每一沙土对我都是无比的珍贵，

跋涉在戈壁上会感到处在花丛和绿荫。

祖国的每一滴水都胜似甘露使我沉醉，

我无论走到哪里都在母亲的怀抱之中，

也许我处在和田，鞍山还是太行山之中。

（铁依普江艾力尤普 《歌颂祖国》）

（37）pilitʃige tʃiqip biz,

haŋda kømyr koliduq,

haŋda kømyr ørylsɛ,

"barmu sɛn" dɛp towliduq.

去那遥远的地方，

井内深处挖煤炭。

井内煤炭塌滑时，

相互叫喊"你活着吗"？（《维吾尔民歌》）

（38）qɛʃqɛrdin tʃiqip kɛlsɛŋ,

aɣibulaqniŋ   taɣliri

kemidin ɵtywɛttuq,

elihoniŋ   baɣliri.

从喀什上路,

经过阿葛布拉克山脉。

坐船上岸,

就出现伊犁的果园。

例（36）以 ana tupraq, qol 指代祖国的良田沃土。以 hχoten, enʃan, tɛihanʃan 指代祖国的所有城市、乡村。例（37）代词"你"指代矿工的名字。例（38）"喀什"指代南疆,"伊犁"指代北疆。

四　汉维语借代修辞格的主要差异

汉维语借代的差异主要体现在:

（一）以人名代作品或发明物

汉语中有以著名的作家、艺术家、发明家的名字代其作品或发明物的借代方式。例如,汉语中常以"杜康"代酒（传说杜康是杜康酒的发明者）,汉语中可以说"读莎士比亚","你读过卢素没有?",维文中基本上没有以人名代作品或发明物的借代方式。在翻译过程中,译文可以增加作品或发明物的名称。

（二）相关事物代人

维语中以相关事物代人的借代方式在南疆比较普遍,特别是在市场,人较多而不知道姓名的情况下常用与人相关的事物名称来叫喊。如:有人带柴火,就可以叫"哎,柴火";有人带毡子,就可以叫"哎,毡子";甚至有人牵着羊,也可以叫"哎,羊"。在具体市场环境下,大家都可以理解。这种修辞方式具有临时性、特殊环境性,一般情况下不能使用这种借代方式。如果在汉语言环境中可以改变成"哎,卖柴火的","哎,卖毡子的"。汉族集市上卖西瓜的也喊"西瓜!西瓜!又沙又甜的大西瓜!"这种叫卖声,在市井中也有:"罐罐馍!"敲梆子卖豆腐的则用声音提醒人们。

（三）数量词代事物

用与事物密切相关的数量词指代事物本身,是汉语特有的借代方式。如:

（39）原来是苇塘东边、南北两片大荷花都开了,望过去,千朵万朵,在风里摇着。（孔厥、袁静《新儿女英雄传》）

Wikenlik kɵlniŋ ʃeriq dʒɛnup wɛ ʃimal tɛripidɛ nilupɛr gylliri hɵppidɛ etʃilɣan idi, jiraqtin qarisa netʃʃɛ on miŋliɣan niluper gylliri ʃamalda silkinip turatti.

（40）关门主义"为渊驱鱼,为丛驱雀",把"千千万万"和"浩浩荡荡"都赶到

敌人那一边去，只博得敌人的喝彩。（毛泽东《论反对帝国主义的策略》）

bekinmitʃiler miljonliɣan hɛjwɛtlik inqilawi ammini dyʃmen tɛrɛpkɛ ittiriwɛtip，dyʃmennin barikallisiɣa ɛriʃti.

（mawzɛdoŋ《dʒahangirlikkɛ qarʃi turuʃniŋ taktikiliri hɛqqidɛ》）

例（39）"千朵万朵"指成片的荷花。例（40）"千千万万"和"浩浩荡荡"代统一战线中的革命群众和友军。类似的例子还有以"二十响"代香烟；"七斤半"代步枪；"百十来斤"代身体等。由于维语没有这种借代手法，译文只能借代与本体双双译出。

（四）借跟本体事物相联系的其他事物代本体事物

用与本体事物相联系的其他事物指代事物本身，从而使表达更为真切。如：

（41）为什么日本人这样喜欢你的背，而你们丢了河防不管，让大段地空着，你们的心就那么放得下去呢？（毛泽东《质问国民党》）

japonlar nimɛ ytʃyn silɛrniŋ tʃɛkiniʃiŋlarɣa aʃiq bolup qaldi?jɛnɛ kelip silɛr dɛrja mudapijɛ lenijisini taʃliwetip nurɣun jɛrlɛr bikar qaldi，buniŋdin silɛr biaramliq hɛs qilmamsilɛr?

（maozedoŋ　《gomindaŋya qojulɣan soal》）

（42）从今天起，他的八斤半就在脖颈上不稳啦。（姚雪垠《李自成》，第一卷）

bugyndin baʃlap，uniŋ bojni kallisini muqim tutup turalmajdiɣan boldi.（jawʃɛjjin《bahadir ʃah liziʃeŋ》1-tom）

例（41）用"背"这一事物来代替另一事物"撤退"。例（42）中的"八斤半"是借来代替"头颅"的，因为人的头颅俗称重八斤半。由于这种借代汉语独有，维语只能用本体来对应。

（五）使用借代的具体语言环境不太相同

汉语借代在政治作品、小说、散文、杂文等文学作品出现的频率比较高，而在维语中口语、诗歌、民歌、笑话等文学语体出现的频率比较高。借代的种类繁多，但是，由于语言习惯和具体作者的创作风格不同，汉维语使用借代的侧重点不同，因此在汉维语相互转换的过程中，汉维语翻译实践中发现，许多情况是汉语用借代而维语不用，维语用借代而汉语不用。汉语借代与维语借代虽然存在着非常相似的地方，但在性质上，有时却存在一些差异。汉民族惯于使用具体、形象的词语来表达虚的、抽象的概念。而维吾尔族则常使用含义概括、指称笼统的抽象词语来表达复杂的理性概念。另外，汉维语毕竟是不同语系的两种语言，两个民族的文化传统、生活环境、风俗习惯各不相同，思维方式和美学观念也有所差异。机械地照搬原文修辞法，有时不仅不能保持原文的语言表现力和感染力，反而会弄得词不达意，晦涩难懂，甚至歪曲原意。在这种情况下，就需要采取意译的办法，以求准确表达原文的思想和精神，符合汉语习惯。也就是说，在不能做到使译文与原文形神皆似的时候，译者应当牢记形似不如神似。

五　结语

从以上的对比中可以看出，作为一种重要的修辞手法，借代在汉语和维语中的运用是十分普遍的。在借代形式上，汉语和维语有许多相同之处。当然，在借代的选择上，差别是主要的。了解这些异同点对阅读理解及汉维互译都有具体帮助。比如，对汉维相同及相似的借代方式在翻译时应以直译为主，以保留原文的写作风格及修辞效果；而对于汉语或维语特有的借代方式，则必须根据目的语的习惯用意译或释译的办法灵活处理。借代在汉维语中都是非常重要且使用得非常广泛的一种修辞格，也是汉族和维吾尔族心理思维活动中的一种普遍方式，对两个民族的生活及其文化有着很大的影响。认识和了解汉维语借代修辞格在语言和文化中的功能和作用能更有效地理解汉维两种语言，更好地促进汉维文化的译介和交流。汉族和维吾尔族的思维方式、思维特征、思维风格不大相同。这种思维的差异反映着民族群体长期所形成的语言心理倾向。因此，每一种语言都体现着民族思想特征、思维差异，汉维语言也毫不例外。总之，充分了解母语和所学语言之间的异同，包括修辞手法上的异同，语言表达形式同民族的心理—思维文化关系最为密切。以上汉维语共有的借代分为七类，差异分为五类，如果我们更深入、更细致地对比研究共同性和差异性，那么不仅仅是七类或五类，还有更多。

第四节　汉维语仿词对比研究

汉语的"仿词"修辞格与维语 teqlidi søz 是基本对应的辞格，二者在深层方面可说是基本上相同，即都是模仿已有的词、句、篇等语言形式创造出表达自己需要的新词、新句、新篇，给人们留下"旧瓶装新酒"的感觉，并产生新奇、幽默、风趣、揶揄的修辞效果。最早对仿词进行定义的是陈望道先生，其著《修辞学发凡》将仿词定义为：为了滑稽嘲弄而故意仿拟特种既成形式的，名叫仿词格。仿词有两种：第一是拟句，全拟既成的句法；第二是仿调，只拟既成的腔调。[①]之后，随着对仿词格的认识不断深化，

---

① 陈望道：《修辞学发凡》，复旦大学出版社 2008 年版，第 89 页。

学者们不断提出新的定义。徐国珍在前人的基础上将仿拟定义为"'仿拟'是一种'仿'照某现成的语言形式'拟'创出一个临时性的新说法的修辞方法"。"现成的语言形式"叫作"本体"，而拟出的"临时性的新'说法'"叫"仿体"①。仿词在汉维两种语言中都形式多样，运用广泛。不管是汉语还是维语，仿词都可以在各个不同语法层次上进行。仿词的目的是为了使语言幽默、生动。关于仿词，许多学者进行了比较深入的研究，特别是汉语与英语等语言的仿词的比较研究，远远超出了修辞学的范围，从语义学、文化学角度去研究。然而，将汉维语中的仿词现象放在一起进行专门的对比研究却不多见。少数研究成果多是概而述之，对相同的地方说得多一些，相异的地方很少提及。因此，本文从不同的角度主要就汉语和维语两种语言中共有的仿词现象进行粗浅的对比分析。

一　汉维共有仿词

语义学家乌尔曼指出，"类比"是语义变化的无数原因之一。②所谓"仿词"，也就是由原有词项类比出新有词项。根据仿词的语音及结构特点，分为以下四种类型：

（一）仿词

仿词就是在词汇层面仿拟固有词汇形成新词。这里的词是单词或字词，而非"词组"。实际上，汉维仿拟中"仿词"的数量是最多的。如：

（1）"大姐，这里住的可有一位作家？"

"什么'坐家'，'站家'，不知道！"她回答。

-aʧa, bu jɛrdɛ bir jazɣuʧi bar idi, bilɛmsiz?

-nimɛ, jazɣuʧi, jazɣuʧi degɛnlɛrni bilmɛjmɛn.

（2）个别领导干部到基层是为了"宴收"而不是验收，是为了"烟酒"而不是研究。

bir qisim rɛhbirij kadirlar asasi qatlamlarɣa ʧʃuʃtɛ tɛkʃyryp ɵtkyziwɛliʃni ɛmɛs, jɛp-iʧiʃni, tɛkʃyryp tɛtqiq qiliʃni ɛmɛs, soɣa-salamni mɛqsɛt qilidu.

（3）《博爱让她好孕降临》。（《深圳晚报》2004 年 9 月 14 日）

《mehrij ʃɛpqɛt uniŋɣa pɛrzɛnt ata qilɣaj》

例（1）仿"作家"之音，造"坐家"，再由"坐家"之义造"站家"，幽默诙谐，引人捧腹。例（2）中的"宴收"与"验收"，"研究"与"烟酒"是谐音仿词，幽默诙谐地讽刺个别干部身上存在的腐败现象。例（3）中的仿体"好孕"与本体"好运"语音语调完全一致，"好孕"不仅告诉不孕妇

---

① 徐国珍：《仿拟研究》，江西人民出版社 2003 年版，第 12—22 页。

② 李国南：《英汉修辞格对比研究》，福建人民出版社 2001 年版。

女怀了孕的事实，而且双关"好运"，达到了绝妙的修辞效果。

（4）kantu kawisi

rozi qarimniŋ kawiliri taza oχʃaptu. biraq piʃaj degɛndɛ bir-birlɛp joquluʃqa baʃlaptu .qarim: kim oɣurlajdikɛn dɛp marap oltursa，mɛhɛllidiki bir χotun kelip ujaq-bujaqni kyzitiptu-dɛ，bir kawini yzyptu .ʃu tʃaɣda rozi qarim "ohu！" dɛp ornidin turuptu.qarimniŋ marap olturɣinini kørgɛn heliqi ajal osal bolup，gɛp jasap：

-qarim bu nimɛ kawa idi?ɛdʒɛpmu køp mewilɛptiɣu?-dɛptu.

-buni manta kawisi dɛp terisam，kantu kawisi tʃiqip qaldi!-dɛptu rozi qarim.[5]110

小偷吃的南瓜

肉孜卡热种的南瓜长得很好，不过，快要成熟时，有人总是来到地头光顾。卡热心想："是谁来偷呀！"他坐下窥探时，村上的一位妇女来到地里，她东张张，西望望，见地里没人，便摘了一个南瓜。这时，肉孜卡热"噢呦！"一声，从地上站起来。那位妇女见卡热原来躲藏在那里，怪不好意思的，编话说：

"卡热呀！这是什么南瓜？一窝就结了这么多果实呀？"

"这一窝我种的是蒸包子吃的南瓜，谁知却长成了小偷吃的南瓜了。"肉孜卡热说。

（5）zoŋzajof

bazarda ketiwatqan hesamni kawapdan aldida itʃiʃmɛk qilip olturɣan sølɛtlik ytʃ mɛst toχtitiptu.ʃu arida qatnaʃ saqtʃisi ularni jol tøpidin tʃɛtkɛ tʃiqip olturuʃqa birnɛtʃtʃɛ qetim dɛwɛt qiptu.mɛstlɛr gɛp aŋlimiɣandin kejin saqtʃi ularniŋ jeniɣa kɛptu-dɛ，hɛr biriniŋ ismini soraʃqa baʃlaptu.

-musajof-dɛptu tʃoŋ sypɛt mɛslɛrdin biri gidɛjgɛn halda øzini tonuʃturup.

-nurtajof-dɛptu ikkintʃisi.

-mirzajof-dɛptu ytʃintʃisi.

sorunɣa ɛmdi qetilip，zoŋzijip olturɣan peti bir ziq kawapni jɛwatqan hesam heliqi ytʃɛjlɛndinmu aʃurup gedɛjginitʃɛ øzini tonuʃturuptu：

-meniŋ familɛm zoŋzajof.[6]04

宗 扎 耶 夫

街上路过的伊沙木被三个醉汉拦住，并让他们一块儿坐。这时，交通警察多次劝他们靠路边去坐。醉汉们不听话，警察来到他们身边问他们的姓名。

"木沙巴耶夫，"一个比较有本分的醉汉傲慢地回答。

"努尔塔耶夫，"第二个醉汉回答说。

"米尔扎耶夫，"第三个醉汉回答说。

伊沙木刚来聚会，蹲着吃一串烤羊肉，他比那三个醉汉更傲慢的姿态自我介绍："我的名字叫宗扎耶夫。"

由于语音、文字、词汇结构不同,汉语和维语的形成或创造带有不同的特点。很多情况下,汉语利用丰富多彩的同音字、同音词创造仿词,而维语利用词语的形态变化替换词内的字母或改变合成词的某一部分来创造仿词。例(4)根据维语现成的 mantu kawa(蒸包子吃的南瓜)临时创造 kantu kawa(小偷吃的南瓜),mantu 与 kantu 形成语音和谐,用一个词暗中讽刺那个女人的偷盗行为。例(5)名词词缀 jop(耶夫)从俄语介入,在维语中带 jop(耶夫)的名字表示有权有势。由于伊沙木反应快,很巧妙地把 zoŋzajmaq(蹲着)词根替换 jop(耶夫)词缀,临时创造新的姓名,在警察面前显示自己是很有地位的人。

(二)仿语

"仿语",就是在短语层面仿拟固有短语而创造出"新"的词语。固有短语可以是短语、谚语,也可以是成语中的某一关键词。仿拟是对关键词进行更换,以表达新的内容。汉维语中仿成语现象俯拾皆是,不胜枚举。如:

(6)开发西部山区就是把西部山区"开门见山"变成"开门见财""开门见药""开门见林""开门见果"。(《光明日报》2004 年 5 月 4 日)

ɣɛrbi qisimdiki taɣliq rajonlarni gyllɛndyryʃtiki mɛqsɛt, u jɛrlɛrniŋ "iʃikni etʃiʃ bilɛnla taɣ kɵrynidiɣan" halitini "iʃikni etʃiʃ bilɛnla bajliq kɵrynidiɣan", "iʃikni etʃiʃ bilɛnla ormanliq kɵrynidiɣan", "iʃikni etʃiʃ bilɛnla miwɛ-tʃiwɛ kɵrinidiɣan" qilip ɵzgɛrtiʃtin ibarɛt.

(7)十一月,广州还是秋高气爽的季节,北国名城哈尔滨已草木皆冰了。

11-ajda guaŋʒo altun kyz pɛsligɛ kirgɛndɛ, ʃimaldiki χarbinda dɛl-dɛrɛχlɛr muzlap bolidu.

(8)他(指牛群)决心用自己的真诚和激情,致力于蒙城经济的腾飞,当好牛乡人民的"七品芝麻牛"。(《楚天都市报》2002 年 6 月 5 日)

u(niutʃynni kɵrsitidu)ɵziniŋ sɛmimiligi wɛ qizɣin hessijati bilɛn meŋʃɛŋniŋ iqtisadiniŋ tɛrɛqqi qiliʃiɣa kytʃ sɛrip qilip, χɛlqniŋ addi tʃakiri boluʃ iradisigɛ kɛldi.

例(6)"开门见财""开门见药""开门见林""开门见果"是仿"开门见山"而来,其中的一个"山"字变成"财""药""林""果",形象幽默地展示出西部大开发预期的成果。例(7)中的"草木皆冰"是仿"草木皆兵"而来,"冰"与"兵"在发音、声调上完全一致,形象地突出了天气之寒冷。例(8)"七品芝麻牛"的本体是"七品芝麻官",突出了"牛群"这个姓牛且当了县级领导的人物。

(9)tamaku wɛ ɵpkɛ

hesam bir aɣinisidin soraptu:

-tamakuni taʃlidim dɛwattiŋiz，jɛnɛ ʧekiwatisizɣu?

-qandaq qilaj，-dɛptu aɣinisi χedʒilliq bilɛn，-χɛq tutup qojɣan tamaku tursa...

hesam hɛjran bolup soraptu：

-χɛq øpkisinimu billɛ tutmiɣandu?

<h2 style="text-align:center">烟　与　肺</h2>

伊沙木问他的一个朋友：

"你不是说戒烟了吗，咋怎么又抽了？"

"有啥法子，"朋友惭愧地说着，"别人递给我的烟……"

"别人是不是把自己的肺也递给你了？"（《伊沙木笑话》）

（10）barʧɛ jaχʃi mɛn jaman，barʧɛ buɣdaj mɛn saman.（维吾尔谚语）

别人都好就我坏，别人麦子就我是麦草。

（11）bojluq qizniŋ ajiɣi jenik，χujluq qizniŋ aɣzi jenik（维吾尔谚语）

大个子姑娘手脚敏捷，性子坏的姑娘嘴巴敏捷。

维吾尔语的仿语主要是改变某种搭配关系，临时用另外一个词替代固有搭配关系中的某一个词，与前一分句的关键词在语音上配合，产生一种押韵。例（9）固有 tamaku tutmaq（敬烟）的词组，根据以上搭配关系临时以 øpkɛ 替代 tamaku；例（10）中 mɛn saman 根据 mɛn jaman；例（11）中 a　zi jenik 根据 ajiɣi jenik 临时创造，在维语中形成了特有的仿语。

（三）仿句

仿句就是在句子层面仿拟古今名句。基本上保持原句的结构，只改动个别关键词而仿造新的句子。如：

（12）足球尚未成功，同志更须努力——小组赛后答球迷问。（《都市快报》2002年6月20日）

putbolda teχi muwɛppɛqijɛt qazanmiɣan ɛhwalda joldaʃlar dawamliq teriʃiʃi kerɛk. -kiʧik goruppilar musabiqisidin kejin top mɛstaniliriniŋ sualiɣa berilgɛn dʒawap.

（13）无限风光在"尖峰"（尖峰集团广告）

ʧeksiz gyzɛl mɛnzirɛ uʧluq ʧoqida

（14）毛衣已经脱下，穿起短裙的日子还会远吗？（《华西都市报》2002年3月8日）

juŋ popajkini seliwɛtkɛn ikɛn，køjnɛkʧan jyridiɣan kynlɛr jiraq ɛmɛs.

例（12）本体是孙中山《遗嘱》中的"革命尚未成功，同志仍须努力"，这一句话曾经激励了千千万万仁人志士为中国的革命前赴后继，流血牺牲，而在这里仿造这句话表达了球队不断进取的决心、信心。例（13）仿毛泽东诗句"无限风光在险峰"而成。读者望文之后不禁要联想"尖峰"之上的"风光无限"究竟如何。例（14）以著名诗人雪莱的"冬天已经来到，春天还会远吗?"作为春日调侃的本体,非常幽默诙谐,给人以轻松愉快的感觉。

(15) 今年过节不收礼,收礼还收土麻克 (维吾尔语小品《卖土麻克》)

(16) hozur beɣiʃlar kɛjgɛndɛ uni,

aq tumaq markiliq issiq tumaqni.

(17) on bɛʃ puɲni pɛm bilɛn eliʃ

维吾尔语仿句集中表现在笑话、幽默、小品和广告,其修辞特点与汉语基本相同。例(15)本体是"今年过节不收礼,收礼还收脑白金"。例(16)是仿白酒的广告"hozur beiʃlar iʧkɛndɛ uni, aq qonaq markiliq ʃu esil mejni"而成。例(17)本体是《智取威虎山》,因为电影是"文化大革命"期间的样板戏,很多维吾尔族观众看不懂,非常有趣的起名为《智取一毛五》(当时电影票价是一毛五)。

(四)仿篇

仿篇,即模仿成段文章或整篇诗文而创造出新的语篇。尤其是在文体风格上模拟,其修辞作用主要在于语言的推陈出新,使人感到新鲜有趣。仿篇无论在维语还是汉语中很早就出现了。如:

(18) 抽点空闲,抽点时间,领着公仆,常下乡看看。带着法律,带着文件,陪同干部,常下乡看看。百姓积压了一些心愿,农民肩负了很多负担。国家的政策向百姓说说,发展的路子跟百姓谈谈。(《重庆晚报》 2006年2月24日)

(19) 春眠不觉晓,处处蚊子咬,

洒上敌敌畏,不知死多少。

例(18)这一段话是仿《常回家看看》歌词而成。例(19)这是仿唐代著名诗人孟浩然的诗句"春眠不觉晓,处处闻啼鸟。夜来风雨声,花落知多少。"两相对照,儿童的顽皮可见一斑。

(20) ismim tumaq, ismim tumaq ismim kyʧ,

meniŋ bilɛn beʃiŋ χoʃ, meniŋ bilɛn beʃiŋ χoʃ,

ʧoŋlar, balilar issiq tumiqi. (仿体)

ismim arman, ismim arman dʒismim kyʧ,

meniŋ bilɛn diliŋ χoʃ, meniŋ bilɛn diliŋ χoʃ,

ʧoŋlar, balilar quwɛt talqini. (本体)

(维吾尔语小品《卖土麻克》)

(21) sorunni haraqkɛʃ basti

potulka awuʃni kim bildi

aχiri ɣɛrq mɛsliktɛ

dʒidɛl ʧiqiʃni kim bildi. (仿体)

hawani tuman basti

qar jeɣiʃni kim bildi

aχiri dʒudaliqta

ajriliʃni kim bildi.（本体）

维吾尔语诗歌的仿篇比较多，有人根据原诗歌的形式风格仿造出"面目全非"的诗歌，甚至有人胆大妄为地根据名人的诗词仿造出非常黄色、荒唐的诗词，用短信的方式广泛流传，在社会上造成不良的影响。仿篇适当会产生幽默风趣的效果，仿篇过分不仅会损坏原作者的形象，还会引起对仿造者的反感。

二　维语特有仿词

维语属于表音文字，其文字理据性虽无法与汉语相比，但其形态理据性大大强于汉语，这主要表现为维语中有大量的派生词和复合词，前缀、后缀和词根是维语词语理据性的表现手段。所以，维语中有一种特有的仿词——词缀仿词。如：

naχʃa tʃolpini	ujqa tʃolpini	（仿体）
harwukɛʃ	awarikɛʃ	（仿体）
jaɣatʃʃi	luʃentʃi	（仿体）
iʃχana	muqimχana	（仿体）
tilʃunas	pulʃunas	（仿体）

维吾尔语词缀，特别是后缀的能产性很强，维吾尔语派生词绝大部分由后缀法产生。这种仿拟并不另造词，只是在原词后加后缀。加后缀的仿词只有维语才有。

三　汉语特有仿词

与维语不一样的是，汉语被称为"声调语言"。在汉语中，每个字或音节除了声母、韵母两个部分外，还有一个绝对固定的声调。这个声调与声母、韵母一样，有着区别词义的重要作用，甚至有的词，其音位、音节完全相同，只因它们声调各异，就成了不同的字，或者说词义就完全不同了。正是由于有了这一特色，汉语的仿词除了有义仿之外，还存在另一种形式的仿拟——音仿，即换用音同或音近的语素仿造新词。细分为两种：同音仿词和近音仿词。

（一）同音仿词

汉语中利用发音、声调完全一致的同音字、词仿拟而成的词叫同音仿词。

（22）《百万"负翁"的生活》（《法律与生活》2004 年 5 期）

miljoner qɛrizdarniŋ turmuʃi

例（22）中的百万"负翁"仿拟百万"富翁"而成，"负"与"富"完全谐音，意义上又相反，表示负债，具有双关意义，非常幽默。

广告中这种同音仿词出现得越来越多，而且多仿自众人皆知的成语或佳句。如形容天冷却着单薄衣裳之美丽女子的词"美丽冻人"是仿"美丽动人"而来；圣诞节来临之际，用"圣"况空前来形容场面热闹，是仿成语"盛况空前"而来；某网吧招牌"e网情深""我行我速"仿自成语"一往情深"和"我行我素"；新闻媒体上常见诸如"战'痘'的青春"（战斗的青春）"默默无'蚊'"（默默无闻）"'骑'乐无穷"（其乐无穷）"随心所'浴'"（随心所欲），等等。

（二）近音仿词

在近音仿词中，所仿的词与被仿的词在发音或声调上有差异。如：

> 戏剧不同于历史剧，也不同于报告文学，它不要求事事、处处真实，正如郭沫若所说："历史研究是'实事求是'，历史剧作是'实事求似'。"（《假人真事与真人假事的艺术溶合》）

例中"是"与"似"在汉语发音上相近，二者同时出现，互相映衬，可以提高语言的形象性，并提高理解度。

有一则新闻标题为"把黄色垃圾驱逐出睛"（《武汉晚报》，1998年4月27日第五版），其中"睛"与"境"近音，"驱逐出睛"仿的就是"驱逐出境"；还有一则药品广告"要自在，不要痔在"，"自"与"痔"近音，也属近音仿词。

不管是作家也好还是商家也罢，对一些成语或佳句进行仿拟，其目的十分明显，就是要通过套用一些观众和读者耳熟能详的语言形式和表达方式，引起读者和观众强烈的共鸣，从而轻而易举地记住它们。但是过度的音仿也会带来负面影响，滥用音仿这种仿词形式，容易破坏语言的纯洁性。

四 结论

仿词的运用范围相当广泛，我们不但可以从古今中外各种文学作品或诗歌题材中随处找到"仿词"的身影，而且在现代日常生活中，各种各样的广告、报纸、杂志、网络以及日常用语中都有大量的仿词现象存在。一些书籍、文章、影视剧和产品命名等甚至通过运用"仿拟"而达到出奇的效果。尽管汉语和维语是两种不同的语言，但在利用仿词进行创新上却有着惊人的相同之处。影响言语模仿的因素有年龄、个人影响、人格特征以及言语风格等。从修辞心理来分析，言语模仿的动机主要有三个：一是创造心理。仿词都是根据表达的需要，在某一特定语言环境中，比照原有词汇，仿制新词而进行创新。以这种方式所产生的新词都具有简洁易懂、鲜明生动、幽默诙谐、讽刺挖苦、揶揄嘲弄等独特的修辞效果。可以说，仿词是语言的一种重要而特殊的创新方式。其本质就在于创新；其特点是突破语言的现行规范、创造性地使用语言；其作用是使语言新陈代谢的机能加快，从而达到发展、丰富、完善语言的目的。二是仰慕心理。不管是哪个民族，人们的成就欲很强，渴望自己能成为有用的人才，常常模仿自己崇拜的英雄、模范、名人的言语，并希望自己能像他们那样取得成就，并对他们有强烈的认同需求。三是好奇心理。成年人和儿童一样，对自己从未听过的新的言语表达总觉得新奇，新奇引起的强烈刺激会驱使其模仿他人的言语。比如社会上的流行词语、文艺作品中个性化的人物语言、富有诗意或哲理的言语表述、新颖而幽默的言语作品常常为他人所模仿。由新奇而引起的言语模仿，往往是不分良莠，兼收并蓄。为此，研究语言的创新问题，对了解语言的内在本质，掌握语言的发展变化规律，准确、生动且创造性地使用语言，无疑具有十分重要而广泛深远的现实意义。

第五节　汉维语象征对比研究

在源远流长的历史进程中，人类与动植物相依共存，有着非常密切的联系和感情。世界上任何语言都是植根于特定的文化背景之中，从不同方面反映着独特的文化内容。由于汉族和维吾尔族传统文化、风俗习惯和思维方式的不同，形成了各民族独特的动植物象征文化。由于文化传统思维方式的差异，导致了人们对同一动植物赋予不同的情感和喻义，产生了不同的联想意义；而有时为表达同一情感喻义，会选用不同的动植物来作为喻体。因此语言学习者应该全面了解汉维动植物文化的差异，这对更有效地学好语言有着重要的作用。动物是人类的朋友，植物是人类的"保护伞"，很多动植物以其独特的形态、习性和鲜明的形象受到人们的喜爱。人类在认识世界、改造世界的过程中，既把动植物作为认识的对象，又把它作为寄托自己情感的工具，使动植物不仅服务于人们的物质生活，而且深深植根于人们的精神和情感世界。在实际生活中，人们通过对动植物特征、习性的观察和体验而产生了某种喜恶心理和褒贬情感，进而把动植物的形象、特性与某些社会现象联系起来。于是，某些动植物名称获得了特定的文化内涵。它在一定程度上反映着一个民族生活的自然环境、生产与生活状况乃至风俗习惯、思维方式与审美情趣。一般情况下，同一种动植物在同一民族人们的头脑中所引起的联想或情感是相同的，如"虎"在汉民族文化中被称作"百兽之王"，是威武、力量、尊严的象征，而"狼"则是凶狠、残忍的代名词。而对于中国不同民族来说，一方面，对于同一种动植物所产生的情感与联想往往有共同特征，这是由于不同民族之间存在着人类情感的共同性所致。如维吾尔族和汉族都赋予"马"英武、刚健的气质，而对于"老鼠"则十分讨厌。另一方面，中国各民族赋予某些动植物的情感和对它们的喜恶心理也存在差别，使动植物名称的文化象征意义具有民族特点。本文试就维吾尔语和汉语中动植物名称所包含的文化内涵意义作一对比，以便对汉维跨文化交际和汉维双语教学提供某些参考语料和分析理据。由于成语、谚语、民歌是民族文化的结晶，最能反映一个民族的价值观、审美观等文化特质，在进行汉维动植物名称文化含义对比时，尽量以两种语言中成语、谚语、民歌所体现的动植物文化内涵意义为准，并尽可能地引用汉维语中以动植物为喻体的成语、谚语、民歌以为佐证。

一　汉维语相同的象征性词语

对比汉维语中动植物名称的文化含义，可以发现，其中很多动植物名称的文化象征意义相似或相近，如猫头鹰、乌鸦、狐狸、鸽子等。究其原因，一方面是因为上述这些动物生理特征突出，生活习性特殊，汉族和维吾尔族观察的角度相同，因而对它们习性的取向基本一致，由其生活习性、生理特点所引发的联想大致相同。另一方面，尽管不同民族思维方式存在差异，但他们对自然界客观事物属性的认知存在共性。对真善美、假丑恶的分辨能力大同小异，对事物的审美情趣大致相同，由此构成了不同民族语言中许多动植物名称象征意义相同或相似的基础。

（一）动物类

在人类社会的发展过程中，动物起着不可替代的作用。它们在外表、动作等外部形态上都有可视性，这种可视特征与人们内在的某些观点意识和心理状态之间往往存在着一种相似之处。而这种动物象征符号所反映的事物在形式和内容上具有相似特征。

1. 狐狸（tylkε）

狐狸属性狡诈。在汉维语乃至世界许多民族语言中都具有"狡猾、奸诈"的象征意义。汉维语中都以"狡猾的狐狸""狐狸的尾巴藏不住"借指老奸巨猾的人。两种语言中的寓言、成语、谚语都反映了狐狸的这一特性，汉语如：狐群狗党，狐假虎威，黄鼠狼给鸡拜年——没安好心；维语如：bɵriniŋ χiris qilɣinidin tylkiniŋ hidӡajɣini jaman（狐狸的冷笑比狼的发威还要厉害），tylkiniŋ soaliɣa χorazniŋ dӡawabi bar（狐狸的问题，公鸡可回答），tylkiʃε tεχsimat（狐狸式分配）。汉语中狐狸还有"多疑""善于媚人"等比喻义，如"狐疑""狐媚"等。

2. 狼（bɵrε）

狼的凶残本性十分突出，在汉族和维吾尔族两个民族语言中的联想意义都是一致的，即"凶狠、残忍、贪婪"。汉维语中不少成语、谚语都说明了狼的这种特性，汉语如："狼子野心、狼心狗肺、豺狼当道。"维语如：bɛrɛ bar jɛrdɛ qan bar（有狼的地方就有血），bɛriniŋ balisi bɛrɛ（狼的孩子是狼），qojni bɛrigɛ amanɛt qojmaq（把羊托付给狼），bɛrɛ ʧyʃidɛ qoj kɛrɛr（狼在梦中见羊）。

3. 蛇与蝎（jilan wɛ ʧajan）

由于蛇、蝎丑恶的形态及害人的本性，人们对其惧怕三分。汉维语中都以蛇象征狠毒、阴险、无信义。汉语成语如：打草惊蛇、毒如蛇蝎、蛇蝎心肠等。维语中常将毒蛇与恶魔并提，有骂人话 hu zɛhɛrlik jilan（你这条毒蛇），谚语有 dyʃmɛnni mehmanχaniya baʃliyiniŋ, zɛhɛrlik jilanni qojnuŋya taʃliyiniŋ（你把敌人敬为上宾，等于把毒蛇引入怀抱），ilanniŋ beʃi ayur, itniŋ puti ayur（打蛇打头上，打狗打腿上），ʧajandin iltipat kytmɛ, zalimdin ʃɛpqɛt（不要求蝎子的宽恕，不要幻想恶霸的仁慈）。两种语言中有一对意义完全对应的俗语，维语说 ilan ʧaqqanlar ayamʧidinmu qorquptu（被蛇咬的人怕绳子），汉语说"一朝被蛇咬，十年怕井绳"。

4. 猫头鹰（myʃuk japilaq）

猫头鹰相貌丑陋，叫声难听。在汉文化中，尽管人们知道它是一种益鸟，猫头鹰却扮演了令人讨厌的角色，谁见了它，谁就有倒霉的感觉。一些西方民族将其视为聪明与智慧的化身。但汉族和维吾尔族由于彼此文化相互影响或观察角度出于一致都讨厌这种鸟，认为它的出现给人带来不幸和灾祸，人们认为猫头鹰在住家附近鸣叫是凶兆，预示着这家要死人或即将大难临头。汉语谚语有"夜猫子进宅，无事不来"。猫头鹰在维语中以反面角色出现在民谣中。如：

gyl undaq ɛmɛs idi,　美丽的花朵，

huquʃlar χazan qildi.　遭到猫头鹰的糟蹋。

mɛn undaq ɛmɛs idim,　潇洒英俊的我，

otliriŋ saraŋ qildi.[1]163　被情人的火让我变傻。

5. 乌鸦（qaya）

乌鸦因丑陋的形态和难听的叫声使人们对它没有好感。汉维语中乌鸦的主要比喻义均为灾难、厄运和凶险。在汉文化中，乌鸦色黑形丑，多栖息坟地的树上，让人生厌，有"天下乌鸦一般黑""乌鸦彩凤不同栖"的俗语，用它象征不祥。维吾尔语中有 ylpitiŋ qaya bolsa jijiʃiŋ poq（乌鸦为伴，招来灾祸），qaya qayiniŋ kɛzini ʧoqumas（乌鸦不啄乌鸦的眼睛，狼狈为奸），qayiniŋ eqi joq, tikkuʧiniŋ seqi joq（乌鸦没有白的，裁缝没有不偷的）。在维语中，乌鸦多以灾难、偷盗和凶险的形象出现，民间有"乌鸦找灾"

的说法，认为乌鸦叫不吉利。如：

qaɣilar qatar-qatar,　　乌鸦在排列飞翔，

bir bala boldimikin.　　不知发生了什么灾祸。

əzi aq qeʃi qara,　　我美丽的情人，

mɛndin dʒuda boldimikin.[1]109 不知为什么离开了我。

6. 鸽子（kɛptɛr）

由于各种语言相互影响，相互认同，鸽子在世界上各种语言具有和平的象征，在汉、维两种语言中，鸽子都表示温驯，象征平安、和平。维吾尔人特别喜欢鸽子，认为听到鸽子的叫声是吉利的。维吾尔语传统象征意识中鸽子是吉利的，是温驯的，但鸽子迷是好逸恶劳的，与赌徒没有什么两样。以鸽子喻体的谚语很多，如 kɛptɛr asmanda pɛrwaz qilsa, myʃyk jɛrdɛ qanat izdɛptu（鸽子在空中飞翔，猫在地上找翅骨），kɛptɛrwaz tutuwalɣan aɣχoʃ, qimawaz utuwalɣan aɣχoʃ（鸽子迷捉几只鸽子而高兴，赌徒赢了几个钱而高兴）。维吾尔民谣中很多情况下鸽子象征情人。如：

aq kɛptɛrmu onlajdu,　　白鸽子也咕咕叫，

kɵk kɛptɛrmu onlajdu.　　灰鸽子也咕咕叫，

adɛm degɛn hɵl nemɛ,　　人是个活的动物，

kɵjyk otida ɵlmɛjdu.[2]76 爱的烈火中死不了。

又如：

beɣimdiki kɛptɛrni,　　我果园里的鸽子，

piʃajwanɣa ygɛttim.　　让它在屋檐下安家。

itʃimdiki dɛrdimni,　　我心中的痛苦呵，

naχʃa qilip tygɛttim　　只能用歌声来抒发。

7. 鹦鹉（ʃatuti）

汉维语中都有以鹦鹉善于模仿人说话的特性比喻随声附和、没有独立见解的人。如维语短语 ʃatutidɛk（鹦鹉一般），谚语 ʃatutidɛkla søzlɛp kɛtmɛk（像鹦鹉一样滔滔不绝），与汉语"鹦鹉学舌，人云亦云"含义一致。

8. 变色龙（χamilijon）

汉族和维吾尔族两民族都根据这一动物依周围环境改变身体颜色的特点，把伪装善变、见什么人说什么话的人比作变色龙，含贬义。变色龙的象征意义主要受到俄语的影响。

（二）植物类

与动物文化内涵相比，汉维植物名称文化内涵的广度与深度都明显较弱。这大概与植物本身的特性不如动物那样鲜明有关。动物与植物不同，它能运动，有大脑，甚至有喜怒哀乐，与人类的关系更为密切、亲近。有些动物还

被驯化成家畜、家禽，甚至成为人们的宠物。植物的生命力没有动物那么
强，它没有神经、感觉，也不能发声或做动作，因此在人们头脑中所激发
起的情感没有动物所激发的那么强烈，所引起的联想也没有动物那么多。

1. 石榴（anar）

石榴花果美丽，火红可爱，又甘甜可口，被人们认为是繁荣、昌盛、
和睦、团结、吉庆、团圆、多福、多寿的佳兆，是中国人民喜爱的吉祥之
果，在民间形成了许多与石榴有关的乡风民俗和独具特色的民间石榴文化。
石榴花以火红色的为最多，农历的五月是石榴花开最艳的季节，五月因此
又雅称"榴月"。特别是男女结婚时，石榴便是一种吉祥的礼物，洞房里一
般都要悬挂两个大石榴，寓示多子多福。石榴的榴原作"留"，故被人赋予
"留"之意。"折柳赠别"与"送榴传谊"，成为有中原特色的民俗。老年人
过寿时，晚辈要送石榴，祝老人幸福长寿。在中国传统节日中秋之夜，石
榴产区几乎家家户户都要把石榴和月饼供在桌上再行赏月，以示阖家团聚、
兴旺发达。

维吾尔族人民对石榴尤为喜爱，许多姑娘取名"阿娜尔古丽"（石榴花）、
"阿娜尔汗"。在日常生活中，还有以石榴为赠物互相馈赠的习俗，人们把
石榴当作贵重礼物赠送给远方的亲朋好友，请客时把石榴摆放在餐桌的中
间。南疆地区是石榴的原产地。石榴在维吾尔文学作品中常用于比喻女人
的脸蛋。如 jyzliri anardɛk（石榴一般的脸蛋），anarni ʃɵlgɛ tik，ɛndʒyrni kɵlgɛ
（石榴种在戈壁上，无花果种在湖泊边）。维吾尔人因石榴的营养价值高以
及其通红的颜色，把它看作水果之王、天堂之果，是尊贵、富贵的象征。
在维吾尔民歌中形容美女或者想念情人时，往往用石榴来赞美，如：

jarimniŋ ikki mɛŋzi, 　我情人的脸蛋

baɣda piʃqan anardɛk. 　像石榴般的通红

jarni kɵryp jorudum, 　见到情人心亮了

kɛtʃɛ janɣan panardɛk. 　就像晚上的灯笼

2. 柳树

由于柳枝轻柔细长，又婀娜多姿，十分动人，所以古人多以柳比喻美
丽的女子。柳枝纤细苗条，与苗条女子腰部身体特征相吻合，故用柳来比
喻美女袅娜的腰肢，如用"柳腰"来形容女子身材的苗条，腰肢柔软得像
柳条；柳叶瘦长微翘，与美女的眉毛特征相吻合，故用"柳眉"来比喻女
子的眉毛细长秀美，像初生的柳叶。如"他的目光真不错，相中的女人果
然是百里挑一的美人，柳眉杏眼，细皮嫩肉，一把掐得出水来呢"（北大语
料库）。由于柳絮也称杨花，春季时满天飘飞如雪，所以唐诗中有"春城无
处不飞花"之句。汉语语音中"柳"与"留"谐音，"丝"与"思"谐音，

让人联想到"柳丝"与"留思"的内在联系，柳枝依依的神态与人们离别时依依不舍的心态一致，所以中国古人把杨柳与离别联系在一起，分别时常折柳送别，借此表达依依不舍、希望离别之人能够留下来的美好心愿。维语中同样以柳树比喻女子苗条的身材，用柳来比喻美女袅娜的腰肢。如：

kijim kijsɛŋ tal bojuŋya jariʃip,　衣裳合身柳枝般的身材，

puli barlar elip kɛtti taliʃip.　有钱的人已抢着娶买。

qizil gylym, sɛn maŋa iza qildiŋ,　我的玫瑰让我为难，

jiɣlap qaldim mɛn amalsiz qariʃip.　痛苦流泪因我无奈。

维吾尔文学作品中多处用 goja mɛdʒnun taldɛk（如同柳枝）、tal ʧiwiqtɛk（宛若柳条）等描写女子的身材。维吾尔人根据柳树枝条飘逸、风姿绰约、柔情似水的特点赞美情人的美丽。

3. 桑树

中国是世界上最早养蚕植桑的国家，早在新石器时代的遗址中就有了以蚕丝为原料的丝织品出土（距今约 3300 年）。那时，男耕女织成为农耕社会人们主要的生活方式，桑就成为中国人的衣食之本，而桑树自然也成为文学吟咏的对象。在文学艺术中，桑意象最早见于古代神话中。《山海经·中山经》载，又东五十五里，曰宣山。沦水出焉，东南流注于视水，其中多蛟。其上有桑焉，大五十尺，其枝四衢，其叶大尺余，赤理黄华青木付，名曰帝女之桑。人们用桑树象征生命。正如琵洛特《象征词典》所说：从最普遍的意义来说，树的象征意义在于表示宇宙的生命，其连绵、繁衍，以及生养和更新的过程。它代表无穷无尽的生命，因此相当于永生的象征。古人常在住房周围栽上桑树，留给后代。《孟子·梁惠王上》："五亩之宅，树之以桑，五十者可以衣帛矣。"对于桑树，人们有许多美好的回忆，想起桑，就想起了父母，于是桑与父母、故乡、田园就连在了一起。人们用物代处所，用"桑梓"代称家乡。赞扬某人为家乡造福，就称之为"功在桑梓"。古代青年男女各自在桑树林约会自己的情人。汉语谚语"桑木扁担，宁折不弯"，是不屈不挠、坚韧不拔的象征。维吾尔语中桑树的象征意义与汉语相同，维吾尔人的意识中，桑树是救命之树，桑子是天堂之果。新疆农村只要是村庄，就有桑树，人们喜欢在院内外种桑树，私人栽桑树，桑子却属于公众，大家都可以尽情享用。过去，维吾尔人有"栽桑树的人直接入天堂"，"栽桑树之人的罪过一笔勾销"之说。新疆富贵人家为了给穷人做善事种桑树，后人称之为 wap（公众之地）。桑树之所以称为救命之树，是因为五月是青黄不接的季节，穷人家口粮已经所剩无几，离收割口粮还有两个月，正在这时桑子熟了，人们可以用桑子充饥，渡过困难时期，因而产生了 ydʒmini kɛski ʧ ɛ ataŋniŋ beligini kɛs（与其砍桑树，

不如砍父亲的胳膊）、wapniŋ ydʒmisi ɛmɛs（不是白吃白拿的）、ydʒmɛ piʃ aɣzimɣa ɡɡʃ（意为汉语的守株待兔）等谚语，还有《桑树影子》这样的民间故事。因此，桑树跟汉语一样具有生命的象征，还象征着父母与救命恩人。

4. 松树

各类树木文化大都源于远古先民对植物的图腾崇拜，它是原始自然宗教的内容之一。在历史典籍中有关松柏变龙或龙变松柏的记载也很多。在中国百树之中，独松树与龙并称，松树与龙有着密切的关系。也许，是因为松树干上的老松皮，酷似龙之鳞皮，故把松与龙相提并论。在人们心目中，松柏还被广泛视为吉祥的树种，松能长寿不老，民俗祝寿词有"福如东海长流水，寿比南山不老松"，祝福自己尊敬的长者像那永不衰老的松树一样健康长寿。古代对树木的崇拜还表现在从皇帝到臣民对一些古树的崇拜，民间有对风水树、神木等的顶礼膜拜。至今，许多村寨及其周边的高龄松柏和其他古树，常常被村民裹以红布、彩带甚至悬挂镜框，体现着自古以来人们对古树崇拜的传统。松树因一年四季常青，严冬之时，松树往往迎着风雪傲然挺立于峰顶，人们常用来象征坚毅高洁、刚直不阿的高尚情操，由此联想到铮铮铁骨、宁折不弯、不屈不挠的伟大精神。虽然新疆，特别是南疆自然森林少、松树不算多见，但受到汉语的影响，维吾尔语中松树同样具有坚毅高洁、高尚情操的象征意义，维吾尔语诗歌中多处出现赞美松树的词句。维吾尔语谚语 qariɣaj qiʃta ʧeniqar, jigit iʃta（松树严寒中磨炼，好汉劳动中磨炼）表达了人们对松树坚毅高洁情操的赞美。

二 汉维语不同的象征性词语

由于汉族和维吾尔族两个民族所处的自然环境不同，有的事物在内地常见，而在新疆很罕见，生活在新疆的少数民族就很少有机会接触这些事物，自然不会产生什么联想意义。如内地江南气候温和湿润，大部分地区适合竹子生长，竹子随处可见，历代文人墨客喜欢种竹、赏竹、咏竹、画竹。于是竹子与中国传统诗歌结下了千丝万缕的联系，人们根据它的特点赋予它"高风亮节""胸有成竹""势如破竹""雨后春笋""竹林七贤"等各种不同的象征意义，而竹子在新疆不常见，人们无法产生相似的联想。总之，汉维动植物文化存在诸种差异，这是汉族和维吾尔族在思维特点、审美观念、历史文化方面所存在的差异的反映，了解这些有利于进行跨文化交流。

（一）汉语有象征意义，而维语不太突出

1. 乌龟

乌龟行走缓慢，汉语中以此作为动作迟缓的象征。龟能通神，龟还因为它长寿。关于龟长寿的记载，在古籍中几乎俯拾皆是。《白虎通》说"着龟者，盖天地之寿考也"，"千年的老鳖万年的龟"，龟是长寿之星。为追求长寿，古老的中华民族形成了一个共同心理：效龟之行，借龟之名，托龟之庇，同龟齐年，以龟颂人。六十岁——花甲，是为长寿，而百岁以上统称为"龟龄"，以龟龄作为人生最高追求。现在闽南等地的人过六十岁生日简称"作龟"，希望老年人像乌龟一样健康长寿。龟在经传中是正面形象，可在民间、在俗文学中作为警人之词，其影响不在正面形象的影响之下。如果有人听到谁骂自己是"乌龟""王八""龟孙子"，他准要和谁拼命。这是因为古人认为龟全是雌性的（或虽有雄，但无性功能），要与蛇交才能产子，所以一旦听到有人以龟相骂，便认为是侮辱自己。

2. 凤凰

凤凰是具有多重象征意义的动物。凤凰有示美、喻情的神性，因此人们用它来象征爱情，爱情成为凤凰传说的重要内容。汉族人传统婚礼，赞誉为"龙凤呈祥"。古代汉民族还认为其具有"富贵、吉祥、具有美德"的象征意义。中国古代文学作品中有大量关于凤的描写，把凤作为祥瑞、高贵的象征。如："龙凤呈祥、攀龙附凤"，民间有"凤凰不入乌鸦阵，牛羊不入狐狸群"的说法。

3. 鸳鸯

中国民间有这样的说法，一对鸳鸯一生中永不分离，如果其中一只死去，另一只也绝不再选配偶。鸳鸯是经常出现在中国古代文学作品中的鸟类，最早的诗集《诗经》中就有描写鸳鸯的词句。早期，人们把鸳鸯比喻成兄弟。《文选》中有"骨肉缘枝叶，结交亦相因。四海皆兄弟，谁为行路人。况我连枝树，与子同一身。昔为鸳和鸯，今为参与辰"的诗句。这是一首兄弟之间临行惜别的赠诗。鸳鸯在繁殖期经常形影相随，在水面上相亲相爱，悠闲自得，风韵迷人。

4. 蝙蝠

在汉文化中，蝙蝠被认为是"幸福""吉祥""健康"的象征。因为"蝠"与"福"同音，而红蝙蝠更是大吉大利的先兆，因为"红蝠"与"洪福"谐音。民间许多图案用蝙蝠以示吉利，有些图画或图案把蝙蝠和鹿画在一起，颇受欢迎，因为"蝠鹿"与"福禄"同音，象征吉祥、幸福、有钱、权、势。

5. 鹤

仙鹤在中国传统吉祥物中，占有重要的一席之地，形成独具一格的鹤吉祥系列。鹤被视为神仙的坐骑之鸟，又称"仙鹤"。由于神仙皆长生不老，其坐骑之鹤，当然也是长生不老的。所以人们以鹤象征长寿，吉祥图案有"鹤寿延年""龟鹤齐龄""鹤鹿同春""鹤献蟠桃""双双鹤寿""一琴一鹤"等。"鹤鸣之士"象征贤才、高洁。

6. 梅花

梅花在严寒风雪的季节盛开，"梅"和"雪"结成不解之缘。又因梅花色淡香清，枝干无叶如铁，象征"高尚纯洁、清丽而含铁骨之气"的高贵品行。人们立足中华民族的优秀文化传统，结合自我的生活经历、生活体验、对人生美好境界的追求，赋予梅花丰富深厚的精神内涵，使之成为中华民族风节、风貌、性格的生动写照，这是梅花备受中国人民推崇和喜爱的根本原因。以梅花象征中华民族的精神，使梅花成为美育、德育教育的媒介、手段，将抽象的道德理念和价值标准具象化，有助于民族理想人格精神的深入人心，这是梅花成为文化象征的最根本的历史价值和社会意义。

7. 菊花

菊在天气转冷的深秋盛开。秋菊迎霜开放、傲然屹立、凌霜耐寒的特点，中国古人以其象征坚贞不屈的骨气。唐末农民起义军首领黄巢的诗句歌颂了菊花所象征的不畏艰难、坚毅勇敢的气概："待到秋来九月八，我花开后百花杀。冲天香阵透长安，满城尽带黄金甲。"菊花还具有清雅、淡泊的寓意，如陶渊明"采菊东篱下，悠然见南山"的诗句，使人联想到情趣高雅的隐逸生活。菊花还寓意长寿，古代称菊花为"延寿客"，今日民间仍称菊为"长寿花"。在中国传统文化中，"梅兰竹菊"被誉为花木中的"四君子"。

（二）维语有象征意义，而汉语不太突出

1. 布谷鸟（kakkuk）

在维吾尔语中布谷鸟被用来象征多情的恋人和失恋者，这个象征多见于民间文学，尤其是维吾尔歌谣中，如：

kakkuk aʃiqi zɛjnɛp,	布谷的情人是再纳普，
biri baɣda, biri taɣda.	一个在果园，一个在山上。
bulbul sajriɣan ʧaɣda,	百灵鸟叫的时候，
mɛn jarim bilɛn baɣda.	我和情人在果园。
bulbul sajridi dɛjla,	百灵鸟尽情地叫，
kakkuk sajridi dɛjla.	不知布谷鸟听到。
mɛn jarni degɛn bilɛn,	我爱我心上的人
jar kɵnlidɛ kim dɛjl.	却不知情人已知道。

维吾尔族人听到布谷鸟的叫声，就联想到爱情、情人。因此，布谷鸟与则纳甫在维吾尔族人爱情歌谣中以一对恩爱、忠诚的情人象征出现。现

在在一些地方有用布谷血写咒符（用以求爱）的习俗。传说用该符在姑娘的头上绕绕，便可得到她的芳心；折下布谷鸟栖息过的树枝，用它打打所爱的姑娘，她便会爱上你。这些传说虽带有浓厚的迷信色彩，但历史久远。kakkuknɪŋ dɛrdini orman bilidu（只有森林才知道布谷鸟的苦难）是维吾尔语中流传很广、经常使用的熟语。关于"布谷鸟和则纳甫"，维吾尔族民间还有这样的传说：古时候，布谷鸟和则纳甫是一对恋人，一天，布谷鸟触怒上帝，被逐到一个见不到则纳甫的地方，于是两人天各一方，互相叫着对方的名字哀鸣。维吾尔谚语"布谷鸟的恋人则纳甫，一个在天涯，一个在海角"，反映的就是这种离别之情。

2. 戴胜鸟（høpyp）

戴胜鸟在维语中象征着自负、嫉妒、搬弄是非、傲慢自大，基本上带贬义色彩。如：høpøpnɪŋ bilidiɣini "høpypyp"（戴胜鸟的本领只不过是"叫"），høpyp ʧoqup tapar, molla oqup（戴胜鸟"啄"来找食物，毛拉"念"来找食物），høpypnɪŋ sesiqi bir-birigɛ bilinmɛptu（戴胜鸟的臭味不嫌骚，类似汉语的一窝老鼠不嫌骚）。不过，在伊斯兰文学中"戴胜鸟"具有褒义色彩。据传，它曾担任统治世界的所罗门国王的宰相，它的冠是担任该官职的标志。民间还有许多类似的传说，如，戴胜鸟原是知识渊博的学者，但他既没留下什么著作，也没教授过弟子，带着他的知识死去了，因此他被人们称为"臭戴胜鸟"。此外，还有"戴胜鸟毛拉"的说法，指满腹经纶、但不外传的人。

3. 刺（tikɛn）

在维吾尔语象征意识中花与刺完全对立，刺在很多情况下是敌人、对手和苦难的象征，说明有幸福也有苦难，维吾尔人往往说 tikɛnsiz gyl bolmas, dʒapasiz rahɛt（没有不带刺的花儿，没有不经过艰难的幸福）。在维吾尔民歌中刺代表无情、冤家、对手。如：

gylgɛ gylni bɛrdiŋiz.	花献给美丽的情人，
gylni tikɛŋɛ bɛrdiŋiz.	又献给无情的敌人。
bizni taʃlap mɛjliŋizni,	与我急忙分手，
ɛmdi kimgɛ bɛrdiŋiz.	你的爱献给什么人。

还有，tikɛnnɪŋ zɛhiri teʃida, duʃmɛnnɪŋ zɛhiri iʧidɛ（刺的毒汁在外边，敌人的毒汁在里边），tikɛndin qorqqan gyl yzɛlmɛs（怕刺的摘不了花）。另一方面，象征一对恋人之间的冤家或挑拨离间者，在民间故事、爱情传说中会常常遇到，如 ikki gyl arasiɣa tikɛn ynyp ʧiqiptu（两朵花之间长了一根刺），tahir bilɛn zøhrɛnɪŋ qɛwrisi otturisida tikɛn ynyp ʧiqiptu（塔伊尔和左合拉的坟墓中间长了一根刺）。

4. 绵羊（qoj）

维吾尔人有传统的斗羊比赛，羊在维吾尔人的经济生活中占着重要地位。维吾尔人以绵羊象征吉祥、财富、温驯、致富，如 baj bolaj desɛŋ qoj beqip bordaqtʃi bol，jyz tapaj deseŋ dosqan selip podaqtʃi bol，类似于汉语的"砌墙先打基，吃蛋先养鸡"，qojdin qoj qalidu，ɵtʃkidin moj（羊给主人的是羊羔，山羊给主人的是长毛）。维语谚语有 qojniŋ poqimu altun（羊粪是一块金子），qoj baqmaj paqlan jɛptu，aʃ terimaj aq nan jɛptu （不养羊的人吃的是肥羊，不种地的人吃的是油馕），qoj oɣrisiniŋ tolisi qassap（偷羊的多半是屠夫）。维吾尔谚语还有 qoj jemɛjdiyan bɵrɛ joq （没有不吃羊的狼）之说。羊肉是维吾尔人的主食，羊是维吾尔农民的主要财产，是农民的命根子。因此，与其说新疆的畜牧市场，倒不如说绵羊市场，因为在新疆的饲养业中，羊是第一位的。维吾尔人的象征意识中，羊是褒义的，是美好的。如：维吾尔民歌中 qap-qara qoj kɵzliriŋ（黑黑的羊眼睛）其含义是美丽的大眼睛。很多维吾尔民歌中用绵羊的形象表示怜悯、可怜、同情。如：

qoj ɵlyp qojlar ɵlyp,	母羊成批地死去，
qozisi mɛrɛp qalmisun.	羊羔到处叫哭。
jar ɵlyp jarlar ɵlyp,	情人相继去世，
aʃiɣi jiɣlap qalmisun.	只能带来痛苦。
hɛlɛp berip sɛmritaj,	加大肥料，
eɣildiki qojumni.	让我的羊羔肥起来。
ɵtkɛn bolsa sɛwɛnlik,	请你原谅，
baɣlap berɛj qolumni.	自己把自己捆起来。

（三）汉维语都有象征意义，但侧重点不同

汉维语中，不少动植物名称都有一种以上的文化内涵，其中有些含义在两种语言中是一致的，有些却不尽相同。这是因为，虽然动植物的习性是客观存在的，但汉族和维吾尔族在某些动植物身上所倾注的情感却有所差别。这种情感差别的产生主要源于这些动植物在两个民族生产生活中的地位和重要性不同，人们对这些动植物的依赖程度不同，特别是对动植物的观察角度不同。由于民族心理或其他方面的影响，不同民族观察同一个事物时所看重的层面不同，同一种动植物在汉维语中具有不同的象征意义。

1. 驴（iʃɛk）

"驴"是反面角色，"驴"常常被喻为丑陋的东西、不光彩的事和没本事的人。如汉语成语"黔驴技穷"用来比喻那些外强中干的人把自己有限

的一点本领也已经用完了，"驴唇不对马嘴"亦称"驴头不对马嘴"，比喻答非所问，说的话与证据不相符合。"驴"字是恶毒的骂人话，是顽固派、坏人的替代词。驴以其脾气倔强而为人所知，以其行为怪异而臭名昭著。所以人们借助"驴"字来泄愤，表达自己的愤懑之情。"驴"在汉语中主要象征义为"愚""笨"。

在维语中，驴具有多种象征意义。第一，象征不礼貌，品行恶劣。驴的丑行之一是乱伦，不分亲属，也不管时间、地点，随时放屁，随地打滚，"性"兴奋时就不顾一切。"牲口毛驴子"比喻品行恶劣的人。如 iʃekniŋ ɛskisi sigɛk, hajasiz χotun kylgɛk（最坏的是爱撒尿的驴，最不懂礼貌的是嬉皮笑脸的女人）；iʃek køryktin øtywelip mɛn tulpar dɛptu（驴过完桥后说自己是飞马），类似于汉语的"过河拆桥"；iʃigi joq mollamniŋ quliyi tɛntʃ（最安心的是没有驴的毛拉），类似于汉语的"无官一身轻"，eʃek tɛχijigɛ iʃekligidin baʃqisini øgɛtmɛs（驴给小驴教的只不过是驴的行为）。第二，驴与维吾尔人的生活、生产有着密切的关系，很多人一提起驴，就联想到新疆，就联想到维吾尔民歌与骑着毛驴到北京见毛主席的库尔班图鲁木。因为在古代，驴是新疆的主要交通工具，也是新疆的主要农业生产工具，因此，维吾尔人对驴的联想特别丰富，联想的角度也有很大不同。第三，维吾尔人认为驴稳重，能吃苦耐劳，有时品行比有些人还有好，所以在维语里驴有时也具有褒义色彩。例如，iʃek-iʃek dɛjmiz iʃektʃilik bolalmajmiz（我们贬斥驴，有时还不如驴），iʃek mydyryp kɛtkɛn køwryktin qajta øtmɛs（驴在桥上打前失，第二次再也不愿意过）。第四，在维吾尔人的生活里，驴是伙伴、是财富，因此人们把它看作对比的对象。如：iʃekniŋ kytʃi halal, gøʃi haram（可以使驴的力，不能食驴的肉），iʃekniŋ qeriʃi tʃiʃidin, adɛmniŋ qeriʃi iʃidin（驴老了表现在牙齿上，人老了表现在力气上），iʃek juwaʃ bolsa hɛrkim minidu（人人喜欢骑老实的驴）。

2. 雀鹰

均为猛禽，攻击目标准确，在汉语中人们常用它象征勇猛，赋予其高瞻远瞩等含义；在维语中因其眼睛灵活、忠诚主人等特点而常被用来象征着情人或美丽姑娘。如：

quryujum uʃup kɛtti	雀鹰飞往
egiz tayniŋ kɛjnigɛ	高山的后面
bizni degɛn tʃokanlar	我心中的情人
tʃiqsun bayniŋ kɛjnigɛ	等在果园的后面

维吾尔语民间歌谣中"我的雀鹰"往往替代"我的情人"。

3. 杏子（øryk）

杏花在古代中国被称为"吉祥花"，现代汉语中仍在使用的"杏"的比喻意义有"杏眼桃腮"，形容女子美貌（《红楼梦》中描写宝钗"眼同水杏"）。人们以杏象征幸福，因为杏与"幸"谐音，表示"有幸"，杏与花瓶表示"祝您高中"，杏仁则比作美女的眼睛，俗语常说"柳叶眉，杏仁眼"（维语中描写美女的眼睛常说"钢笔眉，羊眼睛"）。维吾尔语在很多情况下把杏作为爱情的象征，是爱情的使者，过去在农村小伙子用手帕包起杏子送给心爱的姑娘，以表达自己的心愿。ørykni qeqiwelip ʃeχini jiriptu（摘完杏子，折断树枝），意思相当于汉语的"媳妇上了床，媒人摔一旁"。如：

iʃik aldi øryklyk	家门前是杏树林
ajiɣi qizil gyllyk	杏树林旁玫瑰花
jeŋi jarʧɛ jar tutsam	我心爱的情人
doppisi badam gyllyk	帽子绣着巴达木花

在维语中杏花象征着春天。

4. 桃子（ʃaptul）

桃在汉语中的象征意义较多：（1）象征长寿。桃子味道甘甜，果肉柔嫩，自古以来有吃桃子可以益寿延年、长生不老的说法。桃是最常见的长寿象征，中国民间祝寿用鲜桃或面桃，称为"寿桃"。传统年画中的老寿星，一手拄杖，一手托寿桃。一些人在厅堂中常挂着一幅画有三个桃和五只蝙蝠的画，表示"三桃五福"。（2）象征美貌、美色。桃花的粉红颜色常被用来比喻女子的美色。《诗经》中用"桃之夭夭，灼灼其华"比喻少女的美貌。唐朝诗人崔护的名句"人面桃花相映红""桃花依旧笑春风"中，也以桃花喻美色。后来与美女有关的事也常以桃花作喻，如"某人交了桃花运"（指男子受到姑娘的爱慕），"桃色新闻""桃色事件"（男子与女子的风流韵事）。（3）"桃李"并提用于比喻弟子、学生，如人们把教师培养学生称为"春催桃李"，把教师培养了众多人才称为"桃李满天下"。

维语中有关桃的比喻与汉语不大相同。维语中认为，桃子是"水果之王"。如：ʃaptul qoj øzyŋgɛ，øryk qoj balaŋɣa，amut qoj nɛwrɛŋgɛ，jaŋaq qoj ʧɛwrɛŋgɛ（栽桃子为自己，栽杏子为子女，栽梨子为孙子，栽核桃为曾孙）。如：

alma qeqi, øryk qeqi,	苹果干，杏干，
jigym kelɛr ʃaptul qeqi.	还是想吃桃子干。
bu dunjada az ikɛn,	这世界很少见，
biznin jardɛk dil seqi.	我情人那样精干。

无论在谚语或民歌中，描写最好、处于第一位，是用桃子来比喻。

5. 月亮（aj）

月亮本是自然界中一个纯客观的物体，但自从人类意识到它的存在，它便成为原始神话或传说的内容之一，如中国人耳熟能详的神话故事：嫦娥奔月，吴刚伐桂，月里嫦娥爱少年，等等。月亮这一物象早已进入了人的审美视野，成为人们想象的对象，人们也将诸多情感要素附着其上。杜甫的《月夜忆舍弟》："戍鼓断人行，边秋一雁声。露从今夜白，月是故乡明。有弟皆分散，无家问死生。寄书长不达，况乃未休兵。"汉族人看到月亮就联想到光明、光辉、故乡。

在维语中因月亮闪闪发光等特点来象征美丽、漂亮的姑娘。维吾尔人期望女儿长得漂亮，给女儿起名为"阿依努尔"（月光），"阿依古丽"（月亮花），"阿依姑再丽"（美丽的月亮），"阿依不拉克"（月牙泉）。民间歌谣中往往用"月亮般的脸蛋""我情人的脸像月亮"形容姑娘的美丽。维吾尔语谚语 aj ʧiqsa alεm kylεr（月亮出来宇宙微笑），ajniŋ jyzidimu daɣ bar（月亮也有斑点），说明再漂亮的姑娘也会有瑕疵，没有十全十美的人。

（四）汉维语中的象征意义完全相反

对同一个现象，不同的民族会从不同的角度去认识，历史文化、心理特征、民间传说和故事等对一个民族认识、评价以及联想某种事物产生很大的影响。另一方面，一个民族从一种事物的多种特征中，包括正、反两方面的特征中选择或确定适合自己传统文化、心理特征的一面，在历史发展的过程中通过各种文学艺术的形式形成一种约定俗成的象征文化。它和谚语一样具有漫长的历史。

龙（εdʒdiha）在中国古代传说中，是一种有鳞有须、能兴云降雨的神异动物，是一个具有多种动物特征的综合性图腾形象，兼有蛇、兽、鱼等多种动物的形象，是以蛇为主的幻想动物，这反映了中华民族不断融合的过程。"龙"是中华民族的象征，中华民族是"龙"的传人。后世的帝王们为了愚弄人民，巩固统治，就自称是真龙天子，因此"龙"在中国历来都被视为"权力、力量、吉祥"的象征。千百年来汉语中形成了许多与"龙"有关的、具有褒义的词语。在汉族人眼里，龙是"神圣""高贵"和"威严"的象征。汉语里面有"龙飞凤舞""生龙活虎""龙腾虎跃""虎踞龙盘"等称颂龙的成语，"真龙天子"更是帝王将相的代名词。然而，在维吾尔民间故事或神话里，εdʒdiha（龙）是一种张牙舞爪、穷凶极恶、喷烟吐火的凶残怪物，维吾尔民间故事《持剑的吾买尔》《英雄的传说》等故事中，在一些描写圣徒和英雄的传说中，讲到和龙这种怪物做斗争的事迹，多以怪物被杀为结局。因此在维吾尔人的心目中，龙让人产生"凶恶""可怕"的联想。"望子成龙"是中国成千上万做父母的心情的真实写照，若将该成语译作 pεrzεntiniŋ εdʒdiha boluʃini arzu qilmak，维吾尔人是无论如何也难以理解和接受的。因此，应对原文加以"改头换面"，译作 pεrzεntiniŋ katta εrbap boluʃini arzu qilmak（希望儿子成为大人物）。

三　结论

通过以上对比分析可以看出，汉维两种语言中的动植物名称不仅仅是动植物形象的符号代表，还具有丰富的民族文化内涵。动植物文化内涵的差异给动植物词语打上了深深的民族文化印记。在人类社会漫长的发展过程中，动植物与人类的关系日益和谐。一方面，动植物对人类有很强的实用价值，另一方面，动植物以其独特的形态特点和习性唤起了人们无限的美感，使人们产生了种种联想，并借动植物来表达思想，寄托感情和抒发理想。这样，动植物就具有了深厚的文化意蕴和较高的审美价值。概括而言，人们对于各种动植物的看法态度以及各种动植物所具有的比喻意义和象征意义是该民族动植物文化的基本内容。动植物文化的差异体现了民族文化中有关历史文化、道德情操、审美心理、民族精神等多方面的不同。通过分析汉维动植物文化的差异及象征意义有利于了解不同民族的社会文化和心理文化，有利于跨文化交流，进而有利于汉族和维吾尔族相互沟通，相互理解，构建团结和谐的社会大环境。

第六节　汉维语拟人对比研究

一　引言

拟人修辞格就是把物拟作人或把人以外的事物当人来写，赋予它们人的思想感情，让它们具有人的动作或音容笑貌。运用拟人手法可以把事物描写得更具体、生动、形象，描写得可喜可悲、可爱可憎，使人感到亲切，产生共鸣。拟人这种修辞格多见于诸如诗歌、童话、寓言、神话等文学作品中。人与大自然息息相关，情与物通，心与物连。人们往往会因情而感物，也会因物而生情。尽管有区域、语言和文字上的不同，汉维语还是不约而同地对周边的事情景物善加利用，借物写意，抒发情怀。将物拟为人，将人拟为物，表现出人与自然的和谐相处的情趣与理想。从古至今，几乎所有汉维文学作品中，无不广泛使用"拟人"这一修辞手法。有的更是用得炉火纯青，不同凡响。但由于汉族和维吾尔族的文化差异和完美取向不同，拟人修辞格的运用也存在着诸多共性和差异。本文对汉维拟人修辞格的对比分析有助于我们对修辞格的深入了解，有利于进一步提高我们对汉维文学作品的审美能力和进行跨文化研究。

二　以拟人对象为基点的对比

在汉维拟人格中，被拟人化的对象可以是动物、植物、无生命的物体、自然现象或是抽象概念。这些事物被赋予了人的思想感情，让它们具有了人类的动作或声情笑貌，使它们变得具体、生动、形象，深刻传神地表达了作者的感情，使人感到亲切产生共鸣。

（一）将动物拟人

汉维语中都有将动物比拟为人的修辞现象。如：

（1）小鸟快乐地唱着婉转的曲子。（张志公《现代汉语修辞学》）

quʃlar ʃat χoramliq itʃidɛ jeqimliq naχʃa ejtmaqta.

（2）bir waqit ɵtkɛndin kejin, ʧinar ʃɛhida bir quʃniŋ sajriɣan awazi aŋliniptu.semɛr ʃundaq qulaq salsa, quʃ:

-kimki meni tutup ɵltyryp, goʃumni qawap qilip jesɛ, padiʃaliq mɛrtiwisigɛ jɛtkɛj, -dɛp sajrawatqudɛk.（《维吾尔民间故事 4》）

过了一会儿，听到一只鸟在柏树上叫，赛麻尔仔细听，鸟说："谁要是捉住我，做烤肉吃，他就得到国王的荣誉。"

例（1）、（2）中，把"小鸟"当作人来描写，它们能唱歌，能说话，使之有了人类的语言，情节生动有趣。

（二）将植物拟人

汉维语中都有将植物比拟为人的修辞现象。如：

（3）春天来了，百花拉着手，唱着柔婉的曲子。歌唱幸福和欢乐。（张志公《现代汉语修辞学》）

bahar jetip keliʃ bilɛn gullɛr qol tutuʃup, jeqimliq naχʃilarni ejtmaqta, bɛχt wɛ ʃat-χoramliqni mɛdhijilimɛktɛ.

（4）ejtqina ana, baraqsan toɣraqliqlar ularniŋ mɛjdisidin tosup turmiɣan bolsa, jepinʧidɛk jejilip jatqan ot-ɣijalar ularniŋ putiɣa esiliwalmiɣan bolsa, bu bostanliqlar tɛkli makanɣa ajlinip kɛtmɛsmidi?（艾合买提・伊明《母亲礼赞》汉维对照）

你说呵，母亲，如果茂密胡杨林不挺起它们的胸膛，如果屏风似的草木不缠住沙漠的脚步，这些绿洲不也就变成了弃地吗！？

（5）ɛtrapimɣa baqimɛn, dɛl-dɛrɛχlɛr aq ʧigiʃ qandaq, meɣrur taɣlarniŋ aq baʃ ʧoqqiliri jɛrgɛ tamam eŋiʃqandɛk qorunidu.（艾合买提・伊明《母亲礼赞》汉维对照）

展望四周，树木好像都缠着白沙，孤傲的群山好像都奔拉着白色的头。

例（3）、（4）、（5）中的"百花"（gyllɛr）、toɣraqliqlar、（柏树）、ot-χijalar、（草木）、dɛl-dɛrɛχlɛr、（树木）等植物人格化；"唱着""挺起""缠住沙漠的脚步""缠着白沙"，是把人的行为写在植物身上。这种手法在童话、寓言里也是常见的。

（三）将无生命物体或自然现象拟人

汉维语中都有将无生命物体或自然现象比拟为人的修辞现象。如：

（6）高山低头，河水让路。（张志公《现代汉语修辞学》）

taɣlar baʃ egidu, dɛrja eqini jol beridu.

（7）中华大地用乳汁养育了她的孙子，她孙子永远爱着中华母亲。（张志公《现代汉语修辞学》）

dʒuŋχua ɛlɛ uniŋ nɛwrisini aq syt bilɛn baqti, uniŋ nɛwrisimu dʒuŋχua ɛlɛdin ibarɛt anisini mɛŋgy søjidu.

（8）ikki bulutniŋ qizɣin sojuʃuʃliridin ʧiqqan sadani dʒimi dʒanliq aŋlajdu, lekin seni jaratqan ikki tamʧiniŋ sojuʃuʃidin hasil bolɣan sadani mɛnla, pɛqɛt mɛnla aŋlajmɛn, balam. （艾合买提·伊明《母亲礼赞》汉维对照）

两片云热吻时发出的声响所有的生灵都能够听到。然而创造你的那两颗粒子相吻时发出的声响，只有我，也只有我才能听到，我的孩子。

（9）ajmu jultuzlarni keʧʃisila ɛɣɛʃtyryp ʧiqidikɛn, lekin sɛn meni kyndyzimu jeniŋdin ajrimajttiŋ.（艾合买提·伊明《母亲礼赞》"汉维对照"）

月亮只是在夜晚呼唤群星，而你白天把我带在身旁。

这里汉语中的"高山""河水""中华大地"；维语中的 bulut（云）、aj（月亮）、jultuz（星星）都是无生命物体或自然现象，说它们低头、让路、养育、热吻、呼唤，把无生命的物体或自然想象生命化了，让人倍觉亲切。

（四）将抽象概念拟人

汉维语中都有将抽象概念比拟为人的修辞现象。如：

（10）这里叫教条主义可以休息，有的同志却叫它起床。（毛泽东（反对党八股））

bu jɛrdɛ, doɣmatizim dɛm alsun dijiliwatsa, bɛzi joldaʃlar uni ornidin turɣuziwatidu.

（11）真理，我的朋友，我将永远和你生活在一起。（张志公《现代汉语修辞学》第88页）

hɛqiqɛt, u meniŋ dostum, mɛn mɛŋgy uniŋ bilɛn birgɛ jaʃajmɛn.

（12）sɛt ʧiraj pɛdazɣa muhtadʒ, hɛqiqi ʃohrɛt ularniŋ nɛziridɛ ʧøl ezitqusiɣa oχʃajtti, ular uniŋɣa intilɣansiri u jiraqlidi. ular qoɣliɣanda u qaʧʧti-joqaldi.（艾合买提·伊明《母亲礼赞》汉维对照）

丑陋的面孔需要装饰。真正的荣誉在他们的眼中如同大漠蜃景。它们越是追求，它就越是渺茫。他们追逐它，它便遁走，消失。

（13）waqit ɛŋ adil sotʧi.（艾则孜·阿塔吾拉《维吾尔民间谚语格言录》）

时间是最公正的审判员。

汉语中的"教条主义""真理"，维语中的 ʃohrɛt（荣誉）、waqit（时间）

这些抽象概念被当成人来写，赋予它人的动作和思想感情，给予它具体形象，使人仿佛能窥其貌，闻其声，变无形为有形。

三　以表现手段为基点的对比

汉维语都能把原来只运用于人的动词、形容词、名词、代词等用于写物，赋予它们以人的行为动作或思想感情。这种拟人隐喻，使语言形象生动，寄情于物，借物抒情，意境新颖，感染力强。

（一）以适用于人的动词来写物

汉维语中都有将平时适用于人的动作、行为、心理活动的动词巧妙地运用于事物身上，从而实现了以物拟人的修辞过程。如：

（14）连每一条小狗，每一只小猫，每一条牛犊和驴驹都在嬉戏。连每一根小草都在跳舞。（王蒙《春之声》）

hɛr bir quʃuq, hɛrbir aslan, hɛrbir mozaj wɛ tɛχɛjlɛr ojnaqʃip kɛtti. hɛtta χijahlarmu bir tal qalmaj usulɣa ʧuʃti.

（15）qojaʃ øziniŋ nurluq qolliri bilɛn zimin animizni quʧaqaliɣanda saman tumanɣa hamilɛ bolɣinidɛk mɛnmu dadaŋniŋ sɛhriliq quʧiɣida saŋa hamildar boldum, balam.　（艾合买提·伊明《母亲礼赞》汉维对照）

犹如太阳用自己的臂膀拥抱大地母亲时，天空孕育了霞光那样，我在你父亲宽厚温馨的怀抱里孕育了你，我的孩子。

（16）ʃam wɛ tamakuniŋ tytynliri køz aldimda ajajip bir surɛtni siziwatatti.（艾合买提·伊明《母亲礼赞》汉维对照）

蜡烛和香烟的烟雾，在我眼前画出了一幅奇特的图像。

例（14）作者用人的动作"跳舞"来描写动植物，生动而深刻地描绘出 20 世纪 80 年代的第一个春天中国人民为改革开放带来的新生活欢欣鼓舞的心情和状态。例（15）、（16）作者用 quʧaqlaʃ（拥抱）、hamilɛ bolmaq（孕育）、sizmaq（画）等形容人的动词用来写物，使我们有了新的语义联想和意向，使作者要描写事物或现象更生动有趣，易于理解。

（二）以适用于人的名词来写物

汉维语中都有将平时适用于人的名称的名词巧妙地运用于事物身上，从而实现了以物拟人的修辞过程。如：

（17）正义被绑着示众，真理被蒙上眼睛，连元帅也被陷害，总理也含冤而死。（艾青《在浪尖上》）

hɛqqanijɛt baɣlinip sazaji qilduruldi, hɛqiqɛtniŋ køzi tɛŋip qojuldi, hɛtta marʃalmu zijankɛʃlikkɛ uʧridi, zoŋlimu ɛlɛm iʧidɛ alɛmdin øtti.

（18）lekin balbaldɛk qɛd køtyryp turɣan, byrkyt qanitidɛk jejilip jatqan qum barχanliri bostanliqlarɣa dɛhʃet køzi bilɛn qarɪmaqta. （艾合买提·伊明《母亲礼赞》汉维对照）

　　然而，像泥佛般竖立着的，像鹰翅般扑展着的沙丘，正用凶残的眼镜瞪着绿洲。

　　例中"真理"本是抽象概念，"沙丘"是无生命名词，作者却让它们有了人的"眼睛"，给它具体形象，让本无生命的抽象事物立马变得生动鲜活起来。

　　（三）以适用于人的代词来写物

　　汉维语中都有将平时适用于人的代词巧妙地运用于事物身上，从而实现了以物拟人的修辞过程。如：

　　（19）小溪流一边奔流，一边玩耍。他一会儿拍拍岸边五颜六色的石卵，一会摸摸沙地上才伸出脑袋来的小草。（严文井《小溪流之歌》）

　　sular birdɛm dʒiddi, birdɛm ojnap aqatti.ular heli rɛŋga-rɛŋ ʃeɣil taʃlarni ʃapilaqlap øtyp kɛtsɛ, heli qumluqta ɛmdi biχ urup ʧiqqan gijalarni silap øtyp ketɛti.

　　（20）qar，mɛn saŋa tojmaj qarajmɛn.ʧunki seniŋ qojnuŋ pak tujɣular bilɛn tolɣan. （艾合买提·伊明《母亲礼赞》汉维对照）

　　雪，我出神地望着你。因为，你的怀抱充满了纯真的情思。

　　例（19）中，作者用代词"他"指代溪流，与一系列描述人动作的动词连用，把溪流描写成一个顽皮小男孩的形象，使人感到分外亲切生动。例（20）用代词 sɛn（你）指代雪，表达了对雪的情感。

　　（四）以适用于人的形容词来写物

　　以修饰人的形容词来修饰不具备人物特征的事物，赋予被修饰对象以人的特征、人的情感，使之不再是无情无欲的东西。如：

　　（21）街上的柳树像病了似的，叶子挂着一层灰土在枝上打着卷；枝条一动也懒得动，无精打采地低垂着。（老舍 《骆驼祥子》）

　　koʧʃidiki søgɛtlɛr χuddi kesɛl tɛgkɛndɛk kørynɛtti，uniŋ jopurmaqliri bir qɛwɛt ʧaŋ-tozan qaplɪɣan halda ʃaχlirida purliʃip turatti. ʃaχlar qimirlaʃqimu erinip, dɛrmansiz halda pɛskɛ egilip turatti.

　　（22）joqni bar qilɣan tupraq, barni joq qilɣan tupraq, qanaɛtlik tupraq, ʧidamliq tupraq. （艾合买提·伊明《母亲礼赞》"汉维对照" 第 107 页）

　　大地能给予你一切，也能夺走你一切。而她像是一个最易满足，最能包容一切的母亲。

　　例（21）中的"懒""无精打采"，例（22）中的 qanaɛtliq（忍耐）、ʧidamliq（承受）本来是用于人的形容词，现在却分别借来描绘枝条和 tupraq（泥土）。

四 以文化背景为基点的对比

语言是文化的载体，那么作为汉维语特殊成分的各种修辞现象自然也会体现出各自的文化特征，拟人辞格也是如此。影响拟人辞格形成的文化因素众多，其中汉族和维吾尔族人的潜意识心理和思维习惯、民族文化传统，以及地理特征的影响最为突出。

（一）民族文化传统的影响

汉族和维吾尔族文化在发展的过程中均积累了丰富的文化典籍，在这些典籍当中，有着许多具有拟人色彩的谚语、成语，它们都具有鲜明的民族文化特征。汉语中这类成语或谚语很多来自古书经典或民谚口语。如成语"狐假虎威"出自《战国策》，"黔驴技穷"源于《柳河东集·三戒》，"与虎谋皮"取自《符子》，"老马识途"取自《韩非子·说林》。同样，源于民间故事或诗词的拟人谚语也很丰富，如"清风不识字，何必乱翻书"；"落花有意，流水无情"；"乌鸦笑猪黑"；"老虎脖上挂佛珠"。当然维语中也有不少具有拟人色彩的谚语和成语出自各种典籍和寓言故事。例如 horun eʃɛk juqni eɣir køtyrɛr（懒驴驮重货）取自维吾尔寓言《懒驴》；it muzliɣanda saraj salidu，issiɣanda untup qalidu（狗受凉了才盖房子，受热就把它忘掉）取自维吾尔寓言《懒狗》；asmandiki ɣazniŋ ʃorpisiɣa nan ʧilaptu（癞蛤蟆想吃天鹅肉）来源于维吾尔寓言《做羊肉汤还是羊肉串》；kirpidɛk tygylyp jatquʧɛ，ʧymylidɛk iʃʃan bol（不要像刺猬那样卷曲身子睡觉，要像蚂蚁那样勤劳）来源于维吾尔寓言《蚂蚁与刺猬》。人的喜怒哀乐是不因地域、语言的差异而不同的。无论是汉族人还是维吾尔族人，人同此心，情同此理。如果说有区别，那只是因为用词角度、表现方法、拟人的感情色彩受到文化传统、思维方式、语言习惯的影响。

（二）人文地理特征的影响

不同语言的产生和发展必然和不同民族赖以生存的自然环境的地理特征紧密相关，拟人修辞格也会打上各种地理特征的烙印。首先，拿自然地理特征来说吧。内地是一个青山、江河、沼泽环绕的地方，因此，汉语对山、河的细致入微的拟人描述是远胜于维语的平铺直述的，如：山嘴、山口、山脚、山头、山腹、山腰，等等。新疆是个干旱地区，维吾尔人对戈壁、沙漠、树木、花草有着深厚的情感，所以，维吾尔人关于戈壁沙漠地貌的拟人隐喻很多，如：øzini gul ʧaɣlimaq（把自己看作一枝花），jantaq（骆驼刺），dɛrɛχ poqiqi（树瘤），qum bɛlwiɣi（沙带），su jyzi（水面），jaŋgal eɣizi（戈壁嘴），orman kindiki（森林肚脐），orman qoltuqi（森林腋），等等。其次，不同的人文地理特征也会在汉维拟人修辞中体现出来。对于汉民族所崇拜的黄河、长江，我们常称之为"母亲河"。因为汉民族自古以来以农业为主体产业，自然视这几条大河为哺育土地、作物乃至整个中华民族的母亲。同样，维吾尔人把塔里木河称之为"母亲河"。塔吉克族人把帕米尔冰山称之为"冰山之父"，也许是塔吉克人着眼于巍巍冰山的阳刚之气。这就与各民族的地理环境及其对该环境的认知情况的差异有关。

五　结语

从以上典型例句中我们可以看到，在神话、寓言、童话、小说、诗歌、散文等多种文体中，人们使用拟人这种修辞手段，以自己的想象，造出了日月星辰、山川湖海、风雨雷电等神，也赋予飞禽走兽花木虫鱼以人的感情，传达人的智慧，使它们也具有人的性格和感情，乃至万事万物在人的神奇想象中都可以人格化，都可以生情。总之运用拟人法可加强修饰与美化语言，增强艺术感染力和表达效果，从而充分发挥语言的交际功能。

通过上文的探讨，我们还发现汉维拟人修辞格在定义、分类、表现手段、文化背景方面虽有共性和差异，但是共性较多，差异较少。这种共性正是人类感情表现方式相同的反映。拟人修辞格的运用使文学作品表现更为丰富多彩。无论是汉文还是维文文学作品，拟人的特点是作者怀着强烈的感情观察事物，产生了感情的转移，使之具有了人的性格感情行为和动作。而拟人的运用，使作为思想载体的语言更生动形象，贴切鲜明，给人以深刻的印象和艺术的美感，提高了语言的美学价值。我们对汉维拟人修辞格的对比研究有助于我们在研究中国经典文学作品和翻译等跨文化研究中深入了解汉族和维吾尔族的思维模式与情感，为民族之间的相互沟通与加强民族团结做出贡献。

综上所述，21 世纪的两种语言的辞格对比研究极其丰富多彩，本章节所涉及的研究角度仅是冰山一角，笔者将作进一步的研究。

第六章　文化观照下的汉维语修辞对比研究

第一节　修辞与文化

文化是修辞产生和运用的基础。汉维两个文化上的广泛接触和历史互动，促成了汉维语修辞现象共性的形成。

一　社会性

修辞现象适应社会需要而产生，也随着社会的发展变化而变化，新的修辞现象是社会生活新变而引起的。现代汉语通过不同的语言单位表现出来，一些具有较强的构词能产性的语素在社会中成为流行语，比如酒吧、网吧、书吧、茶吧、聊天吧、的哥、的姐、影评人、音乐人、电视人、市场人、克隆风景、克隆文、注水书，等等。一些句法有着广泛的渗透力和覆盖面，比如"副词+名词""好+形容词""不要太……"现象已成为普遍修辞现象，渗入社会的各个角落。时段因素对语言时代风格的形成发挥着至关重要的作用。在新疆汉民族与各少数民族在社会生活方面面不断地沟通、频繁地接触的过程中，维语修辞也随着社会的发展而染上时代的色彩。比如过古尔邦节时某手机短信：祝你节日 mubarɛk，身体健康 salamɛt，过的开心 alamɛt，工作顺利 karamɛt，愿你多收 daramɛt，不要接近 palakɛt。这则祝福短信的意思是：祝你节日快快乐乐，身体健健康康，过得开开心心，工作顺顺利利，愿你招财进宝，不要靠近灾难噩运。很明显，这则短信是一首口头的维汉合璧诗，它采用的是汉语的语法规则，押韵词是维语词汇，因汉语句式简洁，修饰语简短，表意功能较强，维语音韵优美，节奏和谐，表音能力占优势，此条短信将两种语言的优势结合起来，从而达到了简洁清晰明快又有趣味的效果。再比如《语言与翻译》（2010）李燕萍与王莉合著的《维吾尔族大学生手机短信语言特点探析》一文中收集的例子也具有典型性："让我以 polo（抓饭）的营养，kawap（烤肉）的味道，ygrɛ（细面条）的温柔，narin（阿图什的一种汤饭）的憨厚，lɛŋmɛn（拉面）的长久来祝你天天快乐！"这则短信中的修辞手法与维语句法结构一样，具有相对的稳定性，可能将成为在长期运用语言的过程中形成的固定格式。一旦这些处于变化发展中的修辞手法被用作风格要素，也就会成为现代维语时代风格的物质标志。因语汇是语言诸要素中最活跃的因素，也是语言诸要素中反映时代和社会发展变化最敏感的因素，几乎处于不断变化的状态。语汇通常带有明显的时代印记。进入知识经济时代后，手机、电脑在社会生活中变得愈加重要，是获得有效信息成为就业致富的重要渠道。南疆一些市县成立了某些信息公司、语言培训中心，比如 qeʃqer ʃeher oqja utʃur mulazimet merkizi（喀什市弓箭信息服务中心）"弓箭"一词暗示信息提供的迅速及时准确，好像弓箭一般；utʃur kompijutur utʃur mulazimet mergizi（迅飞电脑服务中心），同样这块招牌名也有提供服务及时快捷之义；derman telifunχanisi（话吧），derman（达尔曼）一词原指"力气、劲儿、体力"，这里指"实力"，其中"弓箭""力气"这样的词在不同时代词义理解却存在很大差别。

二　易变性

修辞如果老是没有变化，会令人觉得没有意思。修辞不像文法那样，修辞变化大，不仅必要，而且可能。易变性是汉维语修辞现象的另一重要特点之一。不管是汉语还是维语，修辞在语言运用上重在变异、创新。比如沈谦《语言修辞艺术》中一例："她叮咛自己'爱情虽可贵，道德更重要，感情如野马，缰绳要收紧'"，该例仿拟的是"生命诚可贵，爱情价更高"，应特殊的表达需要，以某一语言形式为参照，仿制新的有意味的形式。又如在南疆地区有一种鸟叫 paχtek（斑鸠），该鸟的叫声总是"喔吐咕咕"听上去的类似维语的 χotundin qorqidu（怕老婆），于是，人们委婉地利用 paχtek（斑鸠）借指耳根子软、爱听老婆话、怕老婆的男人。这种情况与汉语中委婉地以"气管炎"（妻管严）指称此类人有异曲同工之妙。这种修辞现象是利用了语音的修辞性，显示了修辞的易变性。

三　美感性

美，是人类探求的永恒主题。美不仅在物，亦不仅在心，它在心与物的关系上面；……创造是表现情趣于意象，可以说是情趣的意象化；欣赏是因意象而见情趣，可以说是意象的情趣化。美就是情趣意象化或意象情趣化时心中所觉到的"恰好"的快感。[①]在绪论部分，笔者已提及，美学是汉维语修辞对比研究的共同基础。尤其在语音修辞部分，维语诗歌是具有独特外部形式的一种分支语体，其在崇尚与追求语音上的形式美是汉语所

---

① 朱光潜：《朱光潜谈美》，金城出版社 2006 年版，第 14 页。

不及的。不管是柔巴依还是麦斯尼维，不管是童谣还是民间游戏，都是以抒发情感为特征，而音乐性这个因素是相当有助于抒情的。诗歌的音乐性与情感性是相辅相成的，在寻求音韵与节奏的和谐时，令人们在诵读时顺口流畅，欣赏时悦耳动听，感受到抑扬顿挫、跌宕起伏的韵律美和流畅回环的音乐美。修辞不仅在诗歌这种文体中寻求语音韵律美，而且在具体辞格运用中也力求达到美的享受。比如重复这一修辞手段，一般来说是指文本中某些东西不止一次地反复呈现，每一次呈现之间存在约略相似但又有变化。作为文化的一种修辞术，重复的功能集中表现在，通过重复某种东西，文化的一些隐言的或无意识的层面显露出来。汉语中有较多的同音字或谐音字，谐音文化成了汉语修辞的一大特点。相对于维语，目前对谐音一说还存在争议。而维语则充分利用了重复这一修辞手段，达到与汉语同样的修辞目的。修辞与文化有着密切的关系，修辞的美与文化同样关系密切，汉维语修辞美与文化当然也是密不可分的。在汉维语修辞中，修辞美的形式十分丰富多彩，有内容美、形式美，有音韵美、节律美，有对称美、回环美、连贯美，有规范美、自然美，有形象美、含蓄美，有侧重美、联系美、流动美、变化美，还有各种语体风格美，等等，不一而足。这些美的形式都是在运用两种语言的两个民族人民特定的审美心理结构和文化模式下形成的。这种对美的不懈追求是两个民族修辞倾向的共同点，对美的追求是汉维语修辞的内驱力。

第二节　汉维语的修辞特色之文化观照

一　修辞特征与民族传统思维

语言是文化的重要组成部分，又是文化的记录符号，反映着使用该语言的民族的文化风貌。

从汉语和维语的句法结构可以看出，汉语句子结构重内在语义关系，维语句子结构讲求外在逻辑形式。汉维语句子上的差异与两个民族的不同思维方式有某种关系，汉民族的思维偏于形象，长于直觉体验和想象，而在逻辑推理方面则有别于其他民族，传统哲学也不过多注重形式上的细密论证，多凭借直观理性认识去把握世界。而维语具有繁复丰满的词法形式、形态标志，词类与句子成分之间一一对应，句子的组织以动词为核心，注重逻辑推理，因为逻辑推理离不开完备的外在形式，要实现维语句法严密的逻辑性，就必须有一套严密的法则作为约束。"文化是人类生活的环境，人类生活的各个方面无不受到文化的影响，并随着文化的变化而变化，或者说，文化决定人的存在，包括自我表现的方式以及感情流露的方式、思维方式、解决问题的方式等等"[①]。维语修辞产生于交际活动，它同样受到民族文化的浸染影响，无论是修辞材料，还是修辞手法都折射出该民族独特的哲学思想、世界观、思维模式、观念心态等文化特征。在伊斯兰哲学中，宇宙论、灵魂论、善恶论构成了一个完整的哲学体系。"宇宙论以安拉造世说，解释了宇宙的成因，并通过安拉把物的世界上升为理性世界；灵魂论在最高理性与人类理性之间建立起直接的联系，通过灵魂不灭的观点，证明了安拉对人类的监督与奖罚的真实性；善恶论则意在解决观察现象与最高本体中出现的一些矛盾，明确人类对于自己行为的责任。"[②]。如南疆某店名"兄弟玻璃店""兄弟修车行"，看似普通的招牌名称，其实蕴含了伊斯兰哲学中的爱的伦理观念。爱是一种态度取向、一种运动，善是一种观念与行为性质的评价，爱与善本质上的统一就只能是一种可能性。因爱帮助人的人则是把别人当成是自己的兄弟，希望在与他人的互助互帮中，获取生活的快乐。在你献出爱的同时，也获得了爱的回报，这里有自我内心的，也有人与人感情上的。这种双向性的爱的付出与获得，是伊斯兰道德自律所依存的基础。这种以付出的爱所构成的爱的宇宙的观念，是《古兰经》伦理观念的反映，是伊斯兰伦理文化成熟期——原始共产主义精神的反映。这也正是伊斯兰哲学与其他哲学的主要不同之处。而儒家伦理是宗法制伦理，同样是爱，儒家赋予它的含义，充分体现宗法关系。

二 修辞与文化烙印

汉族和维吾尔族的文化传统、审美观点、思维习惯、社会风尚、心理状态、生活方式、自然环境、地理因素以及语言文字本身的结构特色虽然有所差异，但汉维语修辞现象都带有明显的民族文化的烙印。

喀什是新疆维吾尔族聚居相对集中地之一，南疆地区以喀什为代表，其历史文化古老而悠久，比较具有代表性与典型性，从它的店名、地名中就能见其缩影。因此，笔者对喀什古城的上千家维吾尔店名、地名进行了调查、归类、整理，其店名与部分地名彰显了浓郁的地域文化色彩，表现出来的修辞性也是不言自明。本小节就以喀什维语店名、部分地名的特点作一考察。

（一）命名方式

1. 地名、人名+通用名词

在喀什的众多店名中，命名者主要突出的是该店名的位置与处所。比

---

① 黎运汉：《修辞学研究对象的文化透视》，《暨南大学学报》1994 年第 3 期 124 页。

② 杨捷生：《伊斯兰伦理研究》，宗教文化出版社 2002 年版，第 134 页。

如位于喀什老城区的一些商铺名：qɛʃqɑr waris tez tamaqχanisi（传统营养快餐店）、ɣɛrbij dijar ɛrlɛr kijim-keʧɛkliri dunjasi（西域男士服饰世界）、gyzɛl χanim-qizlar kijim-keʧɛkliri（古丽扎女士服装）、ilʧi（壹利绮〈和田市某一地名〉）。

2. 性质类专名＋通用名词

这类店名主要显示的是店名的性质、特有功能与定位，凸显该店的各种属性，希冀以自己独有特色来吸引各类客户群的注意力。比如： arman（宿愿、心愿、愿望超市）、kyŋyl arrusi kijim-keʧkliri（如意服装店）、mɛrhaba jeŋi pason kijim-keʧkliri （买尔哈巴新款服饰）、istiqbal ikkinʤi qol janfon baziri（斯特巴利二手手机广场，"斯特巴利"为未来之义）、waris tez tamaqχanisi（传统营养快餐店）、arqa orda lɛɣmɛnχanisi（后宫拉面店）、dawa doχturχanisi（治愈医院）、dil kyji yn-sin mɛrkizi（心灵之韵音像店）、ehtiram eliektirunʧiliɣi（敬意家电行）、ʤɛŋgiwar gaz oʧaqʧiliqi（精锐煤气灶）、aq almas ʧiʃ seliʃ dawalaʃ orni（白钻石牙科诊所）、qabil syrɛtχanisi（能力摄影室）、ɛlχumar tortχanisi（众口上瘾蛋糕店）、ana jort lɛŋpunziχanisi（故乡凉皮店)toqquz saraj millij taamliri（九宫民族风味餐厅）、mɛptyn tez taamliri（心怡快餐店，"麦普敦快餐"），等等，突出自己与众不同之处。ɛlχumar tortχanisi（众口上瘾蛋糕店）运用了夸张的手法，你只要品尝过一口这家蛋糕店的蛋糕，你不自觉地就会成瘾，吃了还想吃，而且会令你流连忘返。ana jort lɛŋpunziχanisi（故乡凉皮店）该店名运用了通感的修辞手法，意思是只要你吃了这个店的凉皮，你便会思念起家乡的味道以及故乡的亲人。toqquz saraj millij taamliriχanisi（九宫民族风味餐厅），这家餐厅的店名乍一听就觉得非常有气势，内部装修环境可以与皇宫相媲美，当你走进这座由九个宫殿组成的大饭店，当然你接受的待遇与皇宫里的皇帝也是平起平坐的，这个店名则运用了比喻的修辞手法，让你感觉你不仅仅是在吃饭，同时你的政治地位、社会身份也会随之提升。借代的修辞手法在维吾尔店名中也常被利用，比如店名 bahar ʧaʧ jasaʃ oruni（春天理发店），借指去理发的顾客在理发师的帮助下，让自己的面貌焕然一新，精神抖擞的样子好像春天万物复苏，万象更新，一派欣欣向荣的景象。

3. 专有名词

此类店名大都着重营造一种文化品位和生活理念，给消费者以更多的遐想空间，产生独特的宣传效果。比如：bahar ʧaʧ jasaʃ orni（春天理发店）、tɛŋritaɣ kitabχana （天山书店）、zɵhrɛ kijim-keʧkliri（佐和拉服装店（"佐和拉"意为金星））、almas tez tamaqχanisi（钻石快餐）、syzyk taʃ kɛspi ʧaʧ jasaʃ orni（清石专业理发店）、iχlas（信仰、信念）fatiχɛ（简短的祈祷；祝福。《古兰经》的第一章）qɛdir（斋月第二十七日）、nawaj kitabχana（纳瓦依书店，十五世纪伟大的维吾尔诗人名）、qɛʃqɛr（译名，喀什伟大的语言学家、文学家的姓）、ʃaχsɛnɛm（公主服装店，民间文学中一人物名）、pɛrwaz（翱翔，男名）、dʒula（珠拉，光泽，舞曲名）、muqam taamliri（木卡姆餐厅，音乐形式名）、kyk koʃqar　kawapχanisi（蓝公羊烤肉店）、ɛtirgyl aʃχanisi（玫瑰大酒店）、kyk tulpar syrɛtχanisi（蓝天马摄影室），等等。

（二）命名特点

1. 因地理位置而命名

克孜都维路、文化路、多莱特巴格、古扎尔、恰萨、西域大道、人民医院等这类名称直观地反映出所在地，就地取材是最大特点。

2. 彰显主人财富地位而命名

财富是社会地位和实力的象征，身份显贵、家境殷实的社会群体需要彰显自身价值的店铺。因此店铺名常用金、银、豪、华、皇等词。莎车县一清真寺旁有一家装修得非常豪华的餐厅，店主予之命名 altun sɛridar tez aʃχanisi（金殿餐厅），里面饭菜风味与质量在当地也是首屈一指。喀什师范学院是南疆一所有名的高校，坐落在城东的 konanɛzir baɣ joli（阔纳乃则尔巴格路）上，这个路名 kona（阔纳）指“老、旧”，nɛzir（乃则尔）是一个曾经在当地显赫一时、颇有名望的庄园主的名字，baɣ（巴格）是“庄园、花园”之意，这个路名沿用至今。另外，喀什有一家较有名气的烤肉店 kyk qoʃqar kawapχanisi（蓝公羊烤肉店）除了斋戒月份无人问津，平时都是顾客满盈，顾客多不仅仅是因为该店的烤肉味道鲜美，更重要的一点是该店的店主去圣地麦加朝觐过，顾客也是因为他特殊高贵的身份才去光顾的。

3. 蕴含历史文化底蕴之命名

dʒula（珠拉，光泽之义，十二木卡姆舞曲名）、mukam tamliri（木卡姆餐厅，音乐形式名）、nawaj kitabχanisi（纳瓦依书店，十五世纪伟大的维吾尔诗人名）、tyrki tillar diwani kitabχanisi（福乐智慧书店）。

4. 借用自然资源而命名

aq taʃ tez tamaqχanisi（阿克塔什快餐店），南疆喀什疏附县的某乡就是以该地方的地形特征命名的。aq taʃ（白石头）意味寸草不生的戈壁滩，因当地土壤碱性大，生产一种大尾肥羊，肉质鲜美，知晓这一情况的人便知道该餐厅的特色饭菜就是清炖羊肉。店主就是利用自然资源来命名该店的。类似这种店名的在喀什并不少见。

5. 展示水概念而命名

以水概念而命名，比如，疏勒县名 suzluq（疏勒），意思是有水的地方，早年有古疏勒国，建城市是依水而建的。bolaq su（泉水）地名、新疆有一众所周知的白酒 ʃor　bolaq（肖尔布拉克酒），意思是把该酒比喻成欢快的泉水。店名 suluq ʧaʃ jasaʃ　oruni（清水理发店），意思是水能除旧迎新，相当于水能净身之义，与宗教习俗不可分割。

6. 体现异域风情而命名

iχlas（信仰、信念超市）、fatiχe kijim-keʧkliri（简短的祈祷；祝福。《古兰经》的第一章）、qedir kijim-keʧkliri（斋月第二十七日）等店名以宗教相关事宜命名，体现了极强的地域特色。

7. 追求时尚前卫而命名

现代气息在喀什这座古城中也会通过店名得以彰显，如 istiqbal ikkindʒi qol jafon baziri（斯特巴利二手手机广场，"斯特巴利"为未来之义），对于新出现的信息行业在命名时，用 istiqbal（未来），则体现了极强的修辞性。

（三）命名原因

顾客价值观需求与店主对顾客的迎合、引导，是商业命名的根本动力。在南疆喀什，人们正在找寻着不同的社会符号和标签来界定自己的社会地位、价值观念和文化品位，这些店名、地名，反映出了人们商品经济意识以及在这座古城中传统文化的积淀，同时还透射出当地人的审美心理及从众仿效心理。比如"健康长寿、平安吉祥、兴旺发达"观念，维语店名、地名中带有"健康、顺利、吉祥、幸福"等意义的词汇很多，如 arman（宿愿、心愿、愿望超市），一路平安摩托车修理店、幸福商店等，再现"传统美德"，彰显传统文化。在汉维语的许多店名中运用了一些人名，带有较强的传统美德观念。如汉族人用"温良恭俭让、忠孝礼义信、德仁礼公正、清廉、洁纯、诚贤操守明亮"这些字眼入名，而维语一些店名多用 sɛmimij（诚实）、sadiq（忠诚）、adil（公正）、ɣejur（坚毅）这些词来表达传统美德。还有"宗族观念"，汉语的荣祖、兴祖、耀祖、怀祖、孝先等体现了宗族伦理观念，而在维语店名中则有兄弟玻璃店、兄弟自行车修理行、传承营养馕专卖店，不仅可以从店名中看出维吾尔族具有较强的宗族观念，他们认为儿子继承父亲的职业可以兴旺发达，而且在 ata kɛsip baliɣa miras.（子承父业）这句维谚中也有所体现。最后体现的是"爱美观念"，如 dil kyjiyn-sin mɛrkizi（心灵之韵音像店）、muqam taamliri（木卡姆餐厅，音乐形式名），ajnur muzika taamχanisi（月光音乐餐厅）等。这些店名、地名成了展示多元文化、传承历史文脉的重要手段。

第三节　汉维谚语修辞的文化表征[*]

　　每个民族都有其特定的文化传统，每个民族也都钟情于自己特定的文化传统。吸收传统文化精华运用于修辞实践，是对比修辞学应该关注的，而谚语直接反映的是人们的生产、生活经验，不仅能说明事物或事理，还能表达说话者对该事物或事理的主观评价、态度和情感色彩。因此，修辞性是谚语的重要特征。谚语本身有很多修辞特点，谚语一经使用，就能发挥丰富的修辞作用。谚语的语音、语义、词汇和语法等语言手段都可用来表达感情，从而成为修辞要素。语音和谐，韵律优美，用词得当，语义协调，感情丰富，语法匀称，配置妥帖，如此种种，无一不起修辞作用。"从文化学的角度看，语言是文化信息的载体之一，传统文化之所以能绵延不断地代代相传，相当重要的一个原因在于语言具有一种储存文化信息的功能，传统文化的内涵在被分解为文化元素后，经过语言的折射，又重新编码为语言组合，以语言文化的形式出现。因此，人类的语言是一个多维系统。"^①。当汉族和维吾尔族在人类历史上作为一种在语言、居住地域、经济生活、心理状态上稳定的共同体出现时，汉维语两种语言就打上了民族的烙印，成为两个民族文化最典型的表征，而两种语言通过修辞体现了民族文化的特征，它积淀了两个民族文化的精神。它像一面色彩斑斓的镜子，摄下了汉族和维吾尔族经济、文化、心理素质各方面的特点。

　　美国著名语言学家帕默尔认为，语言忠实反映了一个民族的全部历史、文化，忠实反映了它的各种游戏和娱乐，各种信仰和偏见，这一点现在是十分清楚了。修辞及修辞活动在一定程度上反映两个民族社会生活、价值观念、道德传统、宗教信仰、思维方式，当代中国文化语言学学者庞朴在论述文化的结构时，把文化整体视为一个由表及里的立体系统。他认为，文化立体系统的外层是物的部分，即文化心理状态，包括价值观念、思维方式、审美情趣、道德情操、宗教情绪、民族性格等。文化的物质层面是最活跃的因素，变动不居，交流方便；文化的心理层面最为保守，是文化成为类型的灵魂。汉维语修辞的文化表征是两个民族文化的镜像，民族间在文化上的异同也反映在民族语言之中，尤其是谚语，进行汉维语谚语的文化含义研究具有重要意义。本文从文化的角度进行对比分类，旨在概括出汉维语谚语的修辞功能。谚语溯源（源自民间口语、文学作品、文化典

---

　　* 本节内容已刊于《喀什师范学院学报》2013 年第 1 期。

　　① 沈锡伦：《中国传统文化和语言》，上海教育出版社 1995 年版。

籍、宗教文献）

一　文化镜像一：反映宗教思想的谚语

宗教（religion）是社会意识形态之一。相信并崇拜超自然的神灵，是支配着人们日常生活的自然力量和社会力量在人们头脑中的歪曲、虚幻的反映[①]。时至今日，主要的世界性宗教有佛教、基督教、伊斯兰教等。宗教信仰是人们精神活动的一个重要方面，对民族文化有一定影响。汉族人主要信仰的是三教合一的儒教、道教、佛教。维吾尔族古代的先民宗教信仰复杂，曾信仰过佛教、摩尼教、祆教、景教、萨满教等。当伊斯兰教传入之后，与本土的萨满教混合称为伊斯兰教。

（一）佛教、道教、儒教

佛教产生于公元前 6—前 5 世纪中，基本教理有四谛、五蕴、十二因缘、八正道、涅槃等，主张依经律论三藏，修持戒定慧三学，以断除烦恼而成佛为最终目的。汉唐期间传入中国，在汉语中有关佛教思想的谚语体现了佛教文化对汉语修辞的影响，如"不修今世修来世"，"放下屠刀，立地成佛"，"前世修来的福分""善有善报，恶有恶报"，"种瓜得瓜，种豆得豆"，等。道教植根于古老的文化，包含古老的、融于民间的宗教迷信色彩，有鲜明的民族特色，根本教理是老子之道，即"道"与"德"，从教理中得到许多朴素的辩证思想，这种思想在谚语中得到体现，如"物极必反，否极泰来""福祸相依""月满则亏，水满则溢"。以孔子为代表的儒家学派主要关心的是人的问题，目的在于调和并统一人世间的各种矛盾，儒家思想在汉语中留下了宝贵的财富，在谚语中得到体现，如"天无绝人之路""受人之托，忠人之事""恭敬不如从命""生命不息、奋斗不止""国泰民可安、国强民也富""可怜天下父母心""浇树浇根、交友交心"，等等。三教教义在实际社会中长期并存、相互补充，共同发挥其社会功能，深深影响着谚语的修辞作用、修辞风格和修辞价值。

（二）伊斯兰教

伊斯兰教是阿拉伯语的音译，意为"顺服"，指顺服唯一之神安拉的旨意。其教义主要有：信仰安拉是唯一的神，穆罕默德是安拉的使者，信天使，信《古兰经》是安拉的"前定"，并信仰"死后复活""末日审判"等。该教规定念清真言、礼拜、斋戒、纳天课、朝觐等为教徒必遵的"功课"，并针对当时阿拉伯社会情况规定了若干制度的道德规范。伊斯兰教思想体现为维语谚语特有的修辞风格，如 χuda bɛrsɛ pɛjɣɛmbɛr ɣiŋ qilalmaptu.（胡

[①] 赵匡为：《简明宗教学辞典》，上海辞书出版社 2006 年版。

大要给，圣人不敢吭声），χuda bilip　eʃɛkkɛ myŋgyz，myʃykkɛ qanat bɛrmigɛn.（由于胡大明智，没让毛驴长角，没让猫长出翅膀），χuda saqliɣan jɛrdɛ bala joq，ʃal teriɣan jɛrdɛ polu.（胡大保佑的地方无灾难，种了稻子的地方无抓饭），χuda qariɣuni køzidin　ajrisimu，hasisidin　alrimaptu（胡大使盲人丧失了视力，但不会使他失去手杖），χudaniŋ bɛrgysi kɛlsɛ qoʃlap beridu.（胡大恩赐，八方来财），等等。伊斯兰文化的核心是"安拉"（真主）本体论，从"真一"到"数一"这一生成过程的概念，是伊斯兰哲学独有的。维谚所体现出来的宇宙创世论是将儒家哲学中的内省认识和宋明理学中客观唯心主义的推理方法纳入伊斯兰文化的认主学结构中，形成了具有中国特色的伊斯兰宗教哲学体系。

二　文化镜像二：反映道德观念的谚语

以儒家为代表的传统文化的伦理道德观和封建社会的等级制度与伊斯兰教的伦理道德某些方面表现出相同与相近性，诸如重视人的现实物质利益、家庭关系、社会义务以及关于夫妇、父子、邻里、朋友等人际关系。但在"出世"文化上强调人死后仍有生活，相信死后的天堂才是真正的幸福乐园等，这与皇权思想和儒家重视人的现实关系和利益的伦理观念又相互矛盾。下面我们将从反映相同与相异道德观念的角度来比较汉维谚语。

（一）汉维谚语在传统道德观念上的体现

汉族和维吾尔族的传统道德观念有很多相同的地方，重视诚实、谦虚，看重名誉、面子，追求公平、正义，歌颂节俭勤劳等。汉语例子如：

诚破天下伪，实破天下虚。

精诚所至，金石为开。

人之相爱，贵在真心。

维语的例子如：

ɛrniŋ jalɣinini ølgini（大丈夫说假话犹如死亡）

rastliq-hɛqliq（说实话是做人的本分）

rastliqi az kiʃniŋ dostluqi　az.（真话少的人友情少）

与谦虚、名誉有关的谚语，汉语的例子如：

谦受益，满招损。

人过留名，雁过留声。

宁为玉碎，不为瓦全。

维语的例子如：

lawa-latqa ɛχlɛtni iʃi，tɛkɛbburluq ɛχmɛqniŋ.（枯草烂叶是垃圾，狂妄自大是愚昧）

abrujuŋni altunɣa al，dʒanni kepɛkkɛ sat.（性命轻于麸皮，名誉赛过黄金）

ɛr ɵlsɛ eti qalar, at ɵlsɛ egiri.（人死留名，马死留鞍）

追求公平正义的汉维谚语，如：

身正不怕影子歪。（这个好像不是公正类，是否放入道德类，搜了几条供参考）

一碗水端平。

手抹桌子一字平。

公买公卖，童叟无欺。

adil adɛmniŋ qoli taraza.（为人公正，手就是一杆秤）

adil sɵz ɛqilniŋ tarazisi.（公道话是智慧的天平）

adɛmniŋ deginigɛ qarima, qilɣiniɣa qara.（为人刚直好，镰刀弯曲好）

与勤劳节俭相关的汉维谚语，如：

不劳动者不得食。

积财千万，不如薄技在身。

有钱常想无钱日，莫到无钱想有钱。

劳动是个宝，人生不可少。

学问勤中得，富裕俭中来。

bir tal baʃ, bir qoʃuq aʃ.（一颗穗，一勺饭）

saqlisaŋ jyz kynlyk, saqlimisaŋ bir kynlyk.（勤俭持家百日够，大手大脚一日光）

iʃʃandin tɛr tʃiqiptu, hurundin-uh（勤劳的人干活一身大汗，懒惰的人干活长吁短叹）

hynɛr tygimɛs gɵhɛr.（手艺是件宝，用不尽，花不了）

altun otta bilinɛr, adɛm mehnɛttɛ.（烈火炼真金，劳动考验人）

（二）汉维谚语在孝道、妇道上的体现

汉维谚语中有很多关于孝道、妇道的谚语。

孝顺父母是中华民族传统美德之一，孝顺父母包含尊敬父母，为父母养老送终，延续父母香火，伺候父母等，汉维语谚语中有许多谚语都体现了孝道的内容，但仍有区别。汉语的例子如：

养儿防老，积谷防饥。

父母教，须敬听；父母责，须顺承。

父母在，不远游。

在家从父，出嫁从夫，夫死从子。

维语的例子如：

ata razi, χuda razi.（父亲满意，胡大满意。意思是孝敬父母是子女义不容辞的责任，对这样孝敬父母的子女不但父母满意，胡大也满意）

atidin himmɛt, oɣuldin χizmɛt.（父慈子孝顺）

ataŋɣa nemɛ qilsaŋ, balaŋdin ʃuni kɵrisɛn.（你如何对待父母，子女就如何对待你。）

atisi turup, oɣuli sɵzligɛndin bɛz.（父在前，子不言）

汉族和维吾尔族对妇道在很多谚语中都有所体现。汉语的例子如：

女子无才便是德。

女人头发长见识短。

红颜女子多薄命。

唯女子与小人为难养也。

寡妇门前是非多。

维语的例子如：

χotun kiʃi tili bilɛn tul bolar.（女人守寡，全因嘴快）

χotunniŋ obdini erini baqar, dehqanniŋ obdini jerini.（贤惠的妻子伺候丈夫，勤劳的农夫侍弄田地）

χotun kynlisɛ øj buzular, ɛr kynlisɛ øj tyzylɛr.（妻子吃醋倾家荡产，丈夫吃醋家业兴旺）

χotun χɛqniŋ ʃeʧi uzun, ɛqli qisqa.（女人头发长见识短）

oɣli barniŋ øzi bar, qizi barni（生儿传宗接代，生女远走高飞）

从以上所举实例可以看出，孝道妇道在两个民族的伦理规范中都有所提及，但仍然有差异。维吾尔族强调父母要抚养子女，而相对于汉民族子女尽孝方面，格调要低得多，原因是汉民族个人伦理是家庭伦理的子集，即每一个人在家庭中的责任与义务所担当的角色是最主要的，家庭内部的标准分得严而细。在伊斯兰伦理规范中，个人与家庭是交集的关系，同为公共伦理规范的子集，所以每个人的角色最主要的是社会的角色，是一个信仰真主的穆斯林，因此"父子之间，兄弟姐妹之间的伦理关系，大都包含于信仰者的关系之中，较少提及血缘关系间的标准"①。

三 文化镜像三：反映生产、生活经验的谚语

伊斯兰教自公元 651 年由阿拉伯传入中国后，在封建社会的土壤中生根、成长，形成独具特色的文化体系，已有一千三百多年之久。在长期的发展过程中，维吾尔族人民依靠自己的勤劳和智慧，在农业、手工业、畜牧业等方面与其他民族一起进行屯田垦牧活动，开发了祖国的辽阔疆域，促进了农牧业的生产发展和边疆的巩固。大多数谚语都来自生产、生活，一些反映的是农业生产的一般经验，另一些则反映的是某一地域的经验，通过对汉维谚语收集、整理、归类、对比，我们不难发现维谚中带有许多地域特色。汉语的例子如：

向阳荔枝，背阳龙眼。

今年栽竹，明年吃笋。

春蚕不吃小满叶，夏蚕不吃小暑叶。

六月六日种茉莉，双瓣重合香扑鼻。

由于不同的地理环境与自然环境，植物栽种情况不同，维吾尔谚语有自己的特点，如：

tʃilanɣan tʃøl jaxʃi, jaŋaqqa køl.（枣树宜种戈壁滩，核桃宜种池塘边）

anarni tʃølɡɛ tik, ɛndʒɣrni kølɡɛ.（石榴要种在沙滩，无花果要种在塘边）

terɛktin ʃaptul tɛmɛ qilma.（种的白杨树，别想摘蜜桃）

øtʃkɛ taɣda pul, yzym baɣda.（山羊在山上值钱，葡萄在园内值钱）

qonaqni døŋɡɛ teri, bedini ojɣa.（玉米要种在坡地，苜蓿要种在洼地）

qomuʃ ikɛn dɛp xarlima, jɛrɡɛ tʃyʃɛ borija.（别看芦苇不起眼，织成席子就是钱）

由以上例子可以看到，枣树、核桃、石榴、无花果、白杨树、葡萄、苜蓿、芦苇等这些都是新疆的特色植物，与荔枝、龙眼、竹子、茉莉的生长环境不同。因自然条件的异同，谚语反映的经验也有所异同。现再举一些其他例子来对比，汉语的例子如：

昼雾晴，夜雾雨。

雾下山，地不干。

一年打俩春，黄土变成金。

维语的例子如：

jamɣur jaɣdi-jaɣ jaɣdi, qar jaɣdi-nan jaɣdi.（下雨如同下油，下雪如同下馕）。

jamɣurniŋ qɛdirni taʃ bilmɛs（石头不知雨水的可贵）

syjym køldɛ, eʃim tʃøldɛ.（湖泊蓄水多，荒滩产粮多）

syjyŋ mol-hosuluŋ mol.（水多获丰收）

从这些谚语可以看出新疆特殊的气候条件。除此之外，具有浓郁新疆特色的生产工具、衣着服饰、饮食起居等可以从大量的谚语中找到，比如：

iʃ epi bilɛn, kɛtmɛn sepi bilɛn.（做事要靠窍门，抢坎土曼要抓把子）（坎土曼是维吾尔人用来挖土的劳动工具；砍砍是维吾尔人劈柴、削平木料的工具，形状像锛子，刀具扁而宽，使用时向下用力，比斧头小，重量较轻。）

pitniŋ aʃʃʃiqida tʃapanni otqa saptu.（因生虱子的气，便把袷袢烧）（袷袢是维吾尔民族穿的对襟长袍）。

øtkɛn kynwŋni untuma, ʃirɛ tʃoruquŋni qurutma.（过去的日子忘不得，牛皮窝子烤不得）

øtyki jirtiq tørɡɛ tʃiqalmas, jeŋi jirtiq aʃ jejɛlmɛs.（靴子破的坐不了上席，袖子破的吃不了宴席）

qetiqqa amraq, inɛkke øʧ.（喜欢喝酸奶，讨厌养奶牛）

puli bar kawap jejdu, pili joq kawap tytyni.（有钱的吃烤肉，无钱的挨烟熏）

ikki nan tapsa birni dap tʃalidu.（挣了两个馕，一个当鼓敲）

ussisaŋ talqan kap ɛt.（口若渴，吞炒面）

umatʃqa zɛdɛk toɣraptu, poluɣa mɛdɛk.（打糊糊放了胡萝卜，做抓饭却放玉米芯）

从这些谚语可以看出，袷袢、坎土曼、靴子、酸奶、馕、炒面、胡萝卜、抓饭等都反映了维吾尔人生产、生活的一个侧面。

在众多的汉维谚语中，还有一些谚语充分体现了人民群众自觉的、朴素的辩证唯物主义思想。汉语的例子如：

冰冻三尺非一日之寒。

上梁不正下梁歪。

长江后浪推前浪。

三十年河东，三十年河西。

维语的例子如：

arpa terip, buɣdaj alimɛn demɛ.（种的是大麦，别想收获小麦）

hɛriniŋ hɛsilimu bar, zɛhirimu bar.（蜜蜂酿蜜，也会蜇人）（指生活中苦乐并存，苦中有乐，乐中有苦）

jalɣuz χiʃ tam bolmas.（一块砖头砌不起墙）（比喻一个人力量单薄，办不成事）

jaχʃiliq jɛrdɛ qalmas, jamanliq øzidin aʃmas.（好事不会埋没，作恶自食其果）

四　小结

以上论述，仅从文化的角度对汉维谚语进行了粗浅的对比，还有一些体现人文思想的内容未进行深入的对比分析。在谚语中认识民族文化，比较文化的异同，不仅是研究语言的方法，同时也是研究民族文化的一种手段。世界上的所有语言，都是具体民族的语言。当民族在人类历史上以一种在语言、居住地域、经济生活、生理状态上稳定的共同体出现时，语言就深深地打上了民族的烙印，成为民族和民族文化最典型的表征。在语言发展的漫漫长河中，也无一不是跟民族心理、社会变动、人们心态密切相关的。因此，在跨文化交际中修辞应当遵循三个原则，即话语节制原则、话语适应原则、话语保持原则。在交往中尽量少说或者不说一些敏感话题。"语言……是唯一的凭其符号作用而跟整个文化相关联的一部分"[①]。本书立足于汉语与维吾尔语修辞的对比研究，有必要对这两种语言所代表的文化属性及差异做一个比较，通过对比可以看出，维语谚语所代表的是中国伊斯兰文化的一部分，其文化属性既体现了世界伊斯兰文化的宽泛内容，又是中国民族化的产物，与中国文化不可分割。

汉维语谚语的修辞功能大致具有以下三个方面：

---

① 罗宾斯：《普通语言学概论》，上海译文出版社 1986 年版，第 43 页。

　　第一，因为谚语多来自口语交际领域，特别是与乡村生活密切相关的生活领域，并且蕴含了一定的哲理，因此风格特征非常朴实却不俗气，多数谚语都充满着乡土气息。汉维谚语多蕴含了生活的感悟和概括，具有一定的教育意义和劝说功能。比如"人往高处走，水往低处流"，通过水流的方向，揭示了人生不断攀登的生活哲理。维语 gylniɛŋ　gyzɛlliki　teʃida，adɛniŋ　gyzɛlliki　itʃidɛ（花美在外边，人美在里边），表示了人的美要看内在的品质。上文中所举的 jalɣuz χiʃ tam bolmas.（一块砖头砌不起墙。比喻一个人力量单薄，办不成事）来表明集体的力量是非常重要的。

　　第二，谚语中一般都包含具体的形象，大多数都具有比喻意义，因此形象功能很强。运用得当，可以增加话语的形象性和口语风格特征，有的还可以起到一定的衔接和起兴作用。

　　第三，如果说话人能巧妙地利用了谚语的态度功能，还能达到幽默诙谐的效果。

参考文献

第一章参考文献

［1］阿尔斯兰·阿不都拉：《福乐智慧的修辞学研究》，新疆大学出版社 2001
年版，第 420—422 页。

［2］陈毓贵：《再谈翻译历史书籍资料的一点浅见》，《语言与翻译》1994 年
第 2 期。

［3］Connor, U., *Contrastive Rhetoric: Cross-culturalaspects of second-language
writing*, Cambridge University Press, 1996, ShanghaiForeign Language
Education Press, 2001.

［4］胡署中：《英汉修辞比较研究》，上海外语教育出版社 1993 年版。

［5］Kaplan, R.B., "Contrastive Rhetoric and Second Language Learning: Notes
toward a Theory of Contrastive Rhetoric", In Purves, Alan C.(eds), *Writing
across Languages and Cultures:Issues in Contrastive Analysis,* Newbury
Park:Sage Pub-lications, 1988, p.285.

［6］李国南：《汉英修辞格对比研究》，福建人民出版社 1992 年版。

［7］李瑞华：《英汉语言文化对比研究》，上海外语教育出版社 1996 年版，
第 45—55 页。

［8］刘珉：《汉维语修辞格概要》，新疆人民出版社 1993 年版。

［9］王希杰：《修辞学新论》，北京语言学院出版社 1993 年版。

第二章参考文献

［1］阿尔斯兰·阿不都拉：《福乐智慧的修辞学研究》，新疆大学出版社 2001
年版。

［2］陈光磊、赵毅、段曹林、张春泉：《中国修辞史》（上），吉林教育出版
社 2007 年版。

［3］陈汝东：《当代汉语修辞学》，北京大学出版社 2004 年版。

［4］陈望道：《修辞学发凡》，复旦大学出版社 2000 年版。

［5］陈晓红：《语音修辞的美感探析》，《中州学刊》2007 年第 6 期。

［6］简明勇：《律诗研究》，台湾文史哲出版社 1990 年版。

［7］黎运汉：《汉语风格学》，广东教育出版社 2000 年版。

［8］刘珉：《汉维语修辞格概要》，新疆人民出版社 1995 年版。

［9］钱冠连：《美学语言学》，海天出版社 1993 年版。

［10］热外都拉：《维吾尔语修辞常识（维文版）》，新疆人民出版社 1981 年版。

［11］王力：《王力文集》，山东教育出版社 1989 年版。

［12］张世才：《浅谈维吾尔语对偶词》，《新疆工学院学报》1999 年第 4 期。

第三章参考文献

［1］陈黎红：《英汉委婉语比较》，《哈尔滨学院学报》2004 年第 10 期。

［2］陈望道：《修辞学发凡》，上海人民出版社 1973 年版。

［3］邓章应：《也谈现代汉语数词》，《重庆邮电学院学报》（社会科学版）2004 年第 1 期。

［4］冯倩：《委婉语与英美文化》，科教文汇 2006 年第 9 期。

［5］胡瑞美：《用数词创设的修辞格》，《中山大学学报论丛》2003 年第 2 期。

［6］李健、潘大陆：《数词的虚化形式及其修辞功能》，《韩山师范学院学报》2009 年第 1 期。

［7］李珊：《动词重叠式研究》，语文出版社 2003 年版。

［8］李卫航：《英汉委婉语的社会文化透视》，福州大学学报 2002 年第 1 期。

［9］刘纯豹：《英语委婉语词典》，江苏教育出版社 1993 年版。

［10］木台历甫·斯迪克：《再论维吾尔人名综述》，《喀什师范学院学报》（维文版）2009 年第 3 期。

［11］石磊：《从交际功能角度看英汉委婉语》，《山东教育学院学报》2006 年第 4 期。

［12］唐禹、杨晓秀：《再议数词的修辞作用》，《零陵师专学报》（社会科学版），1997 年第 3 期。

［13］王德春、孙汝建、姚远：《社会心理语言学》，上海外语教育出版社 1995 年版。

［14］汪如东：《汉语数词的语词意义和修辞意义》，《修辞学习》2006 年第 3 期。

［15］Wardhaugh, R., *An Introduction to Sociolinguistics*，外语教学与研究出版社 2000 年版。

［16］吾期空江·吾买尔：《赛来恰坎笑话选》，新疆人民出版社 2007 年版。

［17］许钟宁：《语用现实中的数词修辞方式》，《西北第二民族学院学报》（哲

学社会科学版），2008 年第 4 期。

［18］袁真：《姓名学概论》，西藏人民出版社 2001 年版。

［19］张拱贵：《汉语委婉语词典》，北京语言文化大学出版社 1996 年版。

［20］张玉萍主编：《汉维语法对比》，新疆人民出版社 1999 年版。

［21］赵匡为主编：《简明宗教词典》，上海辞书出版社 2006 年版。

［22］周瑞英：《英、汉数词的修辞功能》，《云梦学刊》2002 年第 3 期。

第四章参考文献

［1］白健：《浅谈语法修辞结合问题》，《学术探索》1999 年第 2 期。

［2］陈世明、廖泽余主编：《维汉实用词典》，新疆大学出版社 1995 年版。

［3］段曹林：《〈语法修辞讲话〉的启示》，《湖北师范学院学报》（哲学社会
科学版）2011 年第 5 期。

［4］范晓：《三个平面语法观》，北京语言文化大学出版社 1996 年版。

［5］范晓：《关于汉语的语序问题（一）》，《汉语学习》2001 年第 5 期。

［6］海木都拉·阿布都热合曼等：《维吾尔语详解词典》（缩编本），新疆
人民出版社 2011 年版。

［7］李弘：《语法、修辞与语法修辞》，《山东外语教学》2000 年第 4 期。

［8］林青：《汉维语语序对比研究》，喀什师范学院，硕士学位论文，2008
年。

［9］刘兰民：《汉语比喻造词法刍议》，《汉语学习》2001 年第 4 期。

［10］刘兰民：《汉语修辞造词法初探》，《语言文字应用》2007 年第 1 期。

［11］吕叔湘、丁声树主编：《现代汉语词典（第五版）》，商务印书馆 2005
年版。

［12］马德元：《汉维对比词汇学》，新疆大学出版社 2004 年版。

［13］司马义·阿不都热依木：《现代维吾尔语造词法研究》，新疆大学，
硕士学位论文，2006 年。

［14］苏向红：《试论修辞方法对当代汉语新造词语的作用》，《修辞学习》
2007 年第 5 期。

［15］袁梅：《语法修辞刍议》，《唐都学刊》2001 年第 1 期。

［16］张春泉：《基于语用逻辑的术语标准化问题》，《浙江社会科学》2008
年第 6 期。

第五章参考文献

［1］编委会：《维吾尔民间歌谣 4（维文版）》，新疆人民出版社 2006 年版。

［2］编委会：《维吾尔民间故事 1（维文版）》，新疆人民出版社 2006 年版。

［3］编委会：《维吾尔民间趣闻（维文版）》，新疆人民出版社 2006 年版。

［4］编委会：《维吾尔民间笑话（维文版）》，新疆人民出版社 2006 年版。

［5］编委会：《维吾尔民间歌谣 1（维文版）》，新疆人民出版社 2006 年版。

［6］编委会：《维吾尔民间歌谣 2（维文版）》，新疆人民出版社 2006 年版。

［7］编委会：《维吾尔民间歌谣 3（维文版）》，新疆人民出版社 2006 年版。

［8］常昌富、顾宝桐：《当代西方修辞学：演讲与话语批评》，中国社会科学出版社 1998 年版。

［9］成伟钧、唐仲扬、向宏业：《修辞通鉴》，中国青年出版社 1991 年版。

［10］陈望道：《修辞学发凡》，上海教育出版社 1984 年版。

［11］曹雪芹、高鹗：《红楼梦》，新疆人民出版社 2006 年版。

［12］曹雪芹、高鹗：《红楼梦》，中国青少年儿童出版社 2007 年版。

［13］从莱庭：《英语修辞学新论》，济南出版社 1999 年版。

［14］范家材：《英语修辞赏析》，上海交通大学出版社 1992 年版。

［15］范金玲、魏华：《英汉双关辞格比较与翻译》，《长江大学学报》2007年第 4 期。

［16］冯广义：《变异修辞学》，湖北教育出版社 1991 年版。

［17］冯倩：《委婉语与英美文化》，《科教文汇》2006 年第 9 期。

［18］葛克雄：《浅论修辞格的成立和废除》，《天津师范大学学报》1984 年第 2 期。

［19］顾曰国：《利奇的修辞学理论》，《外语研究》1992 年第 4 期。

［20］郭鸿：《索绪尔的语言符号任意性原则是否成立？》，《外语研究》2001年第 1 期。

［21］海友尔·阿布都卡迪尔：《试探若干修辞手段的译法问题》，《喀什师范学院学报》1988 年第 1 期。

［22］胡范铸：《幽默语言学》，上海社会科学院出版社 1987 年版。

［23］侯明君：《应用语言学词典》，山东教育出版社 1990 年版。

［24］胡曙中：《英语修辞学》，上海外语教育出版社 2002 年版。

［25］胡曙中：《英汉修辞学比较研究》，上海外语教育出版社 1993 年版。

［26］胡习之：《有意与无意：辞格与非辞格的分水岭》，《修辞学习》1998年第 2 期

［27］胡壮麟：《语言·认知·隐喻》，《现代语文》1997 年第 4 期。

［28］黄苏华：《汉俄文化中动物名词的象征意义之比较》，《中国俄语教学》1996 年第 2 期。

［29］黄佩文：《汉俄语动物喻义的差异与成因》，《修辞学习》2002 年第 3 期。

［30］杰弗里·N. 利奇：《语义学》，上海外语教育出版社 1985 年版。

［31］康家珑：《趣味修辞》，上海古籍出版社 2006 年版。

［32］李延福主编：《国外语言学通观》，山东教育出版社 1996 年版。

［33］李幼蒸：《理论符号学导论》，中国社会科学出版社 1993 年版。

第六章参考文献

［1］阿布利孜·艾买提：《维吾尔谚语详解词典（维文版）》，喀什维吾尔文出版社 2000 年版。

［2］常敬宇：《汉语词汇与文化》，北京大学出版社 1995 年版。

［3］冷成金：《文化与文化的张力》，学林出版社 2002 年版。

［4］李泽厚：《美学三书》，安徽教育出版社 1999 年版。

［5］骆小所：《语言美学论稿》，云南人民出版社 1996 年版。

［6］马俊民、廖泽余编译：《维汉对照维吾尔谚语》，新疆人民出版社 2007 年版。

［7］邵敬敏：《文化语言学中国潮》，语文出版社 1995 年版。

［8］申小龙：《汉语与中国文化》，复旦大学出版社 2003 年版。

［9］谭永祥：《汉语修辞美学》，北京语言学院出版社 1992 年版。

［10］于根元：《中国现代应用语言学史纲》，中国经济出版社 2005 年版。

［11］曾毅平：《修辞与社会语用论稿》，中国社会科学出版社 2005 年版。

［12］张文勋：《华夏文化与审美意识》，云南人民出版社 1994 年版。

［13］宗廷虎：《修辞新论》，上海教育出版社 1988 年版。

后　记

　　记得早在 2006 年，我在读研阶段，我的导师海友尔·阿布都卡迪尔先生就问我是否确定了今后汉维语对比具体的研究方向。我因为研读过先生的许多论著，考虑再三，觉得应该撰写一些关于修辞方面的文章。

　　第一，在新疆生活着多个民族，语言资源相当丰富；双语教育事业搞得红红火火。在这个大背景下，研究两种语言的修辞及修辞艺术具有特别重要的地位和价值。理清汉维语修辞的脉络、寻找其中固有的重要规律，不仅为双语教学提供一些参考，同时还激发了我探寻奥秘的浓厚兴趣。

　　第二，该项目于 2008 年 7 月获批后，发现以往的修辞研究，仅局限于"修辞体系"本身，不外乎选词、炼句、辞格，但近年来，修辞研究出现了跨学科的趋势。对于全面科学地揭示汉维语修辞规律，从社会学、心理学、文化学、美学、社会语言学、心理语言学、文化语言学等边缘学科多角度多层面透视汉维语修辞学，符合修辞学发展的接缘性趋势。首先在编写大纲的过程中，为搭建汉维语修辞的对比平台，构建有新意的框架我参照了以往的研究成果，后又觉得没有新意，还在按照老路再走；接着又重新推翻已编写好的大纲，再重拟，反反复复地做。其次，为求语料新。编写大纲这还不是最困难的，最困难的是收集语料，从可找寻的汉维语小说、杂志、幽默、电视小品到南北疆各地人名、地名、店名的调研；从古代汉语修辞到古维吾尔诗歌修辞，找到的每一个语料无不浸透着课题组每一位成员艰辛的汗水。

　　第三，由于这些新构想与以往的修辞内容相比变动较大，难点较多，而时间又很紧迫，在拟定了此书的大纲后认为：如果独撰，难以按时完成任务，便决定寻找徐显龙、张迎治做帮手，另请我的导师海友尔海友尔·阿布都卡迪尔、康健、木合塔尔·阿布都热西提、胡开兰与我共同撰写，由我主编。他们经验丰富，年富力强，功力颇为深厚。

　　几年时间我们开过数次会议并通过数次电话，由于我们课题组成员承担着繁重的教学任务，交稿的时间推迟了一些。但即便写了十几万字，仍旧留下一些遗憾，例如，《维吾尔十二木卡姆》唱词中有许多修辞性，还有毛拉再丁话语的幽默性，和田地区的语用修辞都未能写进本书。另外，每一个成员的写作风格很难统一，同时也留下了些许遗憾。

　　最后，感谢喀什大学科研处、喀什大学中国语学院、自治区规划办为我们搭建了良好的科研平台；感谢我的爱人杨华成先生，他的关心与支持让我增加了前进的动力；感谢朋友及众多同仁，他们的鼓励与关爱促我成长；感谢责任编辑任明老师，正是他的敬业与高效使本书将很快与读者见面。

李　芸

2015 年岁末于喀什大学